하룻밤에 읽는

이스라엘 사사실록

하룻밤에 읽는
이스라엘 사사실록

초판 1쇄 발행 2019. 6. 10.

■지은이   강학종
■펴낸이   방주석
■펴낸곳   베드로서원
■주 소   10252 경기도 고양시 일산동구 고봉로 776-92
■전 화   031-976-8970
■팩 스   031-976-8971
■이메일   peterhouse@daum.net
■창립일   1988년 6월 3일
■등 록   (제59호) 2010년 1월 18일

ISBN   978-89-7419-375-1 03230

책값은 뒤표지에 있습니다.

베드로서원은 말씀과 성령 안에서 기도로 시작하며
영혼이 풍요로워지는 책을 만드는 데 힘쓰고 있으며,
문서선교 사역의 현장에서 세계화의 비전을 넓혀가겠습니다.

나의 힘이신 여호와여 내가 주를 사랑하나이다(시 18:1)

하룻밤에 읽는

이스라엘 사사실록

강학종

베드로서원

머 리 말

돼지는 몸의 구조상 하늘을 볼 수 없습니다. 굳이 볼 이유도 없습니다. 필요한 모든 것이 땅에 다 있기 때문입니다. 사람은 어떨까요? 헬라어로 사람을 '안드로포스'라고 합니다. '위로'라는 뜻을 가진 '아나'와 '얼굴'이라는 뜻의 '프로소포스'의 합성어입니다. 사람이 사람인 이유는 위를 보기 때문입니다. 사람은 하늘을 볼 수 있는 정도가 아닙니다. 하늘을 봐야 합니다. 그렇지 않으면 사람 구실을 못합니다. 그런데 돼지도 아니면서 한사코 땅만 보며 사는 사람들이 있었습니다. 사사 시대의 이스라엘입니다. 대체 왜 그랬을까요?

어떤 남자가 오래 전부터 마음에 품고 있던 여자를 만났습니다. 두근거리는 마음으로 반지 선물과 함께 프로포즈를 했습니다. 그런 경우, 반지만 받고 프로포즈는 거절하는 것이 가능할까요? 선물과 선물한 사람을 분리할 수는 없습니다. 선물을 받는다는 얘기는 선물한 사람 마음도 같이 받는다는 뜻입니다.

그러면 탕자는 어떻게 된 영문일까요? 탕자는 아버지와 아버지 재산을 분리해서 생각했습니다. 자기 몫의 분깃을 얘기할 수 있는 근거는 자기가 아버지의 아들이기 때문입니다. 그러면서 아버지는 필요 없다고 생각했습니다. 자기한테 필요한 것은 아버지의 재산이지, 아버지가 아닙니다. 프로포즈 받은 여자로 얘기하면, 반지는 탐이 나는데 한 남자에게 속해서 살기는 싫다는 격입니다. 그러면서도 그 남자가 자기를 좋아한다는 이유만으로 자기에게 반지를 받을 자격이 있다고 우기는 것이지요.

가나안 땅에 들어간 이스라엘도 같은 생각을 했습니다. 하나님께서 주신 땅과 하나님을 분리해서 생각했습니다. 그들한테 필요한 것은 땅이지, 하나님이 아니었습니다. 그렇게 해서 자기들이 원하는 삶을 살았고, 결국 망하고 말았다는 것이 사사기의 줄거리입니다. 자기들이 원하는 삶을 살지 못해서 망한 것이 아니라 원하는 삶을 살아서 망했습니다. 대체 그들이 무엇을 원했다는 뜻일까요? 그들이 원한 실체가 무엇입니까?

사사기는 그 배경이 가나안이라는 사실에 주목해야 합니다. 젖과 꿀이 흐르는 땅에서 일어난 일입니다. 그런데 젖과 꿀이 흐르는 삶을 누리지는 못했습니다. 오히려 더 곤고하게 살았습니다. 가나안에 들어갔는데도 가나안에 들어간 유익이 없었습니다. 요즘 말로 바꾸면 교회에 다니는데 교회 다니는 유익이 없습니다. 몸은 교회에 있는데 세상에 있을 때보다 더 곤고합니다. 그 이유가 무엇인가 하면, 자기들 마음대로 살았기 때문입니다. 하나님이 자기들 주인이 아니었습니다.

부교역자 시절, 청년회 수련회를 가면 아무런 프로그램도 없이 3박4일 내내 성경 공부만 하곤 했습니다. 아침에 일어나면 밥 먹고 성경 공부하다가 점심 먹고 성경 공부하다가 저녁 먹고 성경 공부하다가 졸리면 잤는데, 보통 12시가 넘곤 했습니다. 1999년에는 사사기로 성경 공부를 했습니다. 수련회 전에 미리 사사기를 반복해서 읽게 닦달도 했습니다.

수련회를 마치는 날이었습니다. 아침을 먹고 마지막 남은 부분을 공부했습니다. 사사기 21장을 마친 다음 제가 기도를 했습니다. 축도도 했습니다. 키보드 주악이 이어졌고 각자 기도를 했습니다. 3박4일의 강행군으로 저는 서 있기도 힘든 상태였습니다. 주섬주섬 원고를 챙기는데, 이상한 일입니다. 청년들이 기도를 멈출 기미가 없는 것이었습니다.

기도회를 할 때는 보통 기도할 수 있는 분위기를 조성하는 법입니다. 먼저 찬양을 몇 곡 합니다. 기도 제목을 준 다음, 인도자가 앞에서 마이크를 잡고 통성으로 기도를 합니다. 키보드로 반주를 하는 것도 물론입니다.

그때는 달랐습니다. 기도하자는 얘기를 한 사람이 없는 정도가 아니라 기도회 계획이 없었습니다. 단지 성경 공부를 마쳤으니 마치는 기도를 했고, 3박 4일 수련회 일정이 끝났으니 축도를 했습니다. 그런데 각자 기도를 시작했고 그치는 사람이 아무도 없었습니다. 평소에는 식사기도를 하라고 해도 쩔쩔매는 청년이 한둘이 아니었는데 그 날은 달랐습니다. 10분, 30분, 한 시간… 기도 열기가 식을 줄 몰랐습니다. 오순절 마가 다락방에 성령님이 임했을 때가 이렇지 않았나 싶은 생각이 들 정도였습니다.

한 시간은 훌쩍 지나고 두 시간 가까이 된 것 같습니다. 밖에 기웃거리는 사람이 있었습니다. 관광버스 기사였습니다. 약속 시간이 훨씬 지났는데 안 나오니 찾으러 온 것이었습니다. 별 수 없이 종을 쳐서 기도를 멈추게 했습니다. 그때 기도를 하게 하는 것만 어려운 것이 아니라 멈추게 하는 것도 어렵다는 사실을 알았습니다.

벌써 20년이나 지난 얘기입니다. 그랬던 사사기가 베드로서원 방주석 장로님과 출판사 가족들의 도움으로 세상에 나오게 되었습니다. 고마움을 전하는 한편, 문득 그때 청년들이 생각납니다. 전부 자기 자리에서 하나님을 왕으로 모신 삶을 살고 있을까요?

성령님께서 이 책을 읽는 모든 분들께 그때와 동일한 능력과 은혜로 역사하시기를 소망합니다.

주후 2019년 6월

하늘교회 목사 강 학 종

차 례

사사 시대의 서막

하나님께서 홍해를 가르시고 이스라엘을 구원하셨다. 성경을 읽을 때마다 신명 나는 대목이다. 그렇게 하신 이유는 이스라엘을 가나안으로 인도하기 위해서였다. 그런데 이스라엘이 가나안에 들어가는 얘기는 출애굽기, 레위기, 민수기, 신명기를 지나 여호수아에 이르러서야 나온다. 그리고 가나안에 들어간 다음에 어떻게 살았는지를 보여주는 책이 사사기이다. 이런 점에서 사사기는 하나님의 은혜로 구원 얻은 백성이 어떻게 살아가고 있는지를 보여주는 책이다.

가나안을 젖과 꿀이 흐르는 땅이라고 한다. 아브라함 때부터 하나님께서 주시기로 약속하신 땅이다. 그런 땅에 들어갔으면 어떻게 살아야 할까? 당연히 그 땅에 흐르는 젖과 꿀을 누리는 삶을 살아야 한다. 그런데 사사기에는 그런 내용이 없다. 가나안에 들어갔음에도 불구하고 그 땅에 흐르는 젖과 꿀을 누리는 것이 아니라 오히려 이방의 압제에 시달린다.

애굽의 노예 신세에서 해방되었음에도 불구하고 도로 남의 나라에 시달려야 하는 이유가 무엇일까? 홍해를 건너기 전에는 자기들을 압제하는 나라가 애굽뿐이었는데, 홍해를 건넌 다음에는 모압, 암몬, 블레셋, 메소보다미아, 미디안… 상전으로 모셔야 할 나라가 한둘이 아니다. 도대체 애굽에서 나온 유익이 없다.

요즘 말로 옮기면, 교회에 다니는데도 교회에 다니는 유익이 없다. 교회 다니기 전보다 형편이 더 나빠졌다. 들리는 얘기로 교회에 가면 평강이 있고 희락이 있다고 하는데 자기한테는 그런 게 없다. 이유가 무엇일까?

사사기를 읽다 보면 "그때에 이스라엘에 왕이 없었다."는 말이 자주 나온다. 하나님이 이스라엘의 왕이다. 그런데 왕이 없었다는 얘기는, 하나님을 왕으로 인정하지 않았다는 뜻이다. 사사기는 하나님을 왕으로 인정하지 않고 자기들 마음대로 살아서 어느 만큼 엉망이 되었는지를 보여주는 책이다. 교회에 가면 평강이 있고 희락이 있다고 하는데 자기에게는 그런 것이 없는 이유가 여기에 있다. 하나님을 주인으로 모시지 않았기 때문이다. 몸만 교회에 있을 뿐, 삶의 원리는 여전히 세속적이다. 몸이 교회에 있어도 마음이 온통 세상에 있는 채로는 평강이나 희락을 기대할 수 없다.

오히려 교회 다니는 것이 불편하게 된다. 전에는 양심의 가책을 받지 않아서 속이라도 편했는데 이제는 조금만 잘못해도 마음이 찔린다. 신자처럼 살지도 못하고, 불신자처럼 살지도 못하니 교회에서도 불편하고 세상에서도 불편하다. 남들 다 받는 은혜는 혼자 못 받고 남들 안 받는 스트레스는 혼자 받는다. 교회 다녀도 교회 다니는 유익을 얻지 못하고 가나안 땅에서 살아가면서도 가나안 땅에서 살아가는 낙을 누리지 못하는 이유가 여기에 있다.

여호수아가 죽은 후에 이스라엘 자손이 여호와께 여쭈어 이르되 우리 가운데
누가 먼저 올라가서 가나안 족속과 싸우리이까 여호와께서 이르시되 유다가
올라갈지니라 보라 내가 이 땅을 그의 손에 넘겨주었노라 하시니라 유다가 그
의 형제 시므온에게 이르되 내가 제비 뽑아 얻은 땅에 나와 함께 올라가서 가
나안 족속과 싸우자 그리하면 나도 네가 제비 뽑아 얻은 땅에 함께 가리라 하니
이에 시므온이 그와 함께 가니라(삿 1:1-3).

여호수아를 흔히 가나안 정복 전쟁의 영웅이라고 한다. 그 여호수아가
죽었다. 이스라엘의 구심점이 사라졌다. 그런데 아직 가나안 정복은 끝나
지 않았다. 그런 상황에서 이스라엘이 하나님께 묻는다. 자기들 중에 누가
먼저 가나안과 싸워야 하느냐는 것이다. 하나님은 유다 지파를 말씀하셨
고, 유다 지파는 시므온 지파한테 동참을 권유한다.

이런 내용은 오해하기 쉽다. 유다 지파가 파죽지세의 승리를 거두는 내
용으로 이어지기 때문에 더욱 그렇다. "기도하고 응답받은 대로 했더니 역
시 이겼구나!"라고 하면, 맞는 말 같다. 하지만 그것은 '기도'라는 형식에 속
아서 '본질'을 놓친 것이다. 내가 하나님이라면 "아무 놈이나 올라가면 되
지, 그걸 왜 물어?" 하고 야단부터 치겠다.

논산훈련소에 눈이 내린다고 가정해 보자. 군대에서는 눈처럼 반갑지 않
은 것이 없다. 휴식 시간을 반납하고 제설작업을 해야 한다. 아마 방송이
나올 것이다. "지금 즉시 각 내무반별로 열 명씩 연병장으로 집합하라!" 그
런데 한 내무반에서 누군가 조교실로 뛰어와서 묻는다. "저희 내무반에서
는 누가 나가야 합니까?" 조교가 뭐라고 할까?

대체 왜 묻는단 말인가? 가나안은 하나님께서 주시기로 약조하신 땅이

다. 여호수아 생전에 이미 지파 별로 제비까지 뽑았다. 자기네가 어느 곳을 정복해야 할지 할당이 다 된 상태였다. 누가 먼저 싸움을 시작할 것인지 물을 이유가 없다. 모든 지파가 각자의 전쟁에 나서면 그만이다. 가나안 모든 지역에서 동시다발적으로 전쟁이 벌어져야 한다. 그런데 "형님 먼저, 아우 먼저" 하고 있었다.

이때 하나님은 유다 지파를 지목하셨다. 승리도 약속하셨다. 그러면 유다 지파는 칼과 창을 잡고 "돌격 앞으로!" 하면 그만이다. 그런데 엉뚱하게도 시므온 지파의 도움을 구한다. 하나님의 언약보다 현실적인 창, 칼을 의지했다는 뜻이다.

> 유다가 올라가매 여호와께서 가나안 족속과 브리스 족속을 그들의 손에 넘겨주시니 그들이 베섹에서 만 명을 죽이고 또 베섹에서 아도니 베섹을 만나 그와 싸워서 가나안 족속과 브리스 족속을 죽이니 아도니 베섹이 도망하는지라 그를 쫓아가서 잡아 그의 엄지손가락과 엄지발가락을 자르매 아도니 베섹이 이르되 옛적에 칠십 명의 왕들이 그들의 엄지손가락과 엄지발가락이 잘리고 내 상 아래에서 먹을 것을 줍더니 하나님이 내가 행한 대로 내게 갚으심이로다 하니라 무리가 그를 끌고 예루살렘에 이르렀더니 그가 거기서 죽었더라(삿 1:4-7).

하나님이 그런 유다 지파한테 약속한 승리를 주셨다. 특히 유다 지파는 아도니 베섹을 죽이는 전과를 올렸다. 아도니 베섹은 칠십 명의 왕을 정벌했던 사람이다. 그런 아도니 베섹이 힘 한 번 제대로 못 써보고 무너지고 말았다. 그것도 임전무퇴의 정신으로 전쟁에 나선 군인들에게 패한 것이 아니라 혼자 가기 무서워서 옆 친구 손목 붙잡고 나간 사람들에게 패했다. 어차피 이 싸움은 싸우기만 하면 이기기로 작정된 싸움이었다.

민수기 34장을 보자. "여호와께서 모세에게 말씀하여 이르시되 너는 이스라엘 자손에게 명령하여 그들에게 이르라 너희가 가나안 땅에 들어가는 때에 그 땅은 너희의 기업이 되리니 곧 가나안 사방 지경이라…"로 시작한다. 이스라엘이 가나안에 들어가면 그 땅이 이스라엘의 기업이 된다는 것이다. 가나안에 들어가서 잘 싸워 이기면 그 땅이 기업이 되고, 지면 기업이 안 되는 것이 아니다. 가나안 땅에 들어가기만 하면 된다. 그런데도 그렇게 겁을 내었다.

한편, 아도니 베섹의 최후에는 주목할 만한 사실이 있다. 자기 죽음을 원망하거나 항거하지 않고 "…하나님이 내가 행한 대로 내게 갚으심이로다" 하고, 받아들이기 때문이다. 자기가 그렇게 비참한 최후를 당해 마땅한 일을 저질렀다는 것이다. 하나님을 모르는 사람들의 마지막이 이렇다. 평생 하나님을 부인하며 살다가도 마지막 순간이 이르면 자기에게 임한 지옥 형벌이 자기가 받아 마땅한 죗값임을 인정할 것이다.

우리는 지금 죽어도 천당 갈 사람들이다. 하지만 한 발자국만 밖에 나가면 지옥 갈 사람도 많다. 그들이 지금은 예수님을 믿지 않으면 지옥 간다는 말을 황당하게 여기겠지만 지금만 그렇다. 이다음에 지옥에 떨어지면 자기들이 무슨 죄를 지었느냐고 항변하는 것이 아니라 자기들의 자리가 그곳임을 인정할 것이다.

문제는 우리들이다. 우리는 불신자들이 죽은 다음에 깨닫는 것을 살아생전에 깨달은 사람들이다. 그런데 깨닫기만 한다. 불신자들은 우매함 때문에 하나님을 삶의 지표로 삼을 기회를 갖지 못하는데 반해서 우리는 게으름과 욕심 때문에 알고 있는 사실을 삶에 반영시키지 못한다. 불신자들은 몰라서 그랬으니 변명할 여지라도 있다 치고, 우리는 변명의 여지도 없다. 알면서도 그렇게 안 살기 때문이다.

요즘은 농약 때문에 과일에서 벌레가 나오는 경우가 없지만 예전에는 더러 있었다. 이때 벌레가 몇 마리 나오는 것이 가장 기분 나쁠까? 정답은 반 마리이다. 과일을 한 입 베어 먹었을 때 벌레 한두 마리가 꼼지락거리는 것을 보는 것도 비위가 상하지만, 반 토막 난 벌레를 보는 것과는 비교가 안 된다.

죄를 보는 우리 마음이 그래야 한다. 우리는 이 세상의 부조리와 모순에 대해서도 분노해야 하지만 자기 죄에 대해서는 그보다 더욱 분노해야 한다. 우리에게 주변에 있는 모든 죄를 바로 잡아야 할 책임은 없을 수 있다. 하지만 우리에게 있는 죄를 바로 잡아야 할 책임은 분명히 있다. 하나님께서 싫어하시는 죄가 자기에게 있는 것을 깨달을 때마다 마치 과일을 먹다가 벌레 반 마리를 본 것처럼 소스라치게 놀라야 한다. 자기 안에 있는 아도니 베섹과 일체의 타협을 거부하고 철저히 몰아내는 것이 우리 모두에게 주어진 신앙 싸움이다.

> 갈렙이 말하기를 기럇 세벨을 쳐서 그것을 점령하는 자에게는 내 딸 악사를 아내로 주리라 하였더니 갈렙의 아우 그나스의 아들인 옷니엘이 그것을 점령하였으므로 갈렙이 그의 딸 악사를 그에게 아내로 주었더라 악사가 출가할 때에 그에게 청하여 자기 아버지에게 밭을 구하자 하고 나귀에서 내리매 갈렙이 묻되 네가 무엇을 원하느냐 하니 이르되 내게 복을 주소서 아버지께서 나를 남방으로 보내시니 샘물도 내게 주소서 하매 갈렙이 윗샘과 아랫샘을 그에게 주었더라(삿 1:12-15).

유다 지파의 전공에는 옷니엘의 활약을 빼놓을 수 없다. 갈렙이 기럇 세벨을 점령하는 자에게 딸 악사를 준다고 했는데, 옷니엘이 점령한 것이다. 이때 악사는 출가하면서 아버지에게 샘물을 청한다. 샘물이 일종의 혼수인 셈이다.

중동 지방에는 지금도 결혼지참금 제도가 있다. 신부 몸값 때문에 어지간한 사람은 장가갈 엄두를 못 낸다. 봉급생활을 해서 신부 몸값을 마련하기란 거의 불가능하기 때문에 누이동생이 있는 친구끼리 교환 결혼도 한다는 얘기를 현지인에게 들은 적이 있다.

이런 옷니엘을 '갈렙의 아우 그나스의 아들'로 소개한다. 성경에서 사람을 소개할 적에는 아버지나 출신 지방을 같이 말한다. 나사렛 예수, 아리마대 요셉, 디셉 사람 엘리야, 이새의 아들 다윗, 눈의 아들 여호수아, 요한의 아들 시몬이 그런 예이다. 그런데 옷니엘은 일반적인 경우라면 나오지 않을 갈렙의 이름이 나온다.

이처럼 편법을 동원해서라도 꼭 소개하고 싶은 갈렙이 어떤 사람일까? 그는 일찍이 가나안 정복 전쟁을 주장했던 사람이다. 출애굽 1세대가 가데스바네아에서 12명의 정탐꾼을 뽑아 가나안 땅을 정탐했는데, 전부 황당한 얘기를 했다. 가나안 땅의 거민은 강하고 성읍이 견고하기 때문에 차라리 애굽으로 돌아가는 것이 낫다고 한 것이다. 그 일로 하나님의 진노를 사서 가나안 땅에 들어가는 대신 광야에서 방황하다 죽게 된다.

갈렙은 달랐다. 하나님이 자기들과 함께하시기 때문에 싸우기만 하면 이긴다고 했다. 가나안 땅을 포기하자고 하는 것이 대세였는데도 *꿋꿋하게* 가나안 정복 전쟁을 외쳤다. 갈렙한테는 주변 사람들이 무슨 얘기를 하느냐보다 하나님께서 뭐라고 하셨느냐가 더 중요했다.

이제 가나안 정복 전쟁을 수행하면서 40년 전에 가나안 입성을 외쳤던 그 갈렙을 떠올리고 있다. 그런 갈렙의 조카 옷니엘이 기럇 세벨을 점령해서 그 대가로 아내도 얻고 땅도 얻고 샘물도 얻었다.

옷니엘은 나중에 이스라엘의 첫 번째 사사로 다시 등장한다. 그 내용은 그때 살피기로 하고, 지금은 아도니 베섹과 대조해서 생각할 필요가 있다. 여호수아가 죽은 후 재개된 가나안 정복 전쟁을 얘기하면서 이 두 사람을 말하고 있기 때문이다.

아도니 베섹과 옷니엘은 약속의 땅에서 극명하게 대조되는 두 모습이다. 아도니 베섹이 하나님 없는 인생을 살다가 하나님 나라의 임재와 함께 종말을 고하는 모습을 보여준다면, 옷니엘은 하나님 말씀을 의지하여 젖과 꿀이 흐르는 땅에서 풍요로움을 누리는 모습을 보여준다. 때가 되면 이 세상 모든 사람이 이 둘로 나뉠 것이다. 지금 세상에서는 있는 듯 없는 듯 평범하게 살아갈지라도 그리스도께서 친히 왕권을 선포하시는 날, 이 세상 모든 사람은 굉장히 존귀하게 되든지 굉장히 비참하게 되든지 둘 중 하나가 된다.

요즘 학생들은 어떤 참고서로 공부하는지 모르겠지만 내가 중학생 때는 완전정복, 필승, 스터디북, 실력돌파 같은 참고서가 있었다. 그때 완전정복 시리즈 표지에는 신고전주의 화가 다비드가 그린 "성 베르나르협곡에서 알프스를 넘는 나폴레옹"이 그려져 있었다. 말 위에 앉은 나폴레옹이 칼을 뺀 모습이다. 그리고 그 밑에 "정복하지 않으면 정복당한다."라고 쓰여 있었다. 학생들의 학구열을 자극하기 위한 문구지만 오히려 우리한테 잘 어울린다. 우리가 우리에게 있는 죄를 정복하지 못하면 도리어 죄한테 정복당하게 된다. 우리가 하나님 말씀에 순종해서 우리에게 있는 죄를 아도니 베섹처럼 만들면 그다음에는 젖과 꿀이 흐르는 땅에 들어가서 옷니엘과 같은 풍요를 누리게 된다. 하지만 우리에게 주어진 싸움을 게을리 하면 죄에 눌린 우리가 오히려 아도니 베섹 같은 신세가 되는 것이다.

초등학교를 갓 졸업한 철부지 중학생들이 평균 점수 몇 점 올리고, 반 석차 몇 등 올리기 위해서도 정복하지 않으면 정복당한다는 각오가 필요하다면 장차 하늘 기업을 상속받을 우리에게는 어떤 각오가 필요할까? 비단 각오의 문제가 아니다. 실제로 그렇게 싸워야 한다.

가나안 땅이 그런 곳이다. 젖과 꿀이 흐르는 땅이라고 해서 저절로 만사가 해결되는 곳이 아니라 그 땅에 흐르는 젖과 꿀을 누리기 위해서 날마다 싸워야 하는 곳이다. 그 싸움을 통해서 하나님 나라가 넓어질 것이고 싸우면 싸운 만큼 우리 인생이 부요하게 될 것이다.

이런 싸움을 이스라엘 모든 지파가 다 열심히 싸웠으면 얼마나 좋겠는가만 그렇지 못했다. 성경은 어느 지파가 어느 지역에서 어떻게 싸웠는지를 낱낱이 기록하고 있다. 아니, 어느 지파가 어떻게 제대로 안 싸웠는지를 낱낱이 기록하고 있다. 풀어서 얘기하면 "어느 지역에 가나안 원주민이 남아 있는 것은 어느 지파 때문이고, 어느 지역에 가나안 원주민이 남아 있는 것은 어느 지파 때문이다"를 일일이 공개하고 있는 셈이다.

우선 유다 지파의 출발은 좋았다. 비록 시므온 지파 손목 붙잡고 가기는 했지만 아도니 베섹을 죽이는 전과를 올리기도 했고, 옷니엘이 기럇 세벨을 점령하기도 했다. 가사와 아스글론, 에그론도 점령했다. 그런데 그런 기록만 있는 것이 아니다.

여호와께서 유다와 함께 계셨으므로 그가 산지 주민을 쫓아내었으나 골짜기
의 주민들은 철 병거가 있으므로 그들을 쫓아내지 못하였으며(삿 1:19)

우리말 표현이 뭔가 어색하다. 여호와께서 함께 계셔서 산지 주민을 쫓아
냈다고 했으면 골짜기의 주민을 쫓아내지 못한 이유도 여호와와 연결해서
얘기해야 한다. 여호와께서 피곤하셔서 잠시 쉬셨다고 하든지 아니면 여호
와도 철 병거 앞에서는 속수무책이라는 말이 나와야 문맥이 맞게 된다.

산지가 좋은 땅일까, 골짜기가 좋은 땅일까? 힌트를 준다면 팔레스타인
은 물이 귀한 곳이다. 특히 성경에서 말하는 골짜기는 우리나라와 같은 계
곡이 아니라 산과 산 사이의 평지를 말한다. 당연히 골짜기가 좋은 땅이다.

그러면 답이 나왔다. 철 병거는 핑계에 불과했다. 산지에 있는 만만한 가
나안 주민은 무찔렀는데 기름진 땅에 버티고 있는 가나안 주민은 차마 건
드릴 수 없었다. 그것도 표현이 교묘하다. 산지 땅을 빼앗은 것을 놓고는
'여호와께서 자기들과 함께 계셨다'고 하여 자기들의 종교성을 충족시키고,
골짜기 땅은 '현실이 그렇지 않았다'고 해서 넘어갔기 때문이다. 자기들이
할 수 있는 일은 하나님께 인정받은 것처럼 얘기하고, 어려워 보이는 일은
아예 포기했다.

예전에 한 청년에게서 비슷한 얘기를 들은 기억이 있다. 어머니가 선을 보
라고 해서 몇 번 만났는데 탐탁하지 않았다. 어머니는 좋은 남자라고 하는
데 자기 마음에는 안 들었던 것이다. 그래서 교회 안 다니는 남자를 어떻게
만나느냐며 싫다고 했다는 것이었다.

뭔가 짚이는 것이 있어서 내가 물었다. "솔직히 말해봐, 뭐가 싫었어? 교
회 안 다니는 게 싫었으면 처음부터 만나지 말았어야지." 그가 답했다. "그

래도 혹시 모르니까 그냥 만나보려고 했죠. 그런데 아니었어요." 이런 경우가 그렇다. 신앙 때문에 안 만나는 것이 아니다. 마음에 안 들어서 안 만나는 것이다. 그러면서 마치 신앙적인 결단인 양 포장했다.

얘기는 이것으로 끝나지 않는다. 나중에 다른 남자를 만나서 결혼했다. 흔히 하는 말로 조건이 좋은 불신자였다. 그렇게 해서 그 청년은 교회에서 멀어졌다. 여호와께서 함께 하셔서 산지 주민은 쫓아냈지만 골짜기 주민은 철 병거가 있어서 쫓아내지 못했다는 얘기와 너무도 흡사하다.

결국 유다 지파는 시작된 싸움을 제대로 끝내지도 않고 대충 마무리하고 말았는데, 이것이 사사기의 배경이다. 애초에 하나님께서 말씀하신 대로 가나안에 속한 것은 무엇이든지 철저하게 진멸했으면 나중에 가나안 풍습에 물드는 일도 없었을 것이다.

> 요셉 가문도 벧엘을 치러 올라가니 여호와께서 그와 함께하시니라 요셉 가문이 벧엘을 정탐하게 하였는데 그 성읍의 본 이름은 루스라 정탐꾼들이 그 성읍에서 한 사람이 나오는 것을 보고 그에게 이르되 청하노니 이 성읍의 입구를 우리에게 보이라 그리하면 우리가 네게 선대하리라 하매 그 사람이 성읍의 입구를 가리킨지라 이에 그들이 칼날로 그 성읍을 쳤으되 오직 그 사람과 그의 가족을 놓아 보내매 그 사람이 헷 사람들의 땅에 가서 성읍을 건축하고 그것의 이름을 루스라 하였더니 오늘까지 그곳의 이름이 되니라(삿 1:22-26).

우선 시작은 무난하다. "요셉 가문도 벧엘을 치러 올라가니 여호와께서 그와 함께하시니라"라고 했다. 본래 전쟁에는 병력이나 무장상태가 가장 중요하다. 그런데 그런 얘기 대신 하나님의 함께하심을 얘기한다. 과연 하나님께서 함께하시느냐 하는 것이 이제부터 나오는 전쟁의 관건이다. 이스라엘이 얼마나 잘 싸우고, 가나안의 저항이 얼마나 완강한지는 전혀 중요하지 않다.

그런 요셉 지파가 벧엘을 정벌하는데 벧엘의 본래 이름은 루스였다. 이방 도시 루스를 정벌하고는 히브리식 이름인 벧엘로 바꾼 것이다. 마침 한 사람이 성읍에서 나오는 것을 보고는, 그를 통해서 성읍 입구를 알아낸다. 그 대가로 그 사람은 가족과 함께 목숨을 건졌고 나중에 헷 사람 땅에 가서 성읍을 건축하고 루스로 이름 짓는다.

그가 누구인지는 모르지만 기생 라합과 흡사한 것 같기도 하다. 라합도 정탐꾼을 숨겨준 대가로 가족과 함께 목숨을 건졌다. 하지만 명백한 차이가 있다. 라합은 이스라엘에 편입되었는데 이번에는 그게 아니다. 요셉 지파는 이방인의 협조로 루스는 쉽게 공략했는지 몰라도 다른 곳에 또 루스가 생기고 말았다. 하나님께서 멸하라고 하신 가나안 문화를 자기들의 편의에 의해서 남긴 셈이다.

일선 경찰서에 조직 폭력배 일제 소탕령이 내려졌다. 모든 인력이 거기 매달린다. 그런데 한 형사가 특정 조직을 비호하여 서로 정보를 주고받으면 어떻게 될까? 정보를 제공받은 형사는 남보다 많은 성과를 올릴 수 있다. 비호를 받는 조직은 일제 단속을 오히려 다른 조직을 제압하는 수단으로 삼을 수 있다. 그렇게 자기들끼리 누이 좋고 매부 좋은 일을 하는 동안 시민들의 안녕 질서는 뒷전이 된다. 요셉 지파가 그런 일을 했다. 자기들은 그 성읍에 들어가서 잘 먹고 잘살았는지 몰라도 하나님의 나라는 조금도 확장되지 않았다.

앞에서 요셉 지파를 설명하면서 "여호와께서 그와 함께하셨다"고 했다.

그런데도 이렇게 잔머리를 굴렸다. 자기들과 함께하시는 하나님을 의지하는 것보다 자기들 나름대로 잔재주를 부리는 것이 더 편했다. 자기들을 통해서 악한 세력이 청산되어야 하는 줄은 모르고 두 다리 뻗고 쉴 곳만 있으면 그것으로 족하게 여겼다.

> 므낫세가 벧스안과 그에 딸린 마을들의 주민과 다아낙과 그에 딸린 마을들의 주민과 돌과 그에 딸린 마을들의 주민과 이블르암과 그에 딸린 마을들의 주민과 므깃도와 그에 딸린 마을들의 주민들을 쫓아내지 못하매 가나안 족속이 결심하고 그 땅에 거주하였더니 <u>이스라엘이 강성한 후에야 가나안 족속에게 노역을 시켰고 다 쫓아내지 아니하였더라</u> 에브라임이 게셀에 거주하는 가나안 족속을 쫓아내지 못하매 가나안 족속이 게셀에서 그들 중에 거주하였더라 <u>스불론은 기드론 주민과 나할롤 주민을 쫓아내지 못하였으므로 가나안 족속이 그들 중에 거주하면서 노역을 하였더라</u>(삿 1:27-30).

다른 지파도 마찬가지였다. 가나안을 제대로 쫓아낸 지파가 없었다. 므낫세 지파나 스불론 지파는 처음에는 힘이 모자라서 쫓아내지 못한다고 했다가 힘이 생긴 다음에는 종으로 부렸다. 가나안 족속을 진멸하라고 하신 하나님 말씀에 순종할 마음이 없었다.

이스라엘은 자기들이 가나안 주민을 종으로 부린다고 생각했을 것이다. 하지만 여기에 담긴 의미를 아는 사람들이 보기에는 그렇지 않다. 오히려 이스라엘이 가나안의 영적인 노예로 전락하기 시작한 것이다. 이것이 사사기의 배경이다. 젖과 꿀이 흐르는 땅에 들어갔으면서도 그 땅에 흐르는 젖과 꿀을 누리는 삶을 산 것이 아니라 이전보다 더욱 곤핍하게 살아야 했던 이유가 하나님 말씀에 순종하지 않고 적당히 타협했기 때문이다.

이런 이스라엘을 어떻게 해야 할까? 당연히 책망해야 한다. 적당히 책망해서는 안 된다. 단단히 책망해서 말귀를 알아듣게 해야 한다.

> 여호와의 사자가 길갈에서부터 보김으로 올라와 말하되 내가 너희를 애굽에서 올라오게 하여 내가 너희의 조상들에게 맹세한 땅으로 들어가게 하였으며 또 내가 이르기를 내가 너희와 함께 한 언약을 영원히 어기지 아니하리니 너희는 이 땅의 주민과 언약을 맺지 말며 그들의 제단들을 헐라 하였거늘 너희가 내 목소리를 듣지 아니하였으니 어찌하여 그리하였느냐 그러므로 내가 또 말하기를 내가 그들을 너희 앞에서 쫓아내지 아니하리니 그들이 너희 옆구리에 가시가 될 것이며 그들의 신들이 너희에게 올무가 되리라 하였노라 여호와의 사자가 이스라엘 모든 자손에게 이 말씀을 이르매 백성이 소리를 높여 운지라 그러므로 그곳을 이름하여 보김이라 하고 그들이 거기서 여호와께 제사를 드렸더라(삿 2:1-5).

아닌 게 아니라 여호와의 사자가 찾아 왔다. 가나안 원주민과 언약을 맺지 말고 그들의 제단을 헐라고 했는데 왜 그대로 안 했느냐고 하면서, 장차 그들의 신이 이스라엘의 올무가 될 것이라고 준엄하게 꾸짖었다. 그 말을 들은 이스라엘은 소리 높여 울었는데, 어느 만큼 울었는지 그곳 이름이 보김으로 바뀌었다. '우는 자들'이라는 뜻이다. 말 그대로 대성통곡을 한 모양이다. 그리고 여호와께 제사를 드렸다.

별로 어려울 게 없어 보인다. "이스라엘이 하나님 말씀을 어겼다. 하나님의 사자가 책망했고, 이스라엘은 울며 회개하고 하나님께 제사도 드렸다."라고 이해하면 될 것 같다. 그런데 사사기는 가나안에 들어간 이스라엘이 얼마나 한심했는가에 대한 기록이다. 하나님의 사자의 책망을 듣고 대성통곡하며 제사를 드렸다고 해서 속으면 안 된다. 잠시 뒤에 우상을 섬긴다는 내용이 또 나온다.

지금까지 어떤 내용이 있었는지 생각해 보자. 이스라엘의 과제는 가나안 원주민을 몰아내는 일이었다. 신명기에서 계속 반복된 얘기가 그 얘기였다. 그런데 그렇게 하지 않았다. 유다 지파의 경우, 산지의 주민은 쫓아내었지 만 골짜기의 주민은 철 병거가 있다는 이유로 쫓아내지 못했다고 했다. 또 므낫세 지파, 스불론 지파는 처음에는 힘이 모자라서 쫓아내지 못한다고 했다가 힘이 생긴 다음에는 가나안 족속을 종으로 부렸다. 나중에는 더 한 심한 기록이 나온다. 아셀 지파 같은 경우는 가나안 주민 틈바구니에 거주 했다. 주 구성원이 이스라엘인 채 가나안 원주민을 용납한 게 아니라 주도 권을 내주고 말았다.

하나님의 사자가 이런 이스라엘을 찾아와서 책망했다. 왜 하나님 말씀을 어기느냐는 것이다. 그러자 이스라엘은 울었다. 얼마나 울었는지 그날 이 후로 그곳 이름이 보김으로 바뀔 정도로 울었다. 제사도 지냈다. 그러고는 다시 우상을 섬겼다.

그러면 이때 흘린 눈물은 무슨 뜻일까? 설마 종교적인 쇼를 하느라고 눈 물을 쥐어짜지는 않았을 것이다. 어쨌든 이스라엘 입장에서는 눈물을 흘릴 일이 있었다. 제사도 지냈으니 하나님을 떠난 것도 아니다.

유다 지파를 보자. 산지의 가나안 주민은 쫓아냈지만 골짜기의 주민은 쫓아내지 못했다. 그때 어떤 생각이었을까? "산지의 주민을 쫓아냈으니 이 제 골짜기의 주민만 남았다. 저들에게 철 병거가 있다고 해도 하나님께서 승리를 약속하셨으니 전혀 문제가 되지 않는다. 하지만 우리는 너무 오랫 동안 전쟁에 시달렸다. 골짜기의 주민까지 쫓아내지 않아도 이만하면 다리를 뻗고 살 만하다. 하나님께는 철 병거 때문에 힘들다고 말씀드리고 이제 그만 하기로 하자." 설마 이런 생각으로 전쟁을 멈추지는 않았을 것이다. 그들은 진짜로 철 병거가 무서웠다. 자기네가 무슨 수로 철 병거를 당한단 말인가?

므낫세 지파, 스불론 지파는 어떤가? 그들은 가나안 족속을 종으로 삼았다. "하나님께서는 가나안 족속을 철저하게 진멸하라고 하셨지만 왜 꼭 그래야 하느냐? 그냥 우리 편한 대로 하자."라는 생각이었을 리는 만무하다. "하나님께서 왜 그런 말씀을 하셨는지 충분히 알고 있다. 하지만 지금 남아 있는 가나안 족속은 아무 힘이 없는 패잔병에 불과하다. 저들을 종으로 부리는 이상 저들의 생명은 우리 손에 달린 것이니 죽이는 것이나 종으로 부리는 것이나 마찬가지 아닌가? 일단 종으로 부리다가 혹시 죽여야 할 필요를 느끼면 그때 죽이자." 아마 이런 마음이었을 것이다.

부교역자 시절, 중·고등부 학생들한테 종종 듣던 얘기가 있다. "그 문제는 목사님이 좀 이해해 주세요."라는 얘기다. 직설적으로 얘기하면 "제가 잘 했다는 얘기는 아닙니다. 하지만 별 수 없습니다. 이것이 제 최선입니다."라는 뜻이다. 말로는 이해해 달라고 했지만 이해심 문제가 아니라 자기의 불신앙을 그냥 넘어가 달라는 뜻이다.

이스라엘이 그랬다. 하나님께 불신앙을 지적 받았다. 그런데 억울했다. 자기들은 할 만큼 했기 때문이다. 마음으로는 전부 몰아내고 싶은데 철 병거가 있는 것을 어떻게 하란 말인가? 자기들은 가나안 족속을 종으로 부리고 있었는데 어느새 저들의 힘이 자라서 감당할 수 없는 것을 어떡하란 말인가?

자기들은 최선을 다했는데 하나님께서 나무라시니 속이 상한 것이다. 그래서 울었다. 제사도 드렸다. 아마 자기들의 진심을 알아달라는 뜻이었을 것이다. 그리고 다시 우상을 섬겼다. 자기들을 고치는 쪽으로는 전혀 마음이 없었다. 자기들한테 무슨 잘못이 있는지 모르니 별 수 없다. 하나님 보시기에는 이스라엘이 틀렸는데, 이스라엘이 보기에는 하나님이 너무 매정하다. 대체 이 노릇을 어떻게 하란 말인가?

교인들이 목사한테 어떤 것을 기대하는지 궁금하다. 하나님 말씀을 바로 전하는 것도 중요하지만 그보다는 자기 입장을 이해해주기를 더 기대하지 않을까? 하나님께서 무엇을 기뻐하시고 무엇을 싫어하시는지에 대한 명쾌한 설명보다 "예, 맞습니다. 집사님 심정 다 이해합니다. 그 정도만 해도 잘 하는 겁니다. 다른 사람은 그 정도도 못합니다."라는 얘기를 더 듣고 싶어하지는 않을까?

대놓고 하나님 말씀을 무시하지는 않는다. 그렇다고 해서 하나님 말씀을 기준으로 자기를 고칠 마음도 없다. 그래서 울었다. 하나님께 제사도 드렸다. 모르는 사람이 보면 지극 정성으로 하나님을 섬기는 것 같다. 결국 그때의 제사와 눈물은 "하나님, 뭘 어떻게 하라는 말씀입니까? 저희는 할 만큼 했습니다. 저희 진심을 몰라주시니 안타까울 뿐입니다."라는 답답한 하소연이다.

어떤 책에서 아빠가 2박3일 출장을 마치고 돌아온 얘기를 읽은 기억이 있다. 거실에서 인형을 갖고 놀던 딸이 잠깐 아빠를 반기더니 이내 인형에게 돌아갔다. 아빠는 서운했다. 딸과 더 놀고 싶어서 딸을 불렀지만 들은 척도 하지 않았다. 몇 번 부르던 아빠가 비장의 카드를 꺼낸다.

"그 인형, 누가 사준 건데?"

딸이 멈칫했다. 잠시 고민하는 기색이 있더니 체념한 듯 아빠에게 왔다.

아빠 볼에 얼른 뽀뽀를 하고는 다시 인형에게로 가려는데 아빠가 딸을 안고 놓아주지 않았다.

"안 돼. 더 오래, 아빠를 더 오래 안아줘야지."

딸이 눈을 동그랗게 뜨면서 말했다. "아빠는 그게 문제야!"

"뭐가?"

"너무 많은 걸 원하잖아!"

어쩌면 우리도 같은 불만이 있을 수 있다. 하나님은 너무 많은 것을 원하신다. 이 세상 살면서 무슨 수로 항상 하나님 마음에 들게 살란 말인가? 예수 믿고 교회 다녀서 구원 얻으면 된 거지, 뭘 더 어떻게 하라는 얘기인가? 우리도 세상을 살아야 할 것 아닌가?

일찍이 바로도 얘기한 바 있다. 너무 멀리는 가지 말라고 말이다. 애굽에 열 가지 재앙이 내릴 때의 일이다. 네 번째로 파리 재앙이 임하자, 바로가 모세와 아론을 불러서 너무 멀리는 가지 말고 광야에서 제사를 지내라고 했다. 애굽의 통치 영역을 벗어나지만 않으면 제사를 드리는 정도는 얼마든지 괜찮다는 것이다.

진지하게 고민해보자. 성경의 요구와 우리의 수준 사이에 차이가 있으면 우리가 고쳐야 할 부분일까, 하나님께서 인정하셔야 할 부분일까? 성경은 고쳐야 할 부분이라고 지적한다. 그런데 이스라엘은 하나님께서 인정하셔야 한다고 우겼다. 그러면 우리는 어떤가? 아마 이스라엘이 틀렸다고 하면서도 우리한테 같은 일이 있으면 현실이 그렇지 않다고 할 것이다. 그러면 우리가 있는 곳이 곧 보김이다. 신앙생활은 자기가 생각하는 만큼 하는 것이 아니라 성경의 요구대로 하는 것이다. 성경이 틀렸으면 성경을 고쳐야 하겠지만 그렇지 않다면 우리를 고쳐야 한다. 성경도 고치지 않고 자기도 고치지 않으면 늘 보김에 앉아 있을 수밖에 없다. 보김은 성경에만 나오고 우리 인생에는 없어야 하는 이름이다.

세르반테스가 그의 책 〈돈키호테〉에서 한 얘기가 있다. "현실은 진실의 적이오! 세상이 미쳐 돌아갈 때 누구를 미치광이라 부를 수 있겠소? 꿈을 포기하고 이성적으로 사는 것이 미친 짓이겠죠. 쓰레기 더미에서 보물을 찾는 것이 미쳐 보이나요? 아뇨! 너무 똑바른 정신을 가진 것이 미친 짓이오! 그중에서도 가장 미친 짓은 이상을 외면하고 현실을 있는 그대로 보는 것이요."

> 전에 여호수아가 백성을 보내매 이스라엘 자손이 각기 그들의 기업으로 가서 땅을 차지하였고 백성이 여호수아가 사는 날 동안과 여호수아 뒤에 생존한 장로들 곧 여호와께서 이스라엘을 위하여 행하신 모든 큰일을 본 자들이 사는 날 동안에 여호와를 섬겼더라 여호와의 종 눈의 아들 여호수아가 백십 세에 죽으매 무리가 그의 기업의 경내 에브라임 산지 가아스 산 북쪽 딤낫 헤레스에 장사하였고 그 세대의 사람도 다 그 조상들에게로 돌아갔고 <u>그 후에 일어난 다른 세대는 여호와를 알지 못하며 여호와께서 이스라엘을 위하여 행하신 일도 알지 못하였더라</u>(삿 2:6-10).

그나저나 이스라엘이 왜 이 지경이 되었는지 알아야 한다. 그래야 타산지석을 삼을 수 있다. 성경에 답이 있다. 신앙이 제대로 계승되지 않은 때문이라고 한다. 그럴 만도 하다. 여호수아가 살아 있는 동안에는 여호수아의 인도로 하나님을 섬겼다. 여호수아가 죽은 다음에도 여호수아와 같은 시대에 활동하던 장로들이 살아 있는 동안에는 하나님을 떠나지 않았다. 하지만 그 세대가 다 죽자, 문제가 생겼다. 그 후의 사람들은 하나님께서 어떤 일을 하셨고, 하나님과 이스라엘이 어떤 관계인지 아는 것이 없었기 때문이다. 결국 신앙이 단절되고 말았다. 더 축소해서 얘기하면 부모의 신앙이 자식에게 교육되지 못했다.

아버지가 자기를 죽이려고 한 경험이 있는 아이가 있다고 가정해 보자. 아버지가 시퍼렇게 날선 칼을 들고 자기를 찔러 죽이려다가 알 수 없는 힘에 의해 제지를 받는 바람에 구사일생으로 목숨을 건졌으면 그 아이가 자라서 어떤 사람이 될까? 아동심리학자나 교육학자들에게 물어 보면 한결같이 부정적으로 답할 것이다. 그때 받은 충격으로 아무에게도 마음을 열지 않고 폐쇄적으로 살아갈 것이기 때문에 정상적인 사회인이 되기 힘들다고 할 것이다.

성경에는 전혀 다른 얘기가 나온다. 이삭이 그 주인공이다. 이삭은 실제로 아버지가 자기를 죽이려고 하는 끔찍한 순간을 체험했다. 그런 경험이 그를 부정적인 방향으로 몰아세운 것이 아니라 오히려 번듯한 신앙인으로 자라게 했다. 그 체험을 통해서 이삭은 하나님께 어느 정도로 복종해야 하는지 배웠다. 모리아산 사건이 아브라함에게는 신앙이지만 이삭에게는 가정교육이었다. "아버지는 하나님이 나를 죽이라고 하니까 정말로 죽이려고 하더라." 하는 것보다 더 좋은 가정교육이 어디 있을까? 그때 이삭은 아버지가 어느 만큼 매정한 사람인지를 확인한 것이 아니라 하나님께 어느 만큼 순종해야 하는지를 배웠다.

유감스럽게도 예전에 전혀 다른 얘기를 들었다. 고등학생 아들이 토요일에 친구 집에 놀러가서 하루를 자고 온다고 어머니를 보챘다. 교회를 빼먹겠다는 뜻이다. 어머니가 안 된다고 했는데 아이도 그냥 물러서지 않았다. 친구들끼리 다 약속했으니 한 번만 봐달라는 것이다. 한참 승강이를 벌이다가 아이가 '숨겨둔 무기'를 꺼냈다. "이번만 허락해주면 앞으로 공부 열심히 할게요." 그 얘기에 어머니가 넘어가고 말았다. 아이가 어떻게 그런 묘수(?)를 생각해 냈을까? 어머니가 말로는 교회가 어떻고 예배가 어떻고 해도 정말로 관심 있는 것이 무엇인지 다 알고 있는 것이다.

각설하고, 이스라엘의 신앙이 단절되었다. 여호수아 세대의 신앙이 다음 세대로 이어지지 않았다. 그러면 이어질 얘기는 뻔하다. 하나님을 떠난 이스라엘이 잡신을 섬기고, 하나님께서는 그런 이스라엘을 벌하시게 된다.

구약성경에서 가장 자주 언급되는 죄는 단연 우상 숭배다. 성경을 읽을 때마다 답답하기 그지없다. 우상을 섬기면 벌을 받는데 왜 한사코 우상을 섬기는지 이해가 안 된다.

하지만 그리 간단한 얘기가 아니다. 이스라엘이 우상을 섬긴 것은 그들의 머리가 나쁜 탓이 아니라 사람의 본성이기 때문이다. 우상 숭배가 그 옛날 이스라엘에게만 해당 사항이 있고 우리와는 상관이 없으면 성경에 기록될 이유가 없다. 사람들은 불상 앞에서 절을 하거나 바위나 고목 앞에서 소원을 비는 것만 우상 숭배인 줄 아는데 그렇지 않다.

한 나라가 군사력으로 다른 나라를 정복했는데도 문화적으로는 오히려 피정복 국가에 흡수되는 예가 종종 있다. 그리스와 로마의 경우가 대표적이다. 로마가 그리스를 집어삼켰음에도 불구하고 문화적으로는 그리스를 따라갔다. 로마가 그리스를 정복했다는 얘기는 군사적, 정치적으로만 그렇고 문화적으로는 그리스에 정복당했다.

그런 일이 팔레스타인에서도 있었다. 이스라엘이 가나안 원주민을 몰아내고 그 땅을 차지했다. 특히 여호수아 당시의 승전 기록은 읽을 때마다 신바람이 난다. 겉으로 보기에는 이스라엘이 가나안을 제압했다. 하지만 종교를 비롯한 모든 문화는 이스라엘이 가나안의 영향을 받았다.

짚이는 구석이 있다. 바알은 농사의 신, 풍요의 신으로 알려져 있다. 광야에서는 그런 신에게 관심을 가질 이유가 없다. 하지만 가나안에 들어가서 농사를 짓게 된 다음부터는 그렇지 않다. 게다가 이스라엘은 유목민족인 반면 가나안 원주민은 농경민족이다. 농업 기술도 훨씬 앞섰을 것이고 단위 면적당 소출도 많았을 것이다. 이스라엘이 가나안의 영향을 받는 것이 당연한 일일 수 있다. "저들은 우리보다 농사를 잘 짓는다. 대체 비결이 뭘까?" 하고 기웃거렸더니 바알을 섬기더라는 것이다. "맞다, 지금까지 광야에서는 여호와를 섬겼지만 농사를 지으려면 바알을 섬겨야 하는구나!"라는 생각을 했을 것이다.

가나안 신화에 따르면 최고의 신은 '엘'이고 배우자가 '아세라'이다. 신에게 배우자가 필요하다는 발상부터 수상하다. 완전의 개념이 없기 때문이다. 엘과 아세라 사이에 태어난 신이 바알인데 주인, 주라는 뜻이다. 바알에게도 아스다롯이라는 배우자가 있었다. 또 못(Mot)이라는 바다의 신이 있었는데, 못과 바알 사이에 싸움이 붙었다. 그 싸움에서 못이 이겼다. 못이 바알을 죽여서 그 시체를 갈기갈기 찢어 놓았다. 뒤늦게 이 사실을 안 아스다롯이 못을 죽여서 바알의 원수를 갚는 한편 조각난 바알의 시체를 다 모아서 바알을 다시 살린다. 그리고 바알과 아스다롯이 공중에 올라가서 육체관계를 맺는데 그때 비가 내린다고 한다.

팔레스타인은 물이 귀하다. 우기, 건기 구분이 있어서 일 년에 두 차례 있는 우기에만 비가 내린다. 성경에서 말하는 이른 비와 늦은 비가 그렇다.

우리나라에서는 비가 오면 일기가 나쁘다고 하지만 팔레스타인에서는 그렇지 않다. 비가 오는 날 찾아온 손님은 귀한 손님이라고 더욱 환대를 받는다. 비가 그만큼 반가운 존재다. 그런 비가 바알과 아스다롯이 관계를 가지면 내린다고 한다. 그래서 가나안의 예배 행위에는 바알과 아스다롯의 관계를 부추기는 요소가 있다. 신전에 남창과 여창이 있는 것이다. 매음이 일종의 종교 의식인 셈이다. 가장 역사가 깊은 직업 중의 하나가 매춘이라고 하는데 거기에는 이런 배경이 있다.

농사를 지으려면 계절의 변화에 민감해야 한다. 그리고 바알 종교는 비를 기다리는 당시 사람들에게 상당히 실용적인 종교였다. 이스라엘이 바알에게 미혹된 것이 이런 까닭이다. 특히 여호와는 전쟁의 신으로 알려져 있다. 평화로운 시기에는 바알을 섬기다가 전쟁이 나면 여호와를 찾는 것이 이상한 일이 아니었다. 영어 시험을 볼 때는 영어 공부를 하고 수학 시험을 볼 때는 수학 공부를 하는 것처럼 농사를 지을 때는 바알을 섬기고 전쟁이 일어나면 여호와를 섬기는 것이 이스라엘 입장에서는 당연한 일이었다.

우리 생각에는 그렇게 징계를 받으면서도 계속 우상을 섬기는 이스라엘의 아이큐가 의심스럽지만 그렇게 사는 것이 그들 나름대로의 살길이었다. 요컨대 그들은 하나님이 자기들의 삶의 전 영역을 관장하시는 분이라는 사실을 몰랐다.

이런 어처구니없는 모습은 지금도 있다. 성경 말씀은 예배를 드릴 때만 찾고 실제 살아가기는 세속적인 방법대로 살아가는 것이다. "아! 그거야 교회에서나 그렇지. 실제로야 어디 그래?"라는 얘기를 들어보지 않은 사람이 있을까? 그 얘기는 요즘 나온 얘기가 아니다. 구약시대 이스라엘 사람들도 "농사를 지으려면 바알에게 잘 보여야지. 전쟁도 아닌데 여호와는 무슨 여호와야?"라고 했을 텐데, 그 얘기와 같다. 우리가 예수를 믿노라고 하면서도 하나님은 교회 안에만 모셔놓고 자기 마음대로 살아가는 것처럼 이스라엘도 그랬다.

영국의 종교 철학자이자 신학자인 존 힉이 만일 우주인이 지구를 정탐한다면 다음과 같이 보고할 것이라고 했다. "지구인들은 여러 가지 신을 섬긴다. 즉 금전의 신, 사업의 신, 성공의 신, 권력의 신 그리고 일주일에 한 번씩은 유대교나 기독교의 신을 섬긴다." 이런 지적이 지금만 통하는 것이 아니다. 구약시대에도 마찬가지였다.

사실 여호와 신앙에 비하면 바알 신앙이 훨씬 매력적이다. 무엇보다도 바알을 섬긴다는 뜻이 바알한테 순응한다는 얘기가 아니다. 자기 욕심을 위해서 바알을 조종하는 것이다. 바알이 원하는 바알의 뜻은 없고 바알을 이용해서 이루고 싶은 사람들의 욕심만 있다. 자기들이 얻고 싶은 풍년을 위해서 열심히 비를 기원하는 것이 바알을 섬기는 종교 행위이다.

여호와를 섬기는 것은 그렇지 않다. 여호와의 전능함을 이용해서 자기들의 욕심을 이루는 것이 아니라 여호와 하나님의 요구에 순종하는 것이다. 하나님은 우리에게 종교 의식을 요구하지 않고 마음을 다하고 뜻을 다하고 힘을 다해서 하나님을 사랑하기를 원하신다. 그런 하나님께 순응하여 마음을 다하고 뜻을 다하고 힘을 다해서 하나님을 사랑하는 마음이 외적으로 표현된 것이 예배 행위이다. 자기들의 필요를 충족시켜줄 수 있는 힘을 구하는 것이 가나안 사람들에 의해서 전래된 바알 신앙이었던 반면 "나는 너희를 애굽에서 구원해낸 너희 하나님 여호와다. 내가 거룩하니 너희도 거룩하라."에 응답하는 것이 여호와 신앙이다.

사람들한테 이 둘 중에 하나를 고르라고 하면 어느 쪽을 고를까? 바알을 섬기면 바알이 자기 욕심을 이뤄준다고 하는데, 여호와를 섬기려면 자기가 여호와 하나님의 말씀대로 살아야 한다. 바알이 훨씬 매력적이다. 이스라엘이 바알에게 마음을 빼앗긴 것이 결코 우연이 아니다. 그것이 사람들이 세상을 살아가는 자연스런 모습이다.

구약성경에 계속 나오는 우상 얘기가 신약성경에는 거의 안 나온다. 그 대신 돈 얘기가 나온다. 구약성경에서 우상을 얘기하는 것만큼 신약성경에서는 돈을 얘기한다. 이유는 간단하다. 구약시대에는 화폐경제시대가 아니었지만 신약시대는 화폐경제시대였기 때문이다. 우상이나 돈이나 뜻은 같다. 구약시대에는 사람의 욕심이 우상에게 투영되었다면 신약시대에는 돈에 투영된 것이다. 구약시대에 하나님은 하나님이고 바알은 바알이었다면 지금은 하나님은 하나님이고 돈은 돈이다. 하나님을 안 섬기겠다는 것도 아니고, 돈 좀 벌겠다는 것인데 뭐가 문제인가?

결국 이스라엘의 우매함을 흉볼 것이 아니라 같은 어리석음이 우리에게 있는 것을 인정해야 한다. 우리가 신앙생활 하는 모습이 바알을 섬겼던 이스라엘과 별 차이가 없다. 우리 관심 역시 하나님을 섬기는 것에 있지 않고 하나님을 이용해서 자기 뜻을 이루는 것에 있다. 사람은 떡으로 사는 것이 아니라 하나님 말씀으로 사는 것이라고 말은 하면서도 하나님 말씀은 구하지 않고 떡만 구하는 것이 우리의 신앙 현실이다.

냉정하게 말하면 신앙이 아니다. 신앙의 형태를 빌린 종교적인 연출에 불과하다. 세상을 살아가면서 필요한 것을 얻기 위한 방편으로 종교 행위를 동원하는 것이 신앙이 아니라 우리를 부르셔서 자녀로 삼으신 그분의 뜻에 자신을 맞추는 것이 신앙이다.

이스라엘이 이 문제에 걸렸다. 실제로 그들이 하나님을 버린 적은 없다. 그들 생각으로는 늘 하나님을 섬겼다. 단 농사를 지을 때 바알을 섬긴 것뿐이다.

우리라고 다를까? 우리 중에 하나님을 부인하는 사람은 없다. 적어도 교회에서는 다 하나님을 섬긴다. 그런데 세상을 살아가면서는 돈의 논리대로 살아간다. 심지어는 성경 말씀대로 살면 사흘도 못 가서 굶어죽는다는 말도 한다. 대체 무엇이 문제일까? 성경 말씀대로 살려다가 사흘도 못 가서 굶어죽는 것이 문제일까, 성경 말씀을 어기면서까지 굶지 않고 살려는 것이 문제일까?

학교에서 돌아온 아이가 현관에서 신발도 벗지 않고 소리 지른다. "엄마, 밥!" 이 경우에 중요한 단어에 밑줄 그으라고 하면 어디에 그어야 할까? '엄마'인가, '밥'인가? 이 정도는 애교로 넘어갈 수 있다고 하자. "신자답게 살아야 한다"라는 말에는 어떤가? '신자답게'가 중요한가, '살아야 한다'가 중요한가? 우리는 신자답든지, 신자답지 않든지 일단 살아야 하는 사람들이 아니다. 살든지, 죽든지 무조건 신자다워야 하는 사람들이다. 신자답게 사는 것이 도저히 불가능한 상황이라면 신자답게 죽으면 된다. 기독교 역사에서는 그런 사람을 순교자라고 한다.

사사기에 나오는 내용이 죄다 그렇다. 자기들의 복을 위한답시고 성경 말씀을 어겼다가 쫄딱 망했다는 얘기이다. 그리고 성경은 그 내용을 우리한테 보여준다. "너희의 진정한 복이 무엇인지 아느냐?"라는 뜻이다. 유감스럽게도 우리는 늘 고집을 부린다. 옛날 이스라엘이 그랬던 것처럼 우리 역시 복이 무엇인지 모르기 때문이다. 참으로 다행인 것은 하나님께서 그런 우리를 끝까지 포기하지 않으시고 의의 길로 인도하신다는 사실이다. 여기에 우리의 소망이 있다.

대체 왜 이 지경이 되었을까? 앞에서 얘기한 대로 신앙이 계승되지 않았기 때문이다. 여호수아 세대는 가나안 정복 전쟁을 직접 수행했다. 가나안 정복 전쟁을 통해서 하나님께 순종하면 이기고 불순종하면 패한다는 사실을 배웠다. 전쟁을 통해서 땅만 얻은 것이 아니라 하나님께 순종하는 것이 살 길이라는 사실도 체험했다.

시간이 지났다. 여호수아가 죽었다. 그 당시 전쟁에 참여했던 사람들도 다 죽었다. 이제 가나안 땅은 전쟁을 알지 못하는 사람들이 주인 노릇을 하게 되었다. 자기네 선조가 피를 흘리며 이방 족속을 몰아낸 전쟁의 결과를 누리기는 하면서도 그 전쟁은 모르는 사람들이 주인이 된 것이다. 그래서 하나님께서 일부러 이방 족속을 남겨두셨다. 앞 세대가 그랬던 것처럼 그들과 싸우면서 하나님을 의지하기를 바란 것이다. 여호수아 세대에 가나안 정복이 완전히 끝나지 않은 것이 일종의 리트머스 시험지였다.

> 여호와께서 가나안의 모든 전쟁들을 알지 못한 이스라엘을 시험하려 하시며 이스라엘 자손의 세대 중에 아직 전쟁을 알지 못하는 자들에게 그것을 가르쳐 알게 하려 하사 남겨 두신 이방 민족들은 블레셋의 다섯 군주들과 모든 가나안 족속과 시돈 족속과 바알 헤르몬 산에서부터 하맛 입구까지 레바논 산에 거주하는 히위 족속이라 남겨 두신 이 이방 민족들로 이스라엘을 시험하사 여호와께서 모세를 통하여 그들의 조상들에게 이르신 명령들을 순종하는지 알고자 하셨더라 그러므로 이스라엘 자손은 가나안 족속과 헷 족속과 아모리 족속과 브리스 족속과 히위 족속과 여부스 족속 가운데에 거주하면서 <u>그들의 딸들을 맞아 아내로 삼으며 자기 딸들을 그들의 아들들에게 주고 또 그들의 신들을 섬겼더라</u>(삿 3:1-6).

이스라엘의 반응이 실망스럽기 그지없다. 그런데 성경의 관점이 특이하다. "하나님은 이스라엘이 남은 이방 족속을 다 몰아내기를 바라셨다. 그런데 그렇게 하지 않았다. 그들은 철 병거를 핑계 대고 자기들의 전투력을 핑계 대며 하나님을 거역했다."라고 하면 될 텐데, 그게 아니다. 난데없이 결혼 얘기를 한다. 그들이 결혼을 어떻게 했는지를 보면 하나님께 얼마나 불순종했는지를 알 수 있다는 것이다.

노아 홍수 직전에도 그랬다. 하나님께서 심판을 작정하실 정도면 얼마나 엉망이었을까? 아마 소돔, 고모라의 확장판이었을 것이다. 그런데 성경은 당시의 죄악상을 전혀 엉뚱하게 소개한다. 창 6:1-2에 "사람이 땅 위에 번성하기 시작할 때에 그들에게서 딸들이 나니 하나님의 아들들이 사람의 딸들의 아름다움을 보고 자기들이 좋아하는 모든 여자를 아내로 삼는지라"라고 되어 있다. 요즘 말로 하면 신자가 불신자와 결혼했다는 것이다. 홍수로 심판해야 할 세상의 타락상을 단적으로 보여주는 사례로 그런 사실을 꼽는다.

이스라엘이 이방 족속과 결혼한 것은 분명히 잘못이다. 아무리 그래도 그것이 하나님께 불순종해서 나타나는 대표적인 폐단은 아닐 것 같은데, 성경은 그렇게 얘기한다. 결국 이 얘기는 결혼을 통해서 당시 생활상을 고발하는 내용이다. 어떤 사람의 가치관을 가장 잘 반영하는 것이 결혼이기 때문이다. 누구와 더불어 인생을 나누고 싶어 하는지를 보면 그 사람이 어떤 사람인지 알 수 있다.

부교역자 시절, 교인 한 분이 물었다.

"담임목사님, 일요일에는 주례 안 서시죠?"

"그럼요, 주일에 무슨 주례예요?"

"저도 교회 손님들 생각해서 일요일에는 안 했으면 좋겠는데, 날을 받은 것이 하필 일요일이면 어떡할지 걱정이네요."

이 얘기를 들으면 누구나 웃는다. 택일을 한 것으로 이미 불합격이다. 택일을 해서 주일이 나오면 불합격이지만 다른 요일이 나오면 합격이 아니다.

그러면 이런 경우는 어떨까? 어떤 사람이 사윗감을 골랐다. 학벌 따지고, 집안 따지고, 인물 따지고, 성격 따지고, 직업 따지고 다 따졌는데 괜찮았다. 좋다고 했는데, 옆에서 누가 묻는다. "그런데 교회는 다니나요?" 그때서야 아차 했다. "글쎄, 모르겠는데… 다음에 만나면 물어보라고 해야지." 그래서 물어봤는데, 다닌다는 것이다. 이런 경우, 택일을 했는데 주일 아닌 날이 나온 것과 무슨 차이가 있을까?

돈이 많다는 것은 분명히 매력이다. 잘 생긴 것도 매력이고, 학벌이 좋은 것도 매력이다. 그러면 "저렇게 돈 많은 사람과 결혼하고 싶다", "저렇게 자상한 사람과 결혼하고 싶다" 하는 식으로, "저렇게 신실한 사람과 살고 싶다", "저렇게 신앙 좋은 사람과 살고 싶다" 하는 마음이 있어야 한다.

그런데 아무도 그렇게 따지지 않는다. 세상 사람들이 따지는 조건을 다 따지고 제일 나중에 확인 도장 찍듯이 신앙을 얘기한다. "교회는 다닌대?" 하고 묻는 것이 고작이다. 굳이 신앙 수준까지는 필요가 없다. "유아세례도 받았대.", "어머니가 열심히 다닌대." 하는 식으로 교회와 관계된 얘기만 할 수 있으면 그걸로 족하다.

학벌을 따질 때는 어느 학교를 나왔는지 따진다. 서울대를 나왔으면 지방의 이름 없는 대학을 나온 것과 비교가 안 된다. 키가 좀 작은 것도 용납이 된다. 직업을 따지는 것도 그렇다. 월수입이 500만 원이면 월수입 200만 원보다 훨씬 낫다. 한 달에 1,000만 원을 버는 사람이라면 학벌이 좀 안 좋은 것은 넘어갈 수 있다.

그런데 신앙은 있는지 없는지만 따지고, 어느 만큼 있는지는 안 따진다.

신앙에 비해서 다른 조건들이 훨씬 중요해서 그렇다. 학벌이나 집안 환경, 월수입 같은 것은 전부 세상을 살아가는데 실제적으로 도움이 된다. 그런데 신앙은 그렇지 않다. 있으면 다행이고 없어도 그만이다. 심지어는 결혼부터 해서 나중에 믿게 하면 된다고도 한다. 그러면 성격 안 좋은 것도 같이 살면서 나중에 고치면 될까? 지금은 돈이 없지만 결혼부터 하고 모으는 것은 어떨까?

사람들은 아무렇지 않게 믿는 사람은 믿는 사람과 결혼해야 한다고 한다. 이런 얘기를 왜 할까? 학생이면 열심히 공부해야 한다는 말로 바꿔 보자. 이런 말을 하는 이유는, 공부를 열심히 하지 않는 학생이 있기 때문이다.

믿는 사람은 믿는 사람과 결혼해야 한다는 말도 마찬가지이다. 믿는 사람이 믿는 사람에게서 매력을 느끼면 이런 말은 필요가 없다. "저렇게 가난한 사람은 싫다.", "저렇게 못 생긴 사람은 싫다."라고 하는 것처럼 신앙이 없는 사람에게서는 아무런 매력도 느끼지 못한다면, 믿는 사람은 믿는 사람과 결혼해야 한다는 말 자체가 성립하지 않는다.

그런데 신앙이 아닌 다른 조건에서 매력을 느낀다. 믿는 사람은 믿는 사람과 결혼해야 한다는 사실을 알기만 하고, 실제 수준은 거기에 미치지 못한다. 그래서 그 차이를 메우기 위한 구실을 만든다. 유아세례를 받았다, 어머니가 열심히 믿는다, 결혼해서 믿게 하면 된다는 얘기가 전부 여기에 속한다. 배우자를 고르는 기준으로 신앙을 고려할 만큼 성숙한 신앙인이 아니라는 사실을 스스로 폭로하는 것이다.

오래 전의 일이다. 교회에 노처녀가 많은 것은 전적으로 교역자들 책임이라는 청년이 있었다. 사람을 소개해 주는 것도 아니면서 믿는 사람은 믿는 사람과 결혼해야 한다는 말만 하는 법이 어디 있느냐는 것이었다. 무책임하게 말만 하지 말고 믿는 사람을 소개해 줘서 자기 말에 책임을 져야 한다는 것이 그 청년 얘기였다. 주변에 있던 청년들도 다 동조하는 눈치였다.

어떤 사람이 한의원에서 약을 지었다. 한의사가 돼지고기나 닭고기를 먹지 말라고 했다. 마침 회사에서 돼지갈비로 회식을 하는 바람에 자기는 밥과 김치만 먹어야 했다. 그러면 한의사를 찾아가서 따질까? "다른 사람들은 전부 돼지갈비를 먹는데 나만 못 먹었으니까 선생이 책임지고 소고기를 사주시오."라고 하는 사람은 없다. 건강을 생각한다면 한의사의 얘기를 들어야 한다는 사실을 알기 때문이다.

결국 믿는 사람을 소개해 주지도 않으면서 믿는 사람과 결혼하라고 말만 하는 법이 어디 있느냐는 얘기는 그만큼 신앙에 관심이 없다는 뜻이다. 신앙 원칙을 지키는 것에는 관심이 없고 자기가 하고 싶은 일을 못하는 것에만 관심이 있어서 그렇다.

사람들이 왜 돈 많은 사람과 결혼하고 싶어 할까? 세상을 살아가는데 돈이 중요하기 때문이다. 학벌이 좋은 사람과 결혼하고 싶어 하는 이유도 그렇다. 학벌이 좋으면 세상을 살아가는데 도움이 된다. 마찬가지로 왜 결혼하는데 신앙을 별로 따지지 않느냐 하면, 세상을 살아가는데 별로 중요하지 않아서 그렇다.

결국 누구와 결혼하느냐 하는 문제는 교회 다니는 사람과 결혼했느냐, 교회 다니지 않는 사람과 결혼했느냐 하는 것으로 그치는 문제가 아니다. 어떤 사람과 같이 세상을 살고 싶어 하느냐, 세상을 살아가는데 어떤 것을 중요하게 여기느냐 하는 문제이다.

이스라엘이 왜 이방인과 결혼을 했을까? 그들에게는 결혼이 하나님께서 주시는 복의 통로가 아니었다. 그들이 얻고 싶은 것은 세상이 주는 만족이었다. 그래서 하나님께서 언약하신 복이 아니라 세상이 주는 만족이 있는 곳으로 갔다. 결혼만 그렇게 한 것이 아니라 다른 모든 문제에도 세속적인 기준으로 처신했을 것이다. 자기가 무엇을 원하는지가 가장 중요한 판단 기준이었을 것이다. 그들은 하나님이 주시는 것을 얻는 대신 세상이 주는 것을 얻었다.

우리가 가장 원하는 것은 무엇일까? 하나님이 그것을 주실 것이다. 옛날 이스라엘도 자기들이 원하는 것을 얻었다. 자기들 욕심대로 이방인과 결혼했다. 하지만 하나님께서 주시고 싶어 하는 것은 아니었다. 아무쪼록 하나님께서 가장 귀하게 생각하는 것을 우리도 가장 귀한 것으로 생각할 수 있어야 한다. 하나님께서 주시고 싶어 하는 것을 우리도 받고 싶어 해야 한다. 우리 인생 속에서 하나님의 가치 기준과 우리의 가치 기준이 같은 것으로 연결되어 있어야 한다. 그것이 우리의 복이다.

첫 번째 사사 옷니엘

사사기에는 전부 열두 명의 사사가 등장한다. 흔히 대사사와 소사사로 분류한다. 행적이 길게 소개된 옷니엘, 에훗, 드보라, 기드온, 입다, 삼손을 대사사라고 하고, 짧게 소개된 삼갈, 돌라, 야일, 입산, 엘론, 압돈을 소사사라고 한다.

성경에 기록된 분량을 따지면 에녹과 다윗은 비교가 되지 않는다. 에녹은 신구약 성경에 전부 10번 나오고, 다윗은 880번 나온다. 에녹보다 다윗이 88배나 더 훌륭하다는 뜻이 아니다. 다윗을 통해서 우리에게 전해주고자 하는 메시지가 많다는 뜻이다.

사사들도 그렇다. 행적을 메시지화(化)하기에 좋은 사사일수록 기록된 분량이 많다.

> 이스라엘 자손이 여호와의 목전에 악을 행하여 자기들의 하나님 여호와를 잊어버리고 바알들과 아세라들을 섬긴지라 여호와께서 이스라엘에게 진노하사

그들을 메소보다미아 왕 구산 리사다임의 손에 파셨으므로 이스라엘 자손이 구산 리사다임을 팔 년 동안 섬겼더니 이스라엘 자손이 여호와께 부르짖으매 여호와께서 이스라엘 자손을 위하여 한 구원자를 세워 그들을 구원하게 하시니 그는 곧 갈렙의 아우 그나스의 아들 옷니엘이라 여호와의 영이 그에게 임하셨으므로 그가 이스라엘의 사사가 되어 나가서 싸울 때에 여호와께서 메소보다미아 왕 구산 리사다임을 그의 손에 넘겨 주시매 옷니엘의 손이 구산 리사다임을 이기니라 그 땅이 평온한 지 사십 년에 그나스의 아들 옷니엘이 죽었더라 (삿 3:7-11).

사사기에는 기본 패턴이 있다.
1) 이스라엘이 악을 행한다.
2) 하나님께서 이방 족속을 보내어 징계하신다.
3) 견디다 못한 이스라엘이 하나님께 부르짖는다.
4) 하나님이 사사를 세워 이스라엘을 구원하신다.
5) 이스라엘이 다시 범죄한다.

첫 번째 사사 옷니엘 시대에는 이런 기본 패턴이 고스란히 나타난다. 옷니엘 이후에는 이런 패턴이 조금씩 바뀌면서 이스라엘이 어떻게 점차 패역하게 되고 하나님께서는 그런 이스라엘을 어떻게 사랑하시는지를 보여준다.

어쨌든 이스라엘이 여호와의 목전에 악을 행했다고 한다. 상당히 심각한 표현이다. 이스라엘이 사람들 보기에 악을 행한 것이 아니라 하나님 보시기에 악을 행했다. 하나님이 선악의 기준이다. 사람들 보기에 악이 아니라도 하나님 보시기에 악이면 악이다. 하나님이 옳다고 하면 옳은 것이고 하나님이 틀렸다고 하면 틀린 것이다. 하나님은 옳은 일을 하시는 분이 아니라 하나님께서 하시는 일이 옳은 일이다. 하나님이 옳고 그름의 기준이다.

바알을 섬긴 것이 뭐 그리 대단한 잘못일까? 주변에서 다 그렇게 한다. 그렇다고 해서 하나님을 아주 외면한 것도 아니다. 할례도 받았고 제사도 지냈다. 물론 절기도 지켰다. 그런데 그것이 하나님 보시기에 옳지 못한 처사였다.

예전에 이스라엘에서 아주 재미있는 것을 본 기억이 있다. 유적지가 복원되는 현장이었는데, Holy of Holies라는 팻말이 있었다. 지성소라는 뜻이다. 그리고 그 안에 돌기둥 두 개가 세워져 있었다. 지성소에 웬 돌기둥일까?

하나는 하나님을 형상화한 것이다. 하나님은 영이시다. 형체가 없으시다. 하나님께서도 하나님의 형상을 만드는 것을 금하셨다. 그런데도 자기들 마음대로 하나님을 상징하는 돌을 갖다 놓았다. 다른 하나는 무엇일까? 하나님을 상징하는 돌기둥보다 조금 작은 그것은 아세라를 상징하는 것이었다. 하나님과 아세라를 나란히 놓고 같이 섬겼다.

이스라엘은 절대 하나님을 버린 적이 없다. 늘 하나님을 섬겼다. 단지 다른 신을 같이 섬긴 것뿐이다. 아마 그들이 상상하는 하나님이 남성 신이었던 모양이다. 그래서 여성 신 아세라를 하나님 배우자로 갖다 놓았다. 어쩌면 하나님을 버렸다는 질책에 억울했을 수도 있다.

결국 하나님의 징계가 임했다. 메소보다미아 왕 구산 리사다임이 이스라엘을 팔 년 간 압제한 것이다. 이스라엘은 못살겠다고 부르짖었고, 첫 번째 사사 옷니엘이 등장한다.

사사를 영어로 Judge라고 한다. 사사의 가장 중요한 기능이 재판이다. 성경을 읽다 보면 재판이 상당히 자주 나온다. 그 시대에 민사소송법이나 형사소송법이 있었던 것은 아니다. 하나님의 뜻이 잘잘못을 가리는 기준이었다. 사사는 하나님께서 어떤 것을 옳다고 하시고 어떤 것을 그르다고 하시는지를 판별하는 사람이었다.

그런데 사사기에는 사사의 임무가 전쟁 수행처럼 나온다. 하나님 주신 땅에서 악을 몰아내는 싸움을 싸운 것이다. 전쟁조차도 하나님께서 어떤 것을 옳다고 하시고 어떤 것을 그르다고 하시는지 알게 하는 방편이었다.

각설하고, 이스라엘의 첫 번째 사사가 옷니엘이다. 왜 하필 옷니엘일까? 하나님은 마음만 먹으면 옷니엘 사돈의 팔촌이나 심지어 옷니엘이 집에서 기르는 염소 새끼를 통해서도 구산 리사다임을 물리칠 수 있는 분이다. 그런데 굳이 옷니엘을 지명하셨다. 우리한테 주시고자 하는 메시지를 가장 잘 보여주는 인물이 옷니엘이라는 뜻이다.

성경은 옷니엘을 '갈렙의 아우 그나스의 아들'로 소개한다. '그나스의 아들 옷니엘'이라고 하는 것이 일반적인데 굳이 '갈렙의 아우'라는 말을 보탠다. 갈렙은 가나안 정복을 외쳤던 사람이다. 실제로 가나안 정복 전쟁을 수행하기도 했다. 그리고 옷니엘은 기럇 세벨을 칠 때 가장 앞장섰던 사람이다. 하나님의 뜻에 합당한 전쟁을 해서 아내도 얻고, 땅도 얻고, 땅을 기름지게 할 수 있는 샘물도 얻은 사람이다. 그 옷니엘이 첫 번째 사사로 등장한다. 하나님께서는 하나님의 전쟁을 수행하는 것이 어느 만큼 복된 일인지를 체험한 옷니엘을 들어서 이스라엘을 구원하셨다.

이렇게 해서 팔 년 동안이나 구산 리사다임의 압제에 신음하던 땅에 평화가 왔다. 그런 평화가 사십 년 동안 계속 되었다. 그리고 옷니엘이 죽었다.

그다음에는 어떻게 되었을까? 유감스럽게도 성경에는 "옷니엘이 죽은 이후에 이스라엘은 구산 리사다임의 일을 기억하여 다시는 하나님을 떠나지 않았더라"라는 기록이 없다. 오히려 옷니엘이 죽었다는 말에 이어서 "이스라엘 자손이 또 여호와의 목전에 악을 행하니라…"가 나온다. 태평한 것과 악을 행하는 것이 거의 연속적인 사건이다.

이것이 사사기의 흐름이다. '…태평하였더라' '…행악하였더라' '…태평하였더라' '…행악하였더라' 하고 태평과 행악이 계속 반복한다. 태평한 기간 동안 하나님을 향하여 힘을 비축하는 적극적인 모습이 없다. 마냥 세월을 탕진하다가 그 기간이 끝나면 다시 악에 시달리는 악순환뿐이다.

지금이 일제 강점기라면 아무리 불타는 애국심이 있다고 해도 할 수 있는 일이 아무것도 없다. 고작해야 태극기를 숨겨서 보관하는 일이 전부일 것이다. 하지만 해방이 되면 달라진다. 그 정도는 애국심으로 쳐주지 않는다. 보다 적극적이고 능동적으로 애국심을 표현해야 한다.

요나가 물고기 배 속에 들어갔다. 거기서 하나님께 불순종한 죄를 철저히 회개했다. 아마 요나의 인생을 통해서 그때만큼 처절하게 하나님께 매달렸던 적은 없을 것이다. 하지만 아무리 그래도 그곳은 물고기 배 속이다. 하나님께 회개는 했을지 몰라도 그 속에서 할 수 있는 것은 아무것도 없다. 일단 밖으로 나와야 순종을 하든지, 말든지 할 수 있다. 결국 하나님께서 요나를 꺼내주신 것은 "좋다. 분명히 회개했느냐? 그러면 회개한 대로 한번 살아봐라!"라는 뜻이다. 물고기 배 속에서 신앙이 깊어졌으면 밖으로 나와서 그 깊어진 신앙이 넓어져야 한다. 고난을 통해서 하나님을 만났으면 형통할 때는 고난 중에 만난 하나님을 누려야 한다.

고난이 고난으로만 끝나버리면 의미가 없다. 고생만 죽도록 하고 남은 것이 뭐란 말인가? 고난은 고난으로 끝나는 것이 아니라 신앙 유익으로 연결되어야 한다. 형통도 마찬가지이다. 형통하다고 해서 다만 형통한 것으로 끝나면 의미가 없다. 신앙 유익으로 연결되어야 한다. 지금 형통하다고 마냥 퍼질러 앉아서 그 형통을 즐기는 것은 이 세상이 전부인 사람이나 할 일이다. 신앙 유익으로 연결되지 않는 고난이 의미가 없는 것처럼 신앙 유익으로 연결되지 않는 형통도 의미가 없다.

부모가 아이에게 말한다. "공부 열심히 하면 용돈 만 원 주마." 그 말을 들은 아이는 마침 용돈이 궁했다. 열심히 공부해서 용돈 만 원 받았다. 그 다음에는 어떻게 될까? 그 만 원 다 쓰고 다시 용돈이 필요하기 전까지 공부를 하지 않을 것이다.

부모의 의도는 그게 아니었다. 용돈을 구실로 공부를 하게 하려고 했던 것이다. 그런데 애에게는 공부가 용돈이 생기게 하는 방법이었다. "공부하면 용돈이 생기는구나."에 그칠 것이 아니라 "공부가 그만큼 중요하구나."로 이어져야 하는데 갈 길이 멀어도 너무 멀다.

공부에 관심 없는 철부지들 얘기가 아니다. 이스라엘이 그랬다. 이스라엘이 그랬다는 얘기는 지금 우리가 그렇다는 뜻이다. 우리는 언제나 발등에 불이 떨어져야만 하나님을 찾는다. 입술로 예수님을 부인하지는 않는데 그렇다고 해서 삶으로 고백하지도 않는다.

신자와 불신자를 비교하는 말 중에, 자기가 죄인인 것을 아는 사람은 의인이고 자기가 죄인인 것을 모르는 사람은 죄인이라는 말이 있다. 그 얘기를 빗대면, 사사 시대의 이스라엘이 우리 모습인 것을 인정하면 사사 시대의 기록은 단지 사사 시대의 기록으로 끝난다. 하지만 이 내용이 우리 모습인 것을 모르면 결국 우리 얘기가 될 것이다. 요컨대 우리는 성경을 통해서 우리를 꾸짖는 하나님의 책망을 겸손한 마음으로 귀담아 들을 수 있어야 한다.

조막손 에훗

이스라엘이 구산 리사다임의 압제에서 벗어났다. 다시 평화가 왔다. 그래서 어떻게 되었는가 하면, 또 범죄했다. 하나님께서 고통받는 이스라엘을 구해주었더니, 감사한 줄 알아서 하나님을 바로 섬긴 것이 아니라 숨통이 트일 만하니까 다시 범죄한 것이다. 징계가 임할 수밖에 없다. 결국 모압 왕 에글론의 통치를 받는 신세가 된다. 모압은 종려나무 성읍(여리고)을 이스라엘 통치를 위한 베이스캠프로 삼았다.

몇 년 전에 〈도둑들〉이라는 영화가 있었다. 한국 도둑과 중국 도둑이 연합해서 이천만 달러짜리 다이아몬드를 훔치는 내용이다. 마카오박, 뽀빠이, 팹시, 예니콜, 씹던 껌이 한국 도둑이다. 팹시가 예니콜에게 묻는다. "도둑이 왜 가난한 줄 알아?" 예니콜이 답을 못하자, 스스로 답을 한다. "비싼 걸 훔쳐서 싸게 팔거든."

그 얘기를 그대로 빌려올 수 있다. 이스라엘이 왜 이렇게 곤고하게 살아야 하는지 아는가? 하나님의 은혜를 값싼 것으로 여겨서 그렇다. 그들은 틈만 나면 범죄했고, 징계를 받을 때마다 부르짖었다. 그리고 하나님은 그런 이스라엘을 위해서 한 구원자를 세우셨다. 베냐민 사람 게라의 아들 왼손잡이 에훗이다. 그런데 사실은 왼손잡이가 아니다. 원문 그대로 하면 오른손이 불구라는 뜻이다. '조막손 에훗'이 더 정확한 번역이다. 하나님께서 그런 사람을 사사로 세우셨다. 그가 베냐민 지파라는 사실이 이채롭다. 베냐민이 오른손의 아들이라는 뜻이기 때문이다.

옷니엘은 누가 봐도 사사가 될 만한 사람이었다. 갈렙의 조카라고 하는 훌륭한 배경에다가 기럇 세벨을 정벌한 전공도 있었다. 사사 선발을 공고하고 이력서를 제출하게 했으면 그의 이력서가 가장 화려했을 것이다. 하지만 에훗은 누가 봐도 사사와 거리가 먼 사람이었다.

당시 이스라엘은 모압한테 공물을 바치는 신세였다. 참으로 서글픈 일이다. 하나님의 선민이 이방에게 굴종했음을 인정한 것이다. 힘이 모자라서 억눌리는 정도가 아니라 항거할 의사마저 포기했음을 나타내는 것이 공물이다.

에훗이 그런 공물을 바치게 되었다. 압제받는 나라의 사사가 되었으면 조국의 영광을 되찾기 위한 전쟁의 선봉에 서야 할 것 같은데 그게 아니었다. 이스라엘의 비참한 처지나마 보존하기 위한 치욕의 한복판에 보내졌다. 하나님께서는 에훗을 사사로 세우셨지만 이스라엘이 에훗에게 맡긴 것은 고작해야 공물을 바치는 일이었다.

예전에 조막손을 본 적이 있다. 에훗의 손이 그런 손이었다. 안으로 오그라들어서 핏기 없이 말라붙은 에훗의 오른손은 아무런 소망도 없는 이스라엘의 현실을 그대로 보여준다. 하나님께서 그런 에훗을 통해서 이스라엘을 구원하셨다.

성경에서 하나님은 항상 오른손의 하나님으로 나온다. '하나님'과 '왼손'을 연결한 표현은 어디에도 없다.

> 여호와여 주의 오른손이 권능으로 영광을 나타내시니이다 여호와여 주의 오른손이 원수를 부수시니이다(출 15:6).

> 내가 새벽 날개를 치며 바다 끝에 가서 거주할지라도 거기서도 주의 손이 나를 인도하시며 주의 오른손이 나를 붙드시리이다(시 139:9-10).

> 두려워하지 말라 내가 너와 함께함이라 놀라지 말라 나는 네 하나님이 됨이라 내가 너를 굳세게 하리라 참으로 너를 도와 주리라 참으로 나의 의로운 오른손으로 너를 붙들리라(사 41:10).

이런 하나님께서 굳이 오른손이 불구인 에훗으로 이스라엘을 구원하신다. 이때 에훗은 오른쪽 허벅지에 칼을 숨기고 공물을 바쳤다. 그리고 모압왕 에글론한테 은밀히 아뢸 것이 있다고 하고는 왼손으로 오른쪽 허벅지의 칼을 빼어 에글론을 찔렀다. 이 세상 모든 열쇠가 하나님께 달려있다는 사실을 강력하게 보여준다.

에글론을 죽인 에훗은 현관에 나와서 다락문들을 뒤에서 닫아 잠갔다. 나중에 에글론의 신하들이 왔는데 문이 잠긴 것을 보고는 자기네 왕이 발을 가리는 것으로 생각했다. 발을 가린다는 얘기는 여러 가지 뜻으로 쓰인다. 낮잠을 자는 것을 말하기도 하고, 용변을 보는 것을 말하기도 한다. 또 성행위를 하는 것도 발을 가린다고 한다. 이때 에글론의 신하들은 왕이 용변을 보는 줄 알았다.

예전에 어떤 사형수의 일기를 본 적이 있다. 형 집행 날짜를 기다리는 동안 매일 아침에 용변을 보았다고 한다. 죽는 순간 용변을 지리게 되는 수가 있는데 그런 추한 모습을 남기고 싶지 않았기 때문이었다. 에글론이 죽으면서 그랬던 모양이다. 밖에서 신하들은 냄새를 맡고서 그렇게 생각했을 것이다.

그런데 발을 가리는 시간이 너무 길어서 이상하게 여긴 신하들이 문을 열어 보니 에글론이 죽어 있었다. 그때부터 이스라엘의 대대적인 반격이 시작된다.

당시 이스라엘은 십팔 년 동안이나 모압의 식민지로 지내고 있는 상태였다. 그러다가 에글론이 죽었다는 말에 분연히 일어났는데 그 결과가 사뭇 엄청났다. 모압 군인 일만 명이 죽었다. 성경은 그들이 다 장사요, 용사였다고 설명한다.

십팔 년 동안이나 식민지 신세로 지내다가 군사를 동원했으면 얼마나 동원했을까? 일만 명을 단숨에 제압할 정도의 병력을 동원하지도 못했을 것이고 무기도 변변하지 못했을 것이다. 그런데도 모압은 제대로 반항도 못하고 철저하게 패퇴했다.

이런 일이 어떻게 가능할까? 왕이 죽으면 그 나라 군사는 자진해서 목숨을 상납해야 한다는 법칙이라도 있는 것일까?

정확한 이유는 모른다. 우리가 알 수 있는 것은 이때의 이스라엘은 지레 굴종해서 그렇지, 싸움만 하면 얼마든지 이길 수 있었다는 사실이다. 마음만 먹으면 이길 수 있는데 싸워보지도 않고 미리 체념했던 것이다.

아기 낙타가 엄마 낙타에게 묻는다.

"엄마, 우리 등에는 왜 혹이 있어요?"

"사막을 지날 때 오랫동안 먹지 않고도 견딜 수 있게 하기 위해서 그렇지."

"왜 우리는 이렇게 눈썹이 길어?"

"사막에는 모래바람이 심하거든. 모래가 눈에 들어가면 안 되잖아."

"우리 발바닥은 왜 이렇게 넓적하게 생겼어요?"

"사막을 걸을 때 모래에 빠지지 않게 하기 위해서지."

"엄마, 그런데 우린 동물원에서 뭐해?"

이 대화 내용을 우리에게 적용시키면 어떻게 될까?

"하나님, 왜 저희를 구원하셨습니까?"

"내가 너희와 함께 지내고 싶어서 그랬지."

"왜 예수님을 십자가에 못 박으셨나요?"

"그래야 너희 죗값이 치러지기 때문이지."

"왜 이 땅에 교회를 세우셨나요?"

"교회가 있어야 이 땅에 나를 아는 사람들이 더 많아질 것 아니냐?"

"그런데 저희는 왜 여전히 죄하고 같이 지내는 거죠?"

아기 낙타의 질문에 엄마 낙타는 할 말이 없었을 것이다. 하지만 하나님은 그렇지 않다. "저희는 왜 여전히 죄 가운데 있는 것입니까?"라고 물으면, 당연히 호통 치실 것이다. "내가 너희를 죄에서 꺼낸 것이 언제인데 여태 그러고 있단 말이냐?" 하고 나무라실 것이다.

이스라엘이 고통을 당해야 했던 이유가 무엇인가? 죄와 싸워서 졌기 때문이 아니다. 아예 싸움을 하지 않았기 때문이다. 싸움만 하면 이길 수 있는데 지레 항복해버렸으니 고통을 당하는 것 말고는 다른 수가 없었다.

고려 고종 19년(주후 1232년)에 몽골이 침입했다. 처인성(지금의 용인)에서 전투가 벌어졌는데 승려였던 김윤후가 몽골의 장군 살리타이를 활로 쏘아 죽였다. 나중에 몽골이 또 쳐들어왔다. 고려 조정에서는 김윤후를 동북면 병마사로 임명해서 몽골과 맞서게 했다. 그런데 그곳은 이미 몽골에 점령당한 상태였다. 김윤후는 동북면 병마사로 임명은 받았지만 부임할 재간이 없었다. 당시 고려 조정이 그만큼 무능했다.

설마 하나님도 그러실까? 우리가 여전히 죄 가운데 있는 것이 하나님의 무능 때문이면 관계없다. 김윤후가 동북면 병마사로 부임하지 못한 것이 김윤후 책임이 아닌 것과 같다. 하지만 우리가 죄 중에 있는 것은 하나님이 우리를 죄에서 덜 꺼낸 탓이 아니다. 제발 엄살하지 말자. 적어도 예수를 구주로 고백한다면 징징 짜는 일은 없어야 한다.

우리가 죄와 타협하지 않는 한, 죄는 우리에게 아무런 영향력도 행사하지 못한다. 죄를 지을 수밖에 없었다고 지레 엄살할 준비를 할 게 아니라 작정하고 죄와 결별해야 한다. 우리한테는 그럴 힘이 있다.

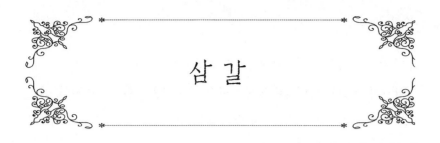

삼갈

삼손이나 기드온, 드보라를 모르는 사람은 없다. 삼갈을 아는 사람은 얼마나 될까?

> 에훗 후에는 아낫의 아들 삼갈이 있어 소 모는 막대기로 블레셋 사람 육백 명을 죽였고 그도 이스라엘을 구원하였더라(삿 3:31).

삼갈은 에훗 다음에 활동한 사사인데 '그도 이스라엘을 구원하였더라'라는 표현이 눈길을 끈다. 에훗의 활약으로 모압이 이스라엘에 굴복했다. 이스라엘에 평화가 왔다. 그런데 삼갈이 이스라엘을 구원했다. 이스라엘에 구원이 필요했음을 전제로 한다. 이스라엘이 또 하나님을 떠난 것이다. 그런 이스라엘을 하나님이 삼갈을 통해서 구원하셨는데, 이때 삼갈이 쓴 무기는 소 모는 막대기였다. 아마 목동이었던 모양이다. 비전투 요원인 삼갈이 무기 같지도 않은 무기로 블레셋 사람 육백 명을 죽였다.

삼갈이 소 모는 막대기로 블레셋 사람 여섯 명을 무찔렀다고 하면, 삼갈 개인에 대한 칭송일 수 있다. 하지만 육백 명은 다르다. 누군가 그 싸움에 개입했다고 밖에 생각할 수 없다.

삼갈에게는 창이나 칼이 없다는 사실이 아무런 문제가 되지 않았다. 소 모는 막대기마저 없었으면 맨손으로 싸웠을 것이다. 그리고 하나님은 승리를 주셨을 것이다. 육백 명을 죽였다는 사실 자체로 이미 인간의 경지를 넘은 일이다. 소 모는 막대기가 있으면 육백 명을 상대할 수 있는데 맨주먹이어서 감당할 수 없었다는 것은 말이 되지 않는다.

어쩌면 우리는 당연히 일어나서 싸워야 할 여호와의 전쟁이 있는데도 도구만 탓하고 있는지도 모른다. 하나님께서는 이미 승리를 예비하고 계신데 도구 타령을 하느라 그 승리를 맛보지 못한다면 두고두고 후회할 일이다.

이스라엘은 이 사실을 어떻게 받아들여야 할까? 평범한 촌사람 삼갈의 손에 들린 마른 막대기 하나에도 쩔쩔매는 블레셋 사람들을 두려워해야 할까, 그런 삼갈을 통해서 이처럼 엄청난 일을 하시는 하나님을 두려워해야 할까? 이 사건을 통해서 이스라엘은 다시금 하나님을 주목해야 했다. "사랑하는 내 백성 이스라엘아! 너희들은 대체 무엇을 걱정하고 있느냐? 내가 하고자 마음만 먹으면 블레셋쯤은 아무것도 아니다. 너희들은 블레셋을 무서워할 것이 아니라 나 보기에 옳지 않은 일을 행하는 것을 무서워해야 한다!" 하는 음성을 들어야 했다.

음악은 세 번 태어납니다.
베토벤이 작곡했을 때 태어나고,

번스타인이 지휘할 때 태어나고,
당신이 들을 때 태어납니다.
음악이 세 번째 태어나는 그 순간,
인켈이 함께 합니다.

오래 전의 인켈 광고 문구이다. 이 내용을 그대로 빌려올 수 있다. 말씀도
세 번 태어난다. 성경에 기록될 때 한 번 태어나고, 선포될 때 두 번 태어나
고, 적용할 때 세 번 태어난다. 음악을 꼭 인켈로 들어야 하는 것은 아니지
만 적용은 자기한테 직접 해야 한다. 그렇지 않으면 말씀이 기록되고, 선포
된 의미가 없어진다.

여사사 드보라

삼갈이 죽었다. 삼갈이 소 모는 막대기로 블레셋 사람 육백 명을 죽이고 이스라엘을 구원했다는 사실은 분명히 이스라엘에게 주는 메시지가 있다. 그런데 이스라엘은 아무런 교훈도 받은 게 없었다.

> <u>에훗이 죽으니</u> 이스라엘 자손이 또 여호와의 목전에 악을 행하매 여호와께서 <u>하솔에서 통치하는 가나안 왕 야빈</u>의 손에 그들을 파셨으니 그의 군대 장관은 하로셋 학고임에 거주하는 시스라요 야빈 왕은 철 병거 구백 대가 있어 이십 년 동안 이스라엘 자손을 심히 학대했으므로 이스라엘 자손이 여호와께 부르짖었더라(삿 4:1-3).

왜 '삼갈이 죽으니'가 아니라 '에훗이 죽으니'로 시작할까? 에훗은 이스라엘의 기억에 생생하게 남아 있는데 반해서 삼갈은 그렇지 않았다는 뜻이다.

사마천이 쓴 〈사기〉에 '자객열전'이 있다. 거기에 전제가 소개되는데, 생선 요리 안에 칼을 숨겨서 오나라 왕 요를 죽인 사람이다. 에훗도 그와 같다. 혼자 몸으로 모압 왕을 죽였다. 하지만 하나님의 능력이라는 관점에서 보면 삼갈에게 더 점수를 줘야 한다. 에훗이 한 일은 혼자서도 할 수 있지만 삼갈이 한 일은 인간의 능력으로 할 수 있는 일이 아니기 때문이다. 그런데 이스라엘은 그렇게 받아들이지 않았다. 성경에 길게 기록된 에훗은 하나님의 일을 많이 한 사람이고 달랑 한 줄만 기록된 삼갈은 있으나마나 한 사람으로 알았던 모양이다.

어쨌든 이스라엘 발등에 불이 떨어졌다. 앞에서 하나님의 징계의 도구로 등장한 나라는 메소보다미아와 모압이었는데 이번에는 가나안이 등장한다. '하솔에서 통치하는 가나안 왕 야빈'이 이스라엘을 학대한다. 그런데 왠지 낯익다.

여호수아가 가나안 여러 지역을 점령했을 때의 일이다. 소식을 들은 하솔 왕 야빈이 주변의 왕들을 비상소집한다. 야빈이 당시 그 일대 맹주였다는 뜻이다. 물론 본문의 하솔 왕 야빈과 같은 사람은 아니다. 애굽 왕을 바로라고 하고 블레셋 왕을 아비멜렉이라고 하는 것처럼 하솔 왕을 야빈이라고 하는 모양이다. 아니면 동명이인일 수도 있다. 그 하솔 왕 야빈이 여호수아한테 죽임을 당했다. 하솔도 물론 이스라엘 땅이 되었다.

그런데 이제는 이스라엘이 시달리고 있다. 여호수아 때 정벌했던 하솔 왕이 이스라엘을 압제하는 것이다.

본래 가나안은 하나님께서 이스라엘에게 주시기로 약정하신 땅이다. 하나님께서 가나안에 저주를 선언하셨다. 그 일을 위해서 이스라엘이 부름을 받았다. 하나님의 하나님 되심이 가나안에게는 멸망으로 나타났고 이스라엘에게는 땅을 유업으로 받는 것으로 나타났다. 결국 가나안과 이스라엘의 충돌은 불가피했다. 문제는 이스라엘이 마땅히 철폐해야 할 가나안 풍습을 모방했다는 사실이다. 마땅히 축출하여야 할 가나안의 삶을 추종하니 하나님께서는 오히려 가나안을 들어 이스라엘을 징계하신다.

> 그때에 랍비돗의 아내 여선지자 드보라가 이스라엘의 사사가 되었는데 그는 에브라임 산지 라마와 벧엘 사이 드보라의 종려나무 아래에 거주하였고 이스라엘 자손은 그에게 나아가 재판을 받더라(삿 4:4-5).

그런 즈음에 드보라가 사사로 등장한다. 우리나라도 남존여비 사상이 있는데 이스라엘은 우리나라 정도가 아니다. 랍비들은 "하나님, 저를 이방인으로 태어나지 않게 하셔서 감사합니다. 저를 짐승이 아닌 사람으로 태어나게 하셔서 감사합니다. 그리고 여자가 아닌 남자로 태어나게 하셨으니 감사합니다."라고 기도했다. 여자가 아닌 것이 감사 제목이 될 정도였다.

그런데 드보라가 등장한다. 뭔가 이상하다. 남자들은 다 무엇을 하고 있다는 말인가? 하나님께서 이스라엘을 철저하게 구박하는 것이다.

특히 드보라를 소개하면서 종려나무 아래에서 재판을 행했다는 얘기를 한다. 그것이 뭐 그리 대단한 사실이라고 성경의 귀중한 지면을 할애하면서 그 얘기를 할까? 여기에는 옷니엘을 갈렙의 아우 그나스의 아들이라고 소개하고 에훗을 오른손이 불구(왼손잡이)라고 한 것처럼 뭔가 메시지가 있음을 짐작할 수 있다.

가나안을 젖과 꿀이 흐르는 땅이라고 한다. 이스라엘이 유목민족이니 젖이 흐른다는 표현은 납득이 된다. 그러면 꿀은 무슨 영문일까? 이스라엘이 양봉을 많이 하는 민족이고 팔레스타인이 양봉이 잘되는 지방이라는 얘기는 금시초문이다.

네 하나님 여호와께서 너를 아름다운 땅에 이르게 하시나니 그곳은 골짜기든
지 산지든지 시내와 분천과 샘이 흐르고 밀과 보리의 소산지요 포도와 무화과
와 석류와 감람나무와 꿀의 소산지라(신 8:7-8)

팔레스타인은 밀과 보리, 포도, 무화과, 석류, 감람 그리고 꿀이 많이 나
는 곳이다. 여기서 꿀은 종려나무 열매의 과즙을 말한다. 종려나무 열매는
학생 시절에 대추야자라고 배웠는데 단 맛이 상당히 강하다. 드보라가 그
런 종려나무 아래에서 재판을 행했다.

정의를 쓴 쑥으로 바꾸며 공의를 땅에 던지는 자들아(암 5:7).

아모스를 흔히 공의의 선지자라고 한다. 그가 사회 정의가 제대로 시행되
지 않는 것을 쓴 쑥에 비유했다.
우리나라에도 '의문사 진상 규명 위원회'가 있다. 국가 권력이 부도덕하면
국민들은 어떻게 살라는 얘기인가? 아모스 당시의 이스라엘이 그랬다. 위정
자가 악을 행하고 제사장이 타락하면 백성들의 삶은 암울할 수밖에 없다.
적어도 국가의 공권력은 옳고 그른 것에 대한 명확한 기준을 제시해야 한
다. 틀린 사람이 공권력을 내세워서 옳은 사람을 심판하면 안된다. 그런 상
황을 쓴 쑥으로 얘기했다.
드보라가 종려나무 아래에서 재판을 행했다는 얘기는 그 반대이다. 하나
님의 뜻에 합당한 재판이 시행되는 것을 꿀에 비유한 것이다. 드보라는 꿀
벌이라는 뜻이다. 꿀벌이라는 이름을 가진 드보라가 꿀이 흐르는 종려나무

아래 앉아 있는 것은 너무도 당연하다. 거기서 하나님 보시기에 합당한 재판을 행했다.

각설하고, 이스라엘이 가나안 왕 야빈의 압제에 시달린 지 이십 년이 되었다. 이스라엘이 하나님께 부르짖었다. 하나님께서 드보라를 통해서 이스라엘을 구원할 계획을 세우셨고, 드보라는 그 계획을 바락에게 전한다.

> 드보라가 사람을 보내어 아비노암의 아들 바락을 납달리 게데스에서 불러다가 그에게 이르되 이스라엘의 하나님 여호와께서 이같이 명령하지 아니하셨느냐 너는 납달리 자손과 스불론 자손 만 명을 거느리고 다볼산으로 가라 내가 야빈의 군대 장관 시스라와 그의 병거들과 그의 무리를 기손강으로 이끌어 네게 이르게 하고 그를 네 손에 넘겨주리라 하셨느니라(삿 4:6-7).

하나님께서 승리를 예비하셨다고 하면서 나아가 싸우라고 했다. 승전 장소가 기손강이라는 얘기도 했다. 이런 내용이 일제 강점기 때 있었다고 가정해 보자. "이제 바야흐로 독립이 임박했습니다. 당신이 광화문 광장에 나가기만 하면 일제는 패망할 것이고 우리나라에는 광복이 올 것입니다. 나아가 싸우십시오."라는 말을 들으면 어떤 반응을 보여야 할까? 당연히 두 주먹을 불끈 쥐고 뛰어나갈 것이다. 머뭇거릴 이유가 없다.

> 바락이 그에게 이르되 만일 당신이 나와 함께 가면 내가 가려니와 만일 당신이 나와 함께 가지 아니하면 나도 가지 아니하겠노라 하니(삿 4:8).

바락의 얘기는 달랐다. "나는 하나님은 모릅니다. 당신이 가면 나도 가겠지만 당신이 가지 않으면 나도 가지 않겠습니다." 하고 오리발을 내밀었다. 바락에게는 하나님은 안 보이고 드보라만 보였다.

> 이르되 내가 반드시 너와 함께 가리라 그러나 네가 이번에 가는 길에서는 영광을 얻지 못하리니 이는 여호와께서 시스라를 여인의 손에 파실 것임이니라 하고 드보라가 일어나 바락과 함께 게데스로 가니라(삿 4:9).

그런 바락에게 드보라가 대답한다. "좋다. 그럼 나도 같이 가겠다. 대신 너는 영광을 얻지 못할 것이다. 하나님께서 적장 시스라를 다른 여자에게 맡길 것이기 때문이다."

뒤에 나오는 내용이지만 이때 적장 시스라는 이방 여인 야엘의 손에 죽게 된다. 일만 명을 인솔해서 전쟁에 참여한 바락은 주변 정리만 했고 가장 큰 전공은 전쟁에 참여하지도 않은 이방 여인이 세웠다. 바락이 자기 앞에 굴러온 떡을 차버린 셈이다. 가만히 앉아서 시키는 일만 제대로 했어도 '전쟁 일등공신'이 되었을 텐데 괜히 미적거리는 바람에 손가락만 빠는 신세가 되었다.

바락은 번개라는 뜻이다. 참으로 의미 있는 이름이다. 이때 하나님께서 시스라의 군대를 무찌른 무기가 바로 폭우였기 때문이다. 하나님의 형상으로 지음 받은 사람 번개는 불순종했지만 생명이 없는 번개는 순종했다.

> 네가 번개를 보내어 가게 하되 번개가 네게 우리가 여기 있나이다 하게 하겠느냐(욥 38:35).

하나님은 번개조차도 마음대로 부리는 분이시다. 하나님의 뜻에 거역하는 존재는 아무것도 없다. 사탄 권세도 굴복하고 귀신도 쫓겨 간다. 세상의 모든 존재가 하나님께 순종하는데 유독 인간만큼은 한사코 고집을 부린다.

물론 바락에게도 나름대로 이유가 있었다. 드보라가 어떻게 하면 된다는 현실적인 방안을 제시한 것이 아니기 때문이다. 밑도 끝도 없이 승리의 약속만 했다. 약속은 받았지만 변한 것은 아무것도 없으니 무엇을 어떻게 믿으라는 얘기인가?

우리가 신앙생활을 하는 모습과 너무도 흡사하다. 우리도 말로는 믿는다고 하면서 주변 환경이 유리하게 변하기 전에는 늘 불평한다. 오직 의인은 믿음으로 말미암아 산다는 말씀이 다시금 새롭다.

우리 중에 하나님의 사랑을 의심하는 사람은 없다. 하나님께서 영원한 기업을 예비하셨다는 사실도 안다. 그렇다고 해서 신앙이 늘 견고한 것은 아니다. 하나님의 사랑을 의심하거나 하나님께서 정말로 영원한 기업을 예비하셨는지를 의심하는 것이 아니다. 우리에게 약속된 모든 것을 현세적인 것으로 확인하려는 경향이 있다. 당장 손에 쥐어지는 것이 있어야 하나님의 사랑을 실감하고 자기한테 유리한 일이 있어야 예수를 주로 고백하는 보람을 느낀다.

"당신이 나와 함께 가면 내가 가려니와 당신이 나와 함께 가지 아니하면 나는 가지 않겠노라"라는 바락의 얘기가 사실 우리의 얘기다. 그래서 그다음에 어떻게 되었을까? 바락은 하나님의 전쟁에 일차로 초대된 사람이다. 실제로 하나님의 전쟁에 참여하기도 했다. 하지만 얻은 것이 없다. 자기가 마땅히 세워야 할 전공이 다른 사람에게 넘어간 다음에 뒤늦게 허둥거리기만 했다.

마땅히 교회의 중심에 들어와야 함에도 불구하고 앞뒤 사정을 가늠하며 미적거리다가 뒤늦게 후회하는 사람을 혹시 본 적이 없는가? 하나님의 나라에서 아예 제외되는 것은 말도 안 되는 얘기라고 하면서 그렇다고 해서 적극적으로 참여할 마음은 없다. 예수를 믿는다고 하기에는 열심이 부족하고 예수를 믿지 않는다고 하기에는 받은 은혜가 있다. 그래서 믿는 것도 아니고 믿지 않는 것도 아니게 살아간다. 그런 자리에서 돌이켜야 한다. 하나님께서는 우리를 십자가 군병으로 부르셨고 우리를 위하여 가장 영광스러운 자리를 예비하셨다. 어느 누구에게도 양보할 수 없는 우리의 분복이다. 마땅히 우리가 누려야 한다.

어쨌든 전쟁이 시작된다. 하솔 왕 야빈의 군대 장관 시스라가 이끄는 주력부대는 철 병거 구백 대였다.

우리나라도 6·25 때 북괴군의 탱크 때문에 속절없이 밀렸던 뼈아픈 과거가 있다. 당시 북한에는 소련제 T-34 탱크 242대가 있었다. 그 탱크 앞에 우리나라는 속수무책이었다.

이스라엘 처지가 그랬다. 당시 이스라엘은 철기문화가 완전히 보급되기 전이었다.

> 그때에 이스라엘 온 땅에 철공이 없었으니 이는 블레셋 사람들이 말하기를 히브리 사람이 칼이나 창을 만들까 두렵다 하였음이라 온 이스라엘 사람들이 각기 보습이나 삽이나 도끼나 괭이를 벼리려면 블레셋 사람들에게로 내려갔었는데 곧 그들이 괭이나 삽이나 쇠스랑이나 도끼나 쇠 채찍이 무딜 때에 그리하였으므로 싸우는 날에 사울과 요나단과 함께한 백성의 손에는 칼이나 창이 없고

오직 사울과 그의 아들 요나단에게만 있었더라(삼상 13:19-22).

사사기 4장과 사무엘상 13장의 기록 사이에는 대략 이백 년의 격차가 있다. 이백 년이 지난 다음에도 사울과 요나단을 제외한 일반 백성에게는 칼이나 창이 없었다. 하물며 이백 년 전에 제대로 된 칼이나 창이 있었을 리 만무하다. 그런데 하솔 왕 야빈의 군대 장관 시스라가 철 병거 구백 대를 앞세워서 침공해왔다. 6·25 때 우리나라가 북한의 탱크 때문에 고전한 것보다 훨씬 더 심각한 상황이다.

드보라는 그 철 병거를 기손강에서 무찌르겠다고 했다. 전쟁이 시작되기도 전에 적을 괴멸시킬 장소를 단언했다. 적이 기손강으로 오지 않으면 황당한 얘기가 되고 만다. 하지만 그런 걱정은 할 필요가 없다. 철 병거를 운용하려면 평지여야 한다. 당연히 기손강으로 올 것이다. 그런데 갑자기 폭우가 내렸다. 병거 바퀴가 진흙에 빠지는 바람에 오히려 애물단지가 되고 말았다.

언뜻 생각하면 시스라가 병법도 모르는 엉터리 장수 같기도 하다. 철 병거를 운용하느라 평지에 진을 치는 것만 생각하고, 비가 오면 낭패라는 생각은 왜 하지 못했을까?

팔레스타인 지방은 건기, 우기 구분이 있어서 건기에는 비가 내리지 않는다. 그래서 강가에 진을 쳤던 것이다. 하지만 시스라는 건기, 우기가 언제인지만 알았지, 건기와 우기를 관장하시는 분이 하나님이라는 사실은 몰랐다. 결국 철 병거는 무용지물이 되었고, 시스라는 도보로 도망해야 했다. 이때 시스라는 야엘이 사는 장막으로 피했다가 죽임을 당했는데, 야엘은 이방 여인이었다.

시스라의 최후가 참 수치스럽다. 무릇 장수라면 전쟁터에서 죽어야 한다. 장수가 싸움에서 패하여 죽는 것은 부끄러운 일이 아니다. 그런데 시스라는 얘기가 다르다. 철 병거를 버리고 허겁지겁 도망가는 모습을 상상하면 우스꽝스럽기까지 하다. 진창에 발이 빠져서 걸음도 제대로 옮기지 못했을 것이다. 장수의 위엄이나 권위는 찾아볼 수가 없다.

야엘의 장막에 피한 다음에도 마찬가지이다. 이불을 뒤집어쓰고는 혹시 누가 찾으면 아무도 없다고 하라고 했는데, 두려움에 벌벌 떨면서 얘기했을 것이다. 그런 구차한 모습을 보이다가 관자놀이에 말뚝이 박혀서 죽었다. 말뚝이 관자놀이를 관통했으니 죽은 다음의 모습도 비참했을 것이다. 이것이 하나님을 모르는 사람의 최후이다. 철 병거만 많이 확보하고 있으면 자기 뜻을 이룰 수 있을 줄 알았는데 그 철 병거가 오히려 올무가 되었다.

드보라는 꿀벌이라는 뜻이다. 또 야엘은 염소라는 뜻이다. 하나님께서는 젖과 꿀이 흐르는 땅을 꿀벌과 염소라는 이름을 가진 두 여인에게 지키게 하셨다. 그러면 꿀벌과 염소는 젖과 꿀이 흐르는 땅을 지키고 하나님을 모르는 사람은 이처럼 비참한 최후를 맞을 때 이스라엘의 장수인 바락은 어디에서 무엇을 하고 있었을까?

> 바락이 시스라를 추격할 때에 야엘이 나가서 그를 맞아 그에게 이르되 오라 네가 찾는 그 사람을 내가 네게 보이리라 하매 바락이 그에게 들어가 보니 시스라가 엎드러져 죽었고 말뚝이 그의 관자놀이에 박혔더라(삿 4:22).

바락도 전쟁에 참여하기는 했다. 하지만 상황이 끝난 줄도 모르고 시스라를 따르는 모습이 애처롭기까지 하다. 어쩌면 드보라의 얘기를 흘려들었는지 모른다. 아니면 사실이 아니기를 바라는 마음으로 더욱 서둘러서 시스라를 따른 것일 수도 있다.

하나님이 이스라엘에게 철저한 면박을 주고 계시다. 처음에 바락은 "당신이 가면 나도 가겠지만, 당신이 가지 않으면 나도 안가겠소." 하고 드보라의 치마꼬리를 붙잡는 모습으로 나타났다. 그리고 뒤늦게 우왕좌왕하기만 했다. 당연히 누려야 할, 적장 시스라의 목을 취하는 일등 공로도 엉뚱한 이방 여인에게 갔다.

바락은 납달리 자손과 스불론 자손 일만 명을 거느린 장수였지만 야엘은 여염집 처자였다. 그것도 이스라엘 여인이 아닌 이방 여인이었다. 이스라엘을 압제하던 하솔의 군대는 지리멸렬되었는데 이스라엘이 한 일은 아무것도 없다.

어쨌든 전쟁이 끝났다. 전쟁이 끝나면 승자와 패자로 나뉘게 된다. 이긴 쪽은 승리의 기쁨을 만끽하고 진 쪽은 패배의 아픔을 맛보아야 한다. 하지만 이긴 쪽이라고 해서 무조건 '우리가 이겼다'로 끝나지 않는다. 누가 어느 만큼 공을 세웠는지 다르기 때문이다. 심지어는 이긴 편에 속해있으면서도 아무런 공로가 없을 수 있다.

우리나라 프로 야구를 얘기하면서 양준혁 선수를 빼놓을 수는 없다. 1993년에 데뷔해서 2010년에 은퇴했는데 최다 타수, 최다 루타, 최다 홈런(나중에 이승엽에 의해서 깨짐), 최다 득점, 최다 타점, 최다 볼넷 등 어지간한 통산 기록은 다 가지고 있다. 2002년에 양준혁 선수가 속한 삼성이 우승했다. 삼성 홈구장인 대구 구장은 그야말로 열광의 도가니가 되었다. 삼성 선수들은 다 부둥켜안고 기쁨의 눈물을 흘렸고, 주장인 양준혁 선수가 우승 트로피를 받았다. 그런데 거기까지였다.

2002년은 양준혁 선수가 개인적으로 가장 부진한 해였다. 방망이를 거꾸로 잡아도 3할은 친다는 양준혁 선수가 0.276에 그쳤다. 3할을 못 친 것은 그때가 처음이었다. 팀은 우승했는데 자기가 한 일은 없었다. 그토록 기다리던 최고의 날이 찾아왔는데, 우승 축제가 마치 남의 일 같았다.

드보라 시대 이스라엘에도 그런 일이 있었다. 하나님께서 승리를 주셨는데, 모두가 그 승리를 누린 것이 아니었다. 게다가 결정적인 차이도 있다. 양준혁 선수는 스스로 택한 결과가 아니었지만 이스라엘에는 스스로 택한 지파가 있었다.

> 무리가 새 신들을 택하였으므로 그때에 전쟁이 성문에 이르렀으나 이스라엘의 사만 명 중에 방패와 창이 보였던가(삿 5:8).

이스라엘에 전쟁이 닥친 이유는 우상을 섬겼기 때문이다. 전쟁의 원인을 자기들이 제공했다. 그런데 이스라엘에 있는 젊은 장정 사만 명 중에 방패와 창 같은 병장기는 아무에게도 없었다. 일은 저질렀으면서도 해결할 능력은 없었다. 이런 상황에서 하나님께서 이스라엘을 구원하셨는데 드보라는 그 일을 하나님의 의로우심이라고 얘기한다.

> 활 쏘는 자들의 소리로부터 멀리 떨어진 물 긷는 곳에서도 여호와의 공의로우신 일을 전하라 이스라엘에서 마을 사람들을 위한 의로우신 일을 노래하라 그때에 여호와의 백성이 성문에 내려갔도다(삿 5:11).

이스라엘을 구해주신 것이 하나님의 사랑이라면 말이 맞지만 공의라는 것은 어딘가 어색하다. 하나님이 의로우신 분이면 이스라엘의 죄악은 당연히 보응되어야 하는 것 아닐까?

사람들은 흔히 옳고 그른 것을 명확하게 가리는 것을 의로운 것으로 생각한다. 사리에 어긋나는 것은 조금도 용납하지 않는 것이 사람들의 의이다. 하지만 하나님의 의는 그런 것이 아니다.

하나님의 의를 사람들의 의와 구별하기 위해서 '하나님다우심'이라는 표현을 생각해 보았다. "과연 어떻게 하는 것이 하나님다우신 것이냐?" 하는 것이 곧 '하나님의 의'이다. 사람들의 의는 옳고 그른 것을 명확하게 판정하는 것으로 나타나지만 하나님의 의는 그 정도가 아니다. 틀린 사람을 옳게 만들어주는 것이 하나님의 의이다.

사사기에 나오는 모든 내용이 이스라엘의 패역과 하나님의 사랑이다. 이스라엘이 아무리 하나님을 외면해도 하나님은 이스라엘을 버리지 않는다. 메소보다미아를 보내어 징계해도 말은 안 들으니 모압을 보냈고, 모압을 통해서 징계해도 말을 안 들으니 가나안을 보냈고, 가나안을 보내어 징계해도 말을 안 들으니 미디안을 보냈고, 미디안을 보내어 징계해도 말을 안 들으니 블레셋을 보냈다. 나중에는 바벨론의 포로가 되게도 했다. 그래도 말을 듣지 않으니 결국 아들을 보내셨는데, 심판하기 위해서 보내시지 않고 구원하기 위해서 보내셨다.

이런 하나님의 하나님다우심이 드보라 시대에도 나타났다. 자기들의 죗값으로 가나안 왕 야빈의 압제에 시달리는 이스라엘을 구원해주셨다. 하나님께서는 이스라엘에게 승리를 약속하셨고, 이스라엘은 하나님께서 주시는 승리를 받아 누리기만 하면 되었다. 이스라엘 중에는 하나님의 전쟁에 적극적으로 동참한 지파도 있었다. 스불론 지파와 납달리 지파가 대표적이다.

스불론은 죽음을 무릅쓰고 목숨을 아끼지 아니한 백성이요 납달리도 들의 높은 곳에서 그러하도다(삿 5:18).

하지만 그렇지 않은 지파가 훨씬 많았다.

잇사갈의 방백들이 드보라와 함께하니 잇사갈과 같이 바락도 그의 뒤를 따라 골짜기로 달려 내려가니 르우벤 시냇가에서 큰 결심이 있었도다(삿 5:15).

잇사갈의 방백들은 드보라와 함께했다. 그런데 잇사갈의 방백들이 전쟁에 동참했다는 내용에 이어 르우벤 시냇가에서 큰 결심이 있었다는 말을 한다. 르우벤 사람들이 무슨 결심을 했을까?

네가 양의 우리 가운데에 앉아서 목자의 피리 부는 소리를 들음은 어찌 됨이냐 르우벤 시냇가에서 큰 결심이 있었도다(삿 5:16).

르우벤 사람들이 시냇가에서 큰 결심을 했다는 말에 이어서 양의 우리 가운데에 앉아서 목자의 피리 부는 소리를 들었다는 얘기를 한다. 다분히 목가적이다. 마치 시편 23편과 같은 분위기를 연출하고 있다. 그리고 또 르우벤 시냇가에서 큰 결심이 있었다는 말을 반복한다. 일종의 샌드위치 구조다. 결심과 결심 사이에 피리 부는 소리가 있다.

르우벤 사람들이 전쟁에 동참할지 여부를 놓고 고민을 했다. 그리고 고민 끝에 동참하지 않기로 비장한 결심(?)을 했다. 전쟁에 참여하는 것이 옳은 줄은 알지만 자기들의 처지가 그렇지 않았다. 비록 마음은 아프지만 전쟁에 참여하는 것보다는 차라리 마음이 아프고 마는 쪽을 택했다. 그러고는 평소에 하던 일을 했다. 바로 피리를 불면서 양을 치는 일이다. 특히 "큰 결심이 있었다"라는 부분이 〈공동번역성경〉에는 "끝도 없이 토론만 벌이는구나"라고 번역되어 있다.

> 어찌하여 양떼 틈에 끼여 피리 부는 소리나 들으며 양 우리에서 서성거리는가?
> 르우벤은 냇물가에들 모여서 끝도 없이 토론이나 벌이는구나〈공동번역성경〉

이스라엘이 온통 전쟁에 휘말려 있는데 르우벤 지파는 양을 치면서 저희들끼리 말장난이나 하면서 놀았다. 이런 내용을 "르우벤 시냇가에서 큰 결심이 있었다"고 했다. 결심 내용은 마음에 들지 않지만 어쨌든 결심은 결심이다.

부자 청년이 예수님께 와서 물었다. 자기가 무엇을 하여야 영생을 얻을 수 있느냐는 것이다. 영생을 얻고 싶은데 방법을 모르니 예수님께서 말씀만 하시면 그대로 따를 마음이 있었을 것이다. 그런데 황당한 답을 들었다. 소유를 다 팔아 가난한 자들에게 주고 예수님을 따르라고 한다. 아무리 영생이 탐이 나도 그것만큼은 차마 할 수가 없었다. 그렇다고 해서 바로 자리를 박차고 돌아간 것이 아니다. 심히 근심하며 떠났다. 그때 부자 청년이 속으로 얼마나 갈등을 했을까? 우리가 보는 성경에는 달랑 한 줄로 기록되어 있지만 속으로는 엄청난 갈등을 했을 것이다. 차마 떨어지지 않는 발걸음으로 예수님을 떠났을 것이다.

르우벤 지파도 그랬다. 하지만 변한 것은 아무것도 없다. 르우벤이 참여하지 않았다고 해서 이스라엘이 고전한 것도 아니고 르우벤만 참여했더라면 완전하게 승리를 거둘 수 있었는데 르우벤이 불참하는 바람에 어정쩡하게 이긴 것도 아니다.

하나님은 홀로 충만하신 분이다. 르우벤이 있다고 해서 도움이 되지도 않고 없다고 해서 방해를 받지도 않는다. 결국 르우벤은 양의 우리에서 목자들의 피리 부는 소리를 듣고 또 자기들끼리 말장난을 하느라고 하나님의 역사에 이름이 기록될 영광스런 기회를 스스로 외면하고 말았다.

> 길르앗은 요단강 저쪽에 거주하며 단은 배에 머무름이 어찌 됨이냐 아셀은 해변에 앉으며 자기 항만에 거주하도다(삿 5:17).

이스라엘이 요단강을 건너서 가나안에 입성했다. 그렇다고 해서 열두 지파가 전부 요단강을 건너서 땅을 분배받은 것은 아니다. 르우벤 지파와 갓 지파, 므낫세 반 지파는 요단강을 건너기 전에 땅을 분배받았는데 그 지역을 길르앗이라고 한다. 길르앗 지역에서는 전쟁이 말 그대로 강 건너 불구경이었다.

단 지파, 아셀 지파는 지중해 연안을 낀 지역에 위치해 있었는데 단 지파는 배에 머물러 있었고 아셀 지파는 해변에 머물러 있었다고 꼬집는다. 둘 다 전쟁이 벌어지고 있는 기손강에서 멀리 떨어져 있었기 때문에 전쟁을 남의 일처럼 여겼다. 하나님의 땅에 전쟁이 있건 없건 자기들의 한적한 시간을 방해받을 마음이 없었다.

> 여호와의 사자의 말씀에 메로스를 저주하라 너희가 거듭거듭 그 주민들을 저

주할 것은 그들이 와서 여호와를 돕지 아니하며 여호와를 도와 용사를 치지 아니함이니라 하시도다(삿 5:23).

메로스가 정확히 어디인지는 모르지만 지명인 것은 확실하다. 그런데 성경에서 여기밖에 나오지 않는다. 결국 이때의 저주가 실제로 이루어져서 메로스가 완전히 공중분해 되었음을 추정할 수 있다.

메로스 주민들이 작당하여 하나님을 대적하거나 하나님의 이름을 더럽혔기 때문이 아니다. 단지 하나님의 전쟁에 동참하지 않았다는 이유뿐이다. 적극적으로 하나님을 반대해서 저주를 받은 것이 아니라 능동적으로 하나님 편에 서지 않았기 때문이다.

예레미야서에 같은 내용이 있다.

여호와의 일을 게을리 하는 자는 저주를 받을 것이요 자기 칼을 금하여 피를 흘리지 아니하는 자도 저주를 받을 것이로다(렘 48:10).

2차 대전이 한창일 때, 어떤 프랑스 사람이 레지스탕스로 오인되어 독일군에게 체포되었다. 그 사람은 한사코 결백을 주장했다. 계속해서 감옥 철문을 두드리며 자기의 무죄를 호소했다. "제가 무엇을 잘못했다는 겁니까? 저는 레지스탕스가 아닙니다. 저는 독일군한테 돌멩이 하나 던져보지 않은 사람입니다. 왜 저를 잡아 가두는 겁니까?" 계속 부르짖자, 옆에 있던 진짜 레지스탕스가 날카롭게 쏘아붙였다. "이봐! 나라가 이 지경인데 아무것도 하지 않았으면 부끄러운 줄 알아야지, 뭘 잘했다고 큰소리야? 우리나라가 이 지경이 된 것은 당신 같은 인간 때문이야!"

레지스탕스로 오인된 사람은 자기가 독일군을 대적한 적이 없기 때문에 무죄라고 했는데, 나라가 독일에게 넘어간 마당에 아무것도 안하고 있으면 그것이야말로 큰 죄다. 열심히 하나님 나라를 훼방하는 것만 저주받아 마땅한 죄가 아니라 하나님의 나라를 위해서 아무것도 하지 않은 것이 곧 죄다. 의와 죄 사이에는 중립이 없기 때문이다.

예수를 그리스도로 고백하면 천국에 간다. 그러면 지옥에 가려면 어떻게 하면 될까? 아무것도 안하고 있으면 간다. 열심히 교회를 대적하고 신자를 핍박해서 지옥 가는 게 아니라 가만히 있으면 저절로 간다. 그렇다고 해서 예수를 믿지 않은 죄로 가는 것은 아니다. 급류에 떠내려가는 사람이 있다고 하자. 누군가 줄을 던졌다. 그것을 잡으면 사는데 못 잡는 바람에 죽었다. 이 경우에, 줄을 못 잡은 벌로 죽는 것이 아니다. 예수를 믿지 않으면 지옥에 간다는 얘기가 바로 그렇다.

> 겐 사람 헤벨의 아내 야엘은 다른 여인들보다 복을 받을 것이니 장막에 있는 여인들보다 더욱 복을 받을 것이로다 시스라가 물을 구하매 우유를 주되 곧 엉긴 우유를 귀한 그릇에 담아 주었고 손으로 장막 말뚝을 잡으며 오른손에 일꾼들의 방망이를 들고 시스라를 쳐서 그의 머리를 뚫되 곧 그의 관자놀이를 꿰뚫었도다 그가 그의 발 앞에 꾸부러지며 엎드러지고 쓰러졌고 그의 발 앞에 꾸부러져 엎드러져서 그 꾸부러진 곳에 엎드러져 죽었도다 (삿 5:24-27).

하나님 나라를 위해서 아무것도 하지 않은 메로스에 대한 저주에 이어 야엘에 대한 칭송이 나온다. 앞에서 아도니 베섹과 옷니엘을 대조했던 것처럼 메로스와 야엘을 대조하는 것이다. 야엘은 시스라를 죽인 사람이다. 그의 남편 헤벨은 하솔 왕 야빈과 화평한 사이였다. 그런데도 야엘은 하솔 왕과의 화평보다 하나님 나라에 동참하기를 원했다.

지금으로부터 약 100년 전, 터키가 중동을 지배하고 있었다. 두 사람의 탈옥수가 네게브 사막 근처에 있는 유목민의 장막으로 피신했다. 그 정보를 입수한 군인들이 족장에게 죄수를 인도해 줄 것을 요구했다. 하지만 족장은 자기들을 찾아온 사람을 외면할 수 없다며 거절했다. 군인들은 안 된다는 족장을 밀쳐내고 장막으로 다가갔다. 순간 뒤에서 "탕!" 하는 소리가 들렸다. 깜짝 놀라 뒤를 돌아보니 말 한 마리가 총에 맞아 죽어가고 있었다. 옆에 있던 노인이 놀란 군인들에게 설명했다. "지금 족장은 자기들을 찾아온 손님을 보호하기 위해서 십 년 넘게 타고 다니던 사랑하는 말을 죽였습니다. 애마를 죽인 그가 무엇을 못하겠습니까? 어서 여기를 떠나십시오. 그렇지 않으면 다음에는 당신들 차례입니다." 놀란 군인들은 죄수들을 포기한 채 황급히 그 마을을 떠날 수밖에 없었다. 유목민의 손님 접대가 이 정도이다. 그런데도 야엘은 하나님과의 화목을 위해서 기꺼이 시스라를 죽였다.

우리가 그런 사람들이다. 비록 이 세상에 속하여 살고 있지만 이 세상에서 세속적인 화목을 얻는 것보다 하나님 뜻에 순응하는 것에 더 마음이 있어야 한다. 이 세대를 본받는 것이 아니라 하나님의 선하시고 기뻐하시고 온전하신 뜻이 무엇인지를 힘써 분별해야 한다.

시스라의 어머니가 창문을 통하여 바라보며 창살을 통하여 부르짖기를 그의 병거가 어찌하여 더디 오는가 그의 병거들의 걸음이 어찌하여 늦어지는가 하매 그의 지혜로운 시녀들이 대답하였겠고 그도 스스로 대답하기를 그들이 어

찌 노략물을 얻지 못하였으랴 그것을 나누지 못하였으랴 사람마다 한두 처녀
를 얻었으리로다 시스라는 채색옷을 노략하였으리니 그것은 수놓은 채색옷이
리로다 곧 양쪽에 수놓은 채색옷이리니 노략한 자의 목에 꾸미리로다 하였으리
라(삿 5:28-30).

야엘이 시스라를 죽였다. 그것으로 전쟁은 끝났다. 야엘의 전공만 치켜세
우면 된다. 그런데 성경은 한 가지를 더 얘기한다. 시스라를 기다리는 시스
라의 어머니와 그의 시녀들의 모습이다. 시스라가 죽은 줄도 모르고 기대에
부푼 대화를 나누는 그들의 모습이 애처롭게 보이기도 한다. 하지만 이것이
하나님 아닌 다른 것으로 소망을 삼는 세상 사람들의 모습이다. 그들의 소
망은 결코 이루어지지 않는다. 그들의 몫으로 남아 있는 것은 처절한 좌절
과 비통뿐이다.

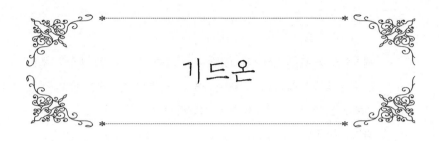

기드온

하나님의 은혜로 가나안의 압제에서 놓여난 이스라엘이 사십 년 동안 평화를 누렸다. 그 기간 동안 무엇을 했을까?

답은 뻔하다. 또 악을 행했다. 이번에는 미디안이다. 하나님께서 미디안을 들어 이스라엘을 징계하신다.

미디안과 이스라엘은 초면이 아니다. 민 31:7에 "그들이 여호와께서 모세에게 명령하신 대로 미디안을 쳐서 남자를 다 죽였고"라고 되어 있다. 미디안은 모세 당시에 이미 진멸되었던 족속이다. 고작해야 패잔병만 남았을 것이다. 그런 미디안에게 곤욕을 치르고 있다. 이제 기드온이 등장할 차례다.

여호와의 사자가 아비에셀 사람 요아스에게 속한 오브라에 이르러 상수리나무 아래에 앉으니라 마침 요아스의 아들 기드온이 미디안 사람에게 알리지 아니하려 하여 밀을 포도주 틀에서 타작하더니 여호와의 사자가 기드온에게 나타나 이르되 큰 용사여 여호와께서 너와 함께 계시도다 하매 기드온이 그에게 대답하되 오 나의 주여 여호와께서 우리와 함께 계시면 어찌하여 이 모든 일이 우리에게 일어났나이까 또 우리 조상들이 일찍이 우리에게 이르기를 여호와께서 우리를 애굽에서 올라오게 하신 것이 아니냐 한 그 모든 이적이 어디 있나이까 이제 여호와께서 우리를 버리사 미디안의 손에 우리를 넘겨 주셨나이다 하니 여호와께서 그를 향하여 이르시되 너는 가서 이 너의 힘으로 이스라엘을 미디안의 손에서 구원하라 내가 너를 보낸 것이 아니냐 하시니라(삿 6:11-14).

여호와의 사자가 기드온을 찾아 왔다. 그때 기드온은 포도주 틀에서 밀을 타작하고 있었다. 뭔가 이상하다. 곡식은 넓은 공터에서 타작하는 법이다. 바람이 적당히 부는 개활지가 좋다. 반대로 포도주는 우묵한 곳에서 짠다. 그런데 포도주 틀에서 밀을 타작했다. 일제 강점기 때 공출을 피하기 위해서 부엌 아궁이 밑을 파고 쌀을 숨겼다는 말을 들은 적이 있는데 당시 이스라엘도 미디안의 눈치를 살펴야 했기 때문이다. 흔히 신앙 영웅으로 얘기하는 기드온도 예외가 아니었다.

이런 순간에 여호와의 사자가 기드온에게 나타나서 "큰 용사여 여호와께서 너와 함께 계시도다"라고 했다. "여호와라는 신이 너와 함께 계시도다"가 아니다. 기드온이 여호와를 알고 있음을 전제로 한다. 기드온으로 대표되는 당시 이스라엘은 하나님을 몰라서 구차하게 지낸 게 아니다.

우리가 세상 눈치를 보는 것도 하나님을 모르기 때문이 아니다. 하나님을 알면서도 세상 눈치를 보며 살아간다. 자기가 하나님께 속해 있다는 사실이 세상을 살아가는데 별로 힘이 되지 않는다. 신앙이 실전용이 아니라 다분히 예배용이다.

기드온이 어떤 심정이었을까? 뭔가 신앙 위인다운 모습을 보였을 때 "큰 용사여 여호와께서 너와 함께 계시도다"라는 말을 들었으면 어깨가 으쓱했을 수 있다. 다니엘처럼 신앙 절개를 지키다가 사자 굴에 들어갔을 때나 바울처럼 복음을 전하다가 로마 감옥에 갇혔을 때 이런 말을 들었으면 얼마나 폼이 났을까? 그런데 그게 아니다. 큰 용사는 고사하고 졸장부도 이만저만 졸장부의 모습이 아니다. 아마 얼굴이 화끈 달아올랐을 것이다.

그래서 항변한다. "생각해 보십시오. 제가 오죽하면 이렇게 하겠습니까? 하나님께서 저희와 함께 계신다면 왜 미디안에게 눌려 지내야 합니까? 하나님께서 저희 조상들은 애굽에서 구원했는지 모르겠습니다만 저희는 버린 것이 분명합니다. 저라고 해서 이렇게 구차한 행색을 보이고 싶겠습니까? 하나님께서 저희를 버리셨으니 도리가 없습니다."

하나님의 함께하심을 자기 마음대로 판단하고 있다. 하나님께서 함께 계시기 때문에 이스라엘의 죄악을 차마 그냥 두지 못해서 이런 일이 일어난 줄은 전혀 모른다. 왜 옛날 애굽에서는 구해 주었는데 지금은 구해 주지 않는지, 그것만 원망스럽다.

뚜렷한 차이가 있다. 이스라엘이 애굽의 노예로 지낸 것은 스스로 선택한 결과가 아니었다. 하지만 지금 미디안에게 눌려 지내는 것은 순전히 자기 선택의 결과이다. 하나님께서 유업으로 주신 젖과 꿀이 흐르는 땅을 이방 족속에게 넘겨준 책임이 자기들한테 있다. 그런데도 하나님께서 자기들을 버리셨기 때문에 이렇게 되었다고 불평한다. 자기들한테 문제가 있을 수 있다는 쪽으로는 전혀 생각이 미치지 않는다.

자기가 어떻게 하는 것이 하나님의 뜻인지 모르겠다며 기도를 부탁하는 사람이 종종 있다. 하나님의 뜻에 관심을 갖는 것은 좋은 일이다. 그런데 대부분 세속적인 안목으로 하나님의 뜻을 따진다. 어떻게 하는 것이 자기한테 유리한지를 가늠하면서 하나님의 뜻이라는 표현을 쓴다.

몇 년 전, 대학 졸업반인 자매가 진로 상담을 요청했다. 임용고시를 준비해야 하는지, 취업을 준비해야 하는지, 전공을 바꿔서 편입을 해야 하는지, 대학원으로 진학해야 하는지 '하나님의 뜻'이 어디에 있는지 모르겠다면서 조언을 구했다. 이런 유형의 고민은 누구에게나 있다. 나는 그때 "아무 거나 마음대로 하라"고 간단하게 대답했다. 임용고시를 보든지, 취직을 하든지, 편입을 하든지, 진학을 하든지 자기가 있는 자리에서 하나님의 사람답게 살아가는 것이 하나님의 뜻이다.

그런데 자기가 하나님의 사람답게 살고 싶어서 하나님의 뜻을 궁금해 하는 것이 아니라 어느 쪽을 택하는 것이 자기한테 유리할지를 저울질하면서 '하나님의 뜻'이라는 표현을 쓴다.

점쟁이한테 가면 그런 식의 답을 얻을 수 있다. 동쪽으로 가야 하는지, 서쪽으로 가야 하는지 구체적으로 답을 해준다. 동쪽을 택하기만 하면 그 사람이 무엇을 하든지 길한 일이 생긴다는 것이다. 하지만 하나님의 뜻은 그런 식으로 나타나지 않는다. 하나님의 뜻은 우리의 일회성 선택에 있는 것이 아니라 우리의 전 인생에 있다. 점쟁이는 "동쪽으로 가면 귀인을 만납니다.", "목(木) 씨 성을 가진 사람과 동업하면 재운이 있습니다."라고 말할지 모른다. 하지만 우리는 동쪽으로 가든지, 서쪽으로 가든 항상 십자가를 지고 가야 하는 사람들이고, 목(木) 씨 성을 가진 사람을 만나든지 금(金) 씨 성을 가진 사람을 만나든지 주께 하듯 해야 하는 사람들이다.

하나님께서는 우리를 하나님의 자녀답게 인도하시기 위하여 우리 앞에 어려움을 두기도 하신다. 우리 마음을 돌이키기 위해서 앞길을 막기도 하신다. 그런 하나님의 뜻을 세속적인 형통과 연결해서 생각하는 것은 곤란하다. 하나님 뜻에 합당한 선택을 하면 앞길이 열리고 하나님 뜻에 어긋나는 선택을 하면 어려움이 있다는 논리는 성립하지 않는다. 만일 그렇다면 초대 교회 신자들은 핍박이 있을 때마다 "이런 어려움이 있는 것을 보면 내가 주님을 따르는 것이 하나님의 뜻이 아닌가 보다…" 하고 생각했을 것이라는 말이 된다.

기드온이 이런 사실을 몰랐다. 자기들이 어려움에 처해 있다는 이유로 하나님께서 자기들을 버리셨다고 생각했다. 이스라엘이 하나님을 버린 적은 있지만 하나님께서 이스라엘을 버린 적은 없다. 하나님께서 이스라엘을 버리셔서 이스라엘에 어려움이 있는 것이 아니라 오히려 그 반대이다. 하나님께서 이스라엘 역사에 개입하고 계셔서 그렇다.

하나님 보시기에 옳지 않게 살고 있으면서 삶이 평탄하다면 그야말로 큰일이다. 하나님께서 포기하셨다는 뜻이기 때문이다. 결국 재앙이 있다는 것은 하나님께서 포기하지 않으셨다는 뜻이고, 이 사실은 우리한테 상당한 위안일 수 있다. 재앙으로 끌고 오신 분이 하나님이라면 그 하나님께는 다음 계획도 있을 것이다. 우리는 앞에 놓인 현실에 전전긍긍할 것이 아니라 하나님의 다음 계획에 주목할 수 있어야 한다.

주사 맞는 것을 좋아하는 사람은 없다. 그 주사가 건강관리를 제대로 하지 못한 벌이라면 더욱 피하고 싶을 것이다. 하지만 치료를 위한 과정이라면 아무리 아파도 맞아야 한다. 하나님께 받는 징계가 그렇다. 하나님께서는 우리에게 앙갚음을 하기 위해서 벌을 내리시지 않는다. 시제를 동원해서 얘기하면 과거의 잘못이 현재의 벌로 나타나서 거기에서 일단락되는 것이 아니라 미래에까지 의미를 갖는다. 미래에 연결되지 않고 벌만 받고 마는 것이라면 정말 무의미하다.

한 가지 재미있는 것은 기드온이 불평을 한다는 사실이다. 누가 감히 신에게 불평을 할 수 있을까? 사람들의 불평을 받아 주는 신도 있을까? 부처 앞에서 불평하는 중이 있을 수 없고 굿을 하다 말고 불평을 말하는 무당이 있을 수 없다. 유독 우리만 하나님께 불평을 한다.

나는 옆집 아이한테 한 번도 불평을 들은 적이 없다. 아마 앞으로도 그럴 것이다. 그런데 딸한테는 숱하게 들었다. 불평도 일종의 특권인 셈이다.

각설하고, 하나님께서 기드온을 '큰 용사'라고 불렀다. 하지만 기드온은 큰 용사의 모습이 아니었다. 우리라고 다를까? 우리가 자신을 볼 때 "나는 진정 믿음의 용사다!" 하는 생각이 들지는 않는다. 사람들은 언제나 물량 중심이다. 큰 용사라고 말하려면 그에 상응하는 업적이 있어야 한다. 하지만 하나님은 그렇지 않다. 하나님께서는 우리의 연약함에도 불구하고 우리를 큰 용사라고 부르신다. 하나님께서 자기를 부르셨다는 사실을 제대로 알고 있으면 그것으로 이미 큰 용사이다.

> 여호와께서 그를 향하여 이르시되 너는 가서 이 너의 힘으로 이스라엘을 미디안의 손에서 구원하라 내가 너를 보낸 것이 아니냐 하시니라 그러나 기드온이 그에게 대답하되 오 주여 내가 무엇으로 이스라엘을 구원하리이까 보소서 나의 집은 므낫세 중에 극히 약하고 나는 내 아버지 집에서 가장 작은 자니이다 하니 여호와께서 그에게 이르시되 내가 반드시 너와 함께하리니 네가 미디안 사람 치기를 한 사람을 치듯 하리라 하시니라(삿 6:14-16).

하나님께서는 "내가 너를 보냈기 때문에 안심하고 가라"라고 했다. 기드온을 보내시는 분이 하나님이라는 사실이 중요하다. 하지만 기드온은 난색을 표한다. 자기는 별 볼 일 없는 존재라서 못 간다는 것이다. 하나님께서 언제 기드온에게 능력을 요구하셨나? "기드온아, 그나마 이스라엘에서 네가 남보다 조금 낫구나. 그러니 네가 가야 하겠다."라고 하신 적이 없다. 그런데 기드온은 능력에 주목하고 있다.

기드온 입장에서는 별 수 없다. 미디안을 무찌르려면 힘이 있어야 하는데 자기에게는 아무것도 없다. 그런데 막무가내로 말씀하시니 답답한 노릇이다. 하나님 보시기에는 기드온이 틀렸고 기드온 생각에는 하나님이 틀렸다.

기드온은 "내가 무엇으로 이스라엘을 구원하리이까"라고 했다. 자기에게는 아무런 힘도 없다는 것이다. 그런 기드온에게 하나님께서 "내가 너에게 이런저런 능력을 주겠다."라고 말씀하시지 않고 "내가 너와 함께하겠다"라고 하셨다. 기드온이 미디안보다 강하기 때문에 미디안을 칠 수 있는 것이 아니라 하나님께서 함께하시기 때문에 칠 수 있는 것이다. 자기가 처한 현실보다 하나님께서 함께하신다는 사실이 중요하다. 하나님께서 함께하신다는 사실을 알고 있으면 나머지는 전부 부수적인 문제들이다.

결국 신앙은 하나님의 함께하심을 어느 만큼 확신하고 있느냐에 따라 달라진다. 그 확신이 강하면 강할수록 신앙이 좋은 것이고 약하면 약할수록 신앙이 아쉬운 것이다.

기드온이 그에게 대답하되 만일 내가 주께 은혜를 얻었사오면 나와 말씀하신 이가 주 되시는 표징을 내게 보이소서 내가 예물을 가지고 다시 주께로 와서 그것을 주 앞에 드리기까지 이곳을 떠나지 마시기를 원하나이다 하니 그가 이르되 내가 너 돌아올 때까지 머무르리라 하니라 기드온이 가서 염소 새끼 하나를 준비하고 가루 한 에바로 무교병을 만들고 고기를 소쿠리에 담고 국을 양푼에 담아 상수리나무 아래 그에게로 가져다가 드리매 하나님의 사자가 그에게 이르되 고기와 무교병을 가져다가 이 바위 위에 놓고 국을 부으라 하니 기드온이 그대로 하니라 여호와의 사자가 손에 잡은 지팡이 끝을 내밀어 고기와 무교병에 대니 불이 바위에서 나와 고기와 무교병을 살랐고 여호와의 사자는 떠나서 보이지 아니한지라(삿 6:17-21).

기드온에게 이런 엄청난 얘기를 하는 분이 누구일까? 정말 하나님의 사자가 맞을까? 기드온이 확인을 요청한다. 예물을 가져올 테니 기다리라고 한 것이다. 그런데 가지고 온 예물이 가관이다. 염소 새끼와 무교병은 그렇다 치고, 국은 뭐란 말인가? 하나님께 드리는 예물에 국도 들어가는가?

레위기에 5대 제사가 나온다. 번제, 소제, 속죄제, 속건제, 화목제를 말한다. 물론 기드온이 예물을 드리는 것이 여기에 해당되지는 않는다. 무엇보다 기드온은 제사장이 아니다. 기드온이 있는 곳도 성막이 아니다. 하지만 이상한 것은 사실이다.

요컨대 기드온은 제사상을 차리는 것인지 하나님께 예물을 드리는 것인지 분간을 못하고 있다. 이것이 기드온의 수준이다. 더 얘기하면 기드온으로 대표되는 이스라엘의 수준이다. 그런데 질책을 안 한다. 그런 걸 따질 계제가 아닌 모양이다. 지금은 미디안이 급하다.

하나님의 사자가 고기와 무교병을 바위에 놓고 국을 부으라고 했다. 기드온이 그렇게 하자, 지팡이 끝을 내밀어 고기와 무교병에 대니 불이 바위에서 나와서 고기와 무교병을 살랐다. 여호와의 사자가 분명하다는 사실이 확인된 것이다.

기드온이 <u>그가 여호와의 사자인 줄을 알고</u> 이르되 슬프도소이다 주 여호와여 내가 여호와의 사자를 대면하여 보았나이다 하니 <u>여호와께서 그에게 이르시되</u> 너는 안심하라 두려워하지 말라 죽지 아니하리라 하시니라(삿 6:22-23).

요한계시록에 요한이 천사에게 경배하려 하자, 천사가 만류한다는 내용이 나온다. 당연한 얘기이다. 천사는 우리와 같은 피조물이다. 경배 대상이 아니다. 그런데 여호수아서에는 다른 내용이 나온다. 여호와의 군대 대장이 여호수아가 엎드려 절하는 것을 만류하지 않는다. 경배 대상이라는 뜻이다. 구약에 나오는 하나님의 사자는 정말로 하나님의 사자일 수도 있고, 성육신 이전의 예수 그리스도일 수도 있다. 기드온을 찾아온 여호와의 사자는 여호와와 동격으로 쓰였다.

기드온은 비록 엉터리일망정 예물을 드렸고, 그렇게 해서 자기를 찾아온 분이 여호와의 사자라는 사실을 확인했다. 그런데 반응이 의아하다. "와! 내가 정말 하나님을 알현했구나. 하나님께서 나를 만나주셨구나!" 하고 감격하는 것이 아니라 오히려 크게 슬퍼한다. 우리 생각에는 꿈에서라도 예수님 손 한 번 잡아 보면 원이 없을 것 같은데 기드온은 금방 죽을 사람처럼 낙심한다. 여호와의 사자가 죽지 않을 테니 안심하고 두려워하지 말라며 그런 기드온을 위로한다.

구약시대에는 하나님을 만나면 죽는 줄로 알았다. 하나님은 거룩하신 분인데 사람한테는 죄가 있기 때문이다. 하나님이 그만큼 무서우신 분이라는 뜻이 아니다. 죄 있는 상태로 하나님을 만나면 죽기 때문에 죄를 씻고 만나라는 뜻이다.

하나님께서는 우리가 죄인인 상태로 나아오는 것이 아니라 죄를 씻은 상태로 나아오기를 바라신다. 죄인인 것을 알면서도 당장 징벌하지 않으시고 회개를 기다리신다. 자기 죄를 고한 다음에 예수님을 만나는 사람에게는 그 예수님이 구세주로 오시지만 자기 죄를 고하기 전에 예수님을 만나는 사람에게는 심판주로 오실 것이다.

이상의 내용을 보면 기드온의 수준은 그야말로 밑바닥이다. 믿음의 용사다운 모습은 찾아볼 수 없다. 하나님을 향한 견고한 신뢰는 물론이고 하나님께서 구원해 주실 것이라는 소망도 없다. 하나님께 국을 예물로 드리는 것으로 보아 하나님을 섬겼던 경험도 없는 것이 분명하다.

이런 기드온이 사사가 된다. 고작해야 미디안 몰래 밀을 타작하는 일에나 관심이 있던 기드온을 하나님께서 쓰시기로 작정하셨다. 기드온이 하나님을 견고하게 의뢰했기 때문이 아니다. 하나님께서 기드온과 함께하셔서 이 모든 일을 이루실 것이다. 어쩌면 우리도 세상 눈치를 보면서 자기한테 남은 한 조각 떡을 빼앗기지 않는 것에만 관심이 있을 수 있다. 하지만 하나님은 우리가 그런 상태에 있는 것을 묵과하지 않으신다. 우리를 통해서 하나님의 뜻이 선포되는 것을 우리는 원하지 않을지 몰라도 하나님께서 원하신다. 우리 인생은 우리가 바라고 희망하는 것보다 훨씬 더 귀하고 복될 수밖에 없다.

> 그날 밤에 여호와께서 기드온에게 이르시되 네 아버지에게 있는 수소 곧 칠 년 된 둘째 수소를 끌어 오고 네 아버지에게 있는 바알의 제단을 헐며 그 곁의 아세라 상을 찍고 또 이 산성 꼭대기에 네 하나님 여호와를 위하여 규례대로 한 제단을 쌓고 그 둘째 수소를 잡아 네가 찍은 아세라 나무로 번제를 드릴지니라 하시니라(삿 6:25-26).

기드온한테 가장 먼저 부여된 임무는 아버지 집에 있는 바알 제단과 아세라 상을 부수는 일이었다. '수신제가치국평천하'라는 말 그대로이다. 하나님을 향한 헌신은 언제나 주변에서 시작되어야 하는 법이다. 하나님을 위해서 담대히 칼을 뽑고 사자후를 외치기 전에 자기 주변에서 하나님을 섬기기에 합당하지 못한 모습을 정리해야 한다.

그런데 기드온의 태도에 석연치 못한 구석이 있다.

> 이에 기드온이 종 열 사람을 데리고 여호와께서 그에게 말씀하신 대로 행하되 그의 아버지의 가문과 그 성읍 사람들을 두려워하므로 이 일을 감히 낮에 행하지 못하고 밤에 행하니라(삿 6:27).

기드온은 실로 놀라운 체험을 했다. 하나님의 사자의 음성을 듣는 정도가 아니라 직접 대화를 나눴다. 자기가 드린 예물이 열납되기도 했다. 이런 엄청난 체험을 한 다음에 우상을 부수라는 임무를 받았다. 우리였으면 KBS, MBC, SBS, CBS와 각 종편은 물론이고 불교 방송까지 불러서 기자회견을 할 것이다. 하나님께서 명하신 일인데 거칠 것이 무엇이 있겠는가?

그런데 기드온은 밝은 대낮에 그 일을 하지 못하고 어두운 밤에 했다. 엄청난 이적을 체험했음에도 불구하고 주변 눈치를 살폈다. 자기한테 말씀하신 분이 하나님이라고 해도 사람들의 안목은 여전히 무서웠다.

한 가지 주목할 만한 사실이 있다. 기드온은 분명히 비장한 각오로 이 일을 했을 것이다. 이 사실은 하나님을 향한 신뢰가 부족했다는 역설적인 반증이기도 하다. 하나님이 어떤 분인지 제대로 알고 그 하나님을 온전히 신뢰했으면 휘파람을 불면서 할 수도 있었기 때문이다.

어떤 사람이 해수욕장에서 수영하는 사람 등에 업혀 있다면 마음이 어떨까? 자기를 태우고 있는 사람의 수영 실력을 어느 만큼 신뢰하느냐에 따라 달라진다. 콧노래를 부르면서 해수욕을 즐길 수도 있고, 새파랗게 질린 얼굴로 바들바들 떨 수도 있다.

기드온이 그렇다. 하나님이 어떤 분인지에 대한 확신이 부족했다. 목숨을 거는 비장함은 있었는데, 하나님을 향한 충성심이 흘러넘쳐서가 아니라 알고 봤더니 새가슴이었다. 물이 흘러넘치는데 많아서 흘러넘치는 것이 아니라 그릇이 작아서 흘러넘치는 것과 같은 모양새다.

하지만 그의 행적을 보면 눈에 띄는 점이 있다. 무서워하면서도 계속 순종한다는 사실이다. 나중에 전쟁을 수행하면서도 그렇다. 양털로 하나님의 뜻을 물은 것으로 모자라서 같은 시험을 반복했다. 그러면서도 전쟁에 나서기는 했다. 막상 전쟁에 임한 다음에도 무서움은 가시지 않았다. 그래서 적군의 해몽을 들어야 했다. 그러면서도 무섭다고 도망치지는 않았다.

믿음은 마음의 문제가 아니라 태도의 문제이다. 기드온은 자기가 맡은 일이 전혀 즐겁지 않았다. 오히려 무서웠다. 이런 경우에 "나는 이 일을 감사하는 마음으로 해야 하는데 지금 나에게는 감사하는 마음이 없다. 이렇게 마지못해서 하는 것은 하나님 보시기에 옳지 않다. 감사하는 마음이 생길 때까지 기다리겠다." 하면 되는 것이 아니라 무서워 떨면서라도 하는 것이 옳다.

물론 다른 사람들이 보건 말건 휘파람을 불면서 하는 것보다 못한 수준일 수 있다. 하지만 낮에 할 용기가 없으면 밤에라도 해야 한다. 교회 봉사도 그렇다. 즐거운 마음으로 하지 못하겠거든 억지로라도 해야 한다. 기쁜 마음으로 헌금을 하지 못하겠거든 아까워서 벌벌 떨면서라도 해야 한다. 영과 진리로 예배를 드리지 못 하겠거든 졸면서라도 드려야 한다.

초등학생 때의 얘기다. 마을 공터에 사람들이 모여 있는 것이 보였다. 시끄러운 소리도 들렸다. 호기심에 기웃거렸더니 개를 잡는 중이었다. 개를 나무에 매달고는 말 그대로 개 패듯이 패고 있었다. 차마 끔찍해서 돌아서려는데 개를 묶은 줄이 끊어졌다. 땅에 떨어진 개가 쏜살같이 도망갔다. 속으로 다행이라고 생각하는데 그게 끝이 아니었다. 누군가 큰소리로 개를 부르자, 개가 제자리에 서는 것이었다. "메리", "메리" 하고 계속 부르자, 놀랍게도 꼬리를 양쪽 뒷다리 사이에 말아 넣고 고개를 땅에 처박은 채 낑낑대며 한 걸음씩 다가왔다. 어린 마음에 얼른 개를 쫓아주고 싶었는데, 등 뒤에서 킥킥대며 말하는 소리가 들렸다. "역시 똥개는 똥개네. 죽을 줄도 모르고 오는 것 좀 봐."

글쎄, 정말 그랬을까? 그 개는 겁에 질린 모습이 완연했다. 주인이 부르자 마지못해 걸음을 옮기면서도 연신 뒤를 돌아봤다. 자기가 살 길은 주인에게 가는 길이 아니라 반대쪽임을 알고 있는 눈치였다. 그런데도 주인이 부르자, 순종했다.

주인한테 가는 것이 죽는 길이라면 어떻게 해야 할까? 주인 없는 곳에 가서 살아야 할까, 주인한테 가서 죽어야 할까? 똥개조차도 자기 목숨보다 주인을 택하는 마당에 우리가 주님께 순종하지 않는 이유는 무엇일까?

그나저나 성읍에서는 난리가 났다. 우상이 부서진 것을 본 성읍 사람들이 대체 누구 짓이냐며, 이런 일을 행한 사람은 죽여야 한다고 소동을 부렸다. 우리나라 교회가 일제 강점기 때 신사참배를 한 적이 있다. 한국 교회사에서 가장 수치스러운 기록이다. 이스라엘은 다르다. 그들은 강압 때문에 우상을 섬긴 것이 아니라 우상에게 매료되어 있었다.

참으로 서글픈 일이다. 이스라엘이 언제 하나님을 위해서 이렇게 헌신한 적이 있던가? 하나님의 나라와 하나님의 영광을 위해서는 한 번도 들고 일어선 적이 없는 그들이 바알과 아세라를 위해서는 한꺼번에 들고 일어섰다.

또 있다. 죽어 마땅한 죄를 지은 사람이 누구인가? 성읍 사람들 생각으로는 기드온이 죽어 마땅한 사람일지 몰라도 사실은 자기들이 죽어 마땅한 사람들이다. 율법에 의하면 우상을 섬기는 자는 돌로 쳐서 죽이라고 했다. 자기들이 기드온을 죽이겠다고 나설 것이 아니라 자기들이 돌에 맞아 죽어야 한다. 그런데 부서진 우상을 보면서 자기들의 죄를 깨달은 것이 아니라 오히려 더욱 하나님 보시기에 악한 방향으로 치달았다.

각설하고 기드온한테 첫 번째로 맡겨진 일이 우상을 부수는 일이었다. 기드온이 하나님을 향한 첫 걸음을 옮겼다. 그렇게 하는 것을 옆에서 수수방관하지 않았다. 누군가 하나님을 향한 발걸음을 옮기면, 주변에서 잡음이 일어나게 마련이다. 그리고 우리는 잡음이 일어나거나 말거나 발걸음을 옮겨야 하는 사람들이다. 개가 짖어도 기차는 달린다는 말이 괜히 있는 게 아니다.

19C 성공회 주교 J. C. 라일이 한 얘기가 있다. "수많은 자칭 기독교인들이 일요일마다 예배당에 나간다. 그들의 이름은 세례자 명부에 올라 있다. 그들은 사는 동안 기독교인으로 간주되고, 기독교식으로 혼례를 치르고, 죽어서도 기독교인으로 묻힌다. 그러나 그들의 신앙에는 '싸움'이 전혀 보이지 않는다. 그들은 영적 전투, 수고, 충돌, 자아 부인, 경계, 교전을 전혀 모른다. 이런 기독교는 성경의 기독교가 아니다. 그것은 주 예수께서 세우시고 그분의 사도들이 전한 신앙이 아니다. 참된 기독교는 '싸움'이다."

그럼 기드온의 아버지 요아스는 어떤 입장일까? 기드온이 부순 바알 상이 기드온의 아버지 집에 있었다. 기드온의 아버지도 바알을 섬기는데 남에게 뒤지지 않았다는 뜻이다. 하지만 이제는 다르다. 아들 목숨이 경각에 달렸는데도 바알을 지지할 수는 없다. 그렇다고 해서 "내 아들에게는 손대지 말라"라는 식으로 얘기하는 것은 설득력이 없다. 그래서 "지금 너희들이 바알을 위해서 나서는데 왜 그래야 하느냐? 만일 바알이 진짜 신이라면 자기를 해코지한 사람을 가만히 두겠느냐? 바알을 해롭게 한 사람은 너희가 나서서 벌하지 않아도 바알에게 벌을 받을 것이다."라고 했다. 상당히 논리적이다.

지금 아비에셀 사람들은 자기들이 섬기는 신을 위해서 분연히 일어났다. 기드온의 아버지 요아스의 지적처럼 자기들이 바알을 구원하려고 하고 있다.

이런 실수는 교회에서도 종종 볼 수 있다. 마치 하나님을 위해서 무엇인가 할 일이 있는 줄로 알고 하나님을 도와주려고 한다. "하나님을 위해서…" "교회를 위해서…" "주의 영광을 위해서…" 같은 표현은 생각할 여지가 있다.

물론 그런 마음이 있어야 한다. 없으면 안 된다. 하지만 자기가 하나님을 챙겨드리고 교회에 도움을 주는 것인 양 착각하는 것은 곤란하다. 하나님을 위한다는 얘기는 자기가 하나님을 도와드린다는 뜻이 아니다. 자기가 추구해야 할 가장 큰 가치를 알기 때문에 다른 것에 개의치 않는다는 뜻이다. 연세가 높으셔서 거동이 불편하신 하나님을 위해서 대신 숟가락 들고 밥을 떠먹여드리는 행위가 절대 아니다.

기드온의 아버지가 어떤 사람인가? 하나님을 향한 충성이 가득해서 분연히 일어난 사람이 아니다. 본래 마을 사람들과 한통속이었다. 아마 기드온이 우상을 부수기 전 날, 미리 아버지와 상의를 했으면 펄쩍 뛰었을 것이다. 믿지 않는 부모는 말할 것도 없고 믿는 부모라고 해도 자식이 순교하러 간다면 말리는 것이 정상이다. "아버지, 내일 날 밝는 대로 하나님의 영광을 위하여 순교하러 가겠습니다." 하는 말을 듣고 "장하다 내 아들아! 내가 너를 키운 보람이 있구나."라고 할 부모는 없다.

요컨대 영적인 문제에 대해서는 부모까지도 리드할 수 있어야 한다. 물론 부모가 자식에게 신앙 귀감이 되지 못하는 것은 유감이다. 하지만 부모의 미온적인 신앙이 자기의 게으름을 합리화할 수 있는 것은 아니다. 부모를 핑계로 자기의 신앙 책임을 외면할 수는 없다.

기드온이 바알 상을 부쉈다. 만일 바알이 진짜 신이면 하늘에서 날벼락이 떨어져야 한다. 그런데 아무 일도 일어나지 않았다. 바알은 진짜 신이 아니라는 사실이 입증된 셈이다. 이 일로 인해서 기드온은 바알과 더불어 싸웠다는 뜻으로 '여룹바알'이라는 별명을 얻는다. 하나님의 권능과 바알의 허황됨이 대조되는 별명이다. 이어지는 기드온의 모든 행적은 미디안과 싸운 기록처럼 보이지만 사실은 바알과 싸운 기록이다.

우리에게도 같은 별명이 있다. 기드온이 여룹바알이라고 불렸던 것처럼 우리는 크리스천이라고 불린다. 그리스도에게 속한 사람이라는 뜻이다. 기드온이 여룹바알이라는 별명 그대로 평생 바알과 싸운 행적을 남겼던 것처럼 우리 역시 그리스도에 속한 행적을 남겨야 한다.

문득 궁금해진다. 그리스도인이라는 말은 안디옥에서 처음 생겼다. 그리스도에게 속한 사람이라는 뜻이다. 교회에서 만든 용어가 아니라 안디옥 사람들이 그렇게 불렀다. 안디옥 사람들 보기에 당시 초대교회 교인들이 그리스도에게 속한 사람으로 보였다는 뜻이다.

그리스도인이라는 말이 아직 만들어지지 않았다고 치자. 세상 사람들이 우리를 보고도 '그리스도인'이라는 말을 만들까? 안디옥에 있는 초대교회 교인들이 안디옥 사람들한테 그리스도에게 속한 사람으로 보였던 것처럼 우리 역시 주변 사람들한테 그렇게 보이고 있을까?

> 그때에 미디안과 아말렉과 동방 사람들이 다 함께 모여 요단강을 건너와서 이스르엘 골짜기에 진을 친지라 여호와의 영이 기드온에게 임하시니 기드온이 나팔을 불매 아비에셀이 그의 뒤를 따라 부름을 받으니라 기드온이 또 사자들을 온 므낫세에 두루 보내매 그들도 모여서 그를 따르고 또 사자들을 아셀과 스불론과 납달리에 보내매 그 무리도 올라와 그를 영접하더라(삿 6:33-35).

기드온이 이렇게 바알 제단을 헐고 아세라 상을 부수는 사이에 시나브로 전운이 감돈다. 미디안 사람과 아말렉 사람, 동방 사람들이 다 요단을 건너와서 이스르엘 골짜기에 진을 친 것이다. 성경에서 말하는 골짜기는 우리가 알고 있는 골짜기와 다르다. 우리는 산과 산 사이의 협곡을 골짜기라고 하는데 성경에서는 산과 산 사이는 아무리 넓어도 골짜기라고 한다. 이스르엘 골짜기는 팔레스타인에서 대표적인 곡창지대이기도 하다.

당시 이스라엘은 칠 년째 미디안의 압제를 받고 있었다. 기드온이 포도주 틀에서 밀을 타작한 것도 미디안 때문이었다. 그런데 새삼스럽게 대대적으로 군사를 몰고 침공했다. 그것도 아말렉과 동방 사람들과 연합해서 왔다. 수확물을 노략하기 위한 일상적인 침공이 아니라 아예 이스라엘의 씨를 말리려고 작정했다는 뜻이다.

차례대로 생각해 보자. 기드온이 여룹바알이라는 별명을 얻었다. 기드온이 바알 상을 부쉈는데 바알은 아무런 저항도 하지 못했다. 에덴동산에서 뱀을 내세워서 아담, 하와를 미혹했던 사탄이 가나안 땅에서는 바알이라는 허수아비 신을 내세워서 이스라엘을 미혹했다. 그런데 그 거짓이 폭로된 것이다. "기드온이 바알을 부쉈는데 바알은 꼼짝 못하더라. 알고 봤더니 바알은 아무것도 아니더라!"라는 사실을 알고 있는 사람이 아직까지는 기드온과 같은 마을인 아비에셀 사람들뿐이지만 점차 확산될 것이다. 그런 소문이 더 퍼지기 전에 아예 이스라엘을 말살해버릴 계획을 세운 모양이다.

하지만 뒤집어 생각하면 하나님의 경륜이기도 하다. 하나님은 이미 기드온을 통해서 이스라엘을 구원하기로 작정하셨다. 그런 즈음에 미디안이 아말렉과 동방 사람들과 연합해서 쳐들어 왔으니 오히려 반가운 일이다. 그렇지 않으면 일일이 찾아다니면서 미디안을 몰아내야 하기 때문이다. 결국 사탄은 이스라엘을 없애기 위해서 일을 도모했는데 하나님께서는 그 일을 통해서 이스라엘에게 구원을 허락하실 것이다.

영국의 종교개혁자 윌리엄 틴데일이 신약성경을 영어로 번역할 때의 일이다. 성경을 자국어로 번역하는 일이 엄격히 금지된 시대였다. 틴데일은 번역 작업에 필요한 자금을 마련할 목적으로 번역 초판본을 팔 생각을 했다. 하지만 쉬운 일이 아니다. 그 책을 갖고 있는 것이 불법인 마당에 누가 사려고 할까?

그런데 수월하게 일이 풀렸다. 런던 주교가 틴데일이 번역 초판본을 팔려고 한다는 정보를 입수한 것이다. 그런 불온서적이 개인에게 가는 일은 어떻게 해서라도 막아야 한다고 생각한 그는 그 초판본을 구할 수 있는 대로 다 구해서 불태우라고 명령했다. 자신이 문제를 키우고 있다는 사실을 전혀 알아차리지 못했다 그의 계획대로 많은 초판본이 불에 탔지만 틴데일은 그 돈으로 번역 작업을 마무리했고, 그 번역본은 나중에 King James Bible 의 기초가 되었다.

미디안이 주변 나라들과 연합해서 이스라엘을 침공한 일이 그렇다. 하나님 나라에 치명상을 입히는 것이 아니라 오히려 하나님의 일을 도와주게 된다.

드디어 여호와의 영이 기드온에게 임했고 기드온이 나팔을 불자, 아비에셀 사람들이 다 모여서 기드온을 따랐다. 나팔을 높이 울려 불면서 "이스라엘은 나를 따르라!" 하는 모습이 사뭇 기드온답다.

기드온이 처음 나올 때 어떤 모습이었나? 이렇게 늠름한 모습이 아니었다. 처음에는 포도주를 짜는 틀에 숨어서 밀을 까는 옹색한 모습이었다. 미디안과 맞서 싸울 야전 사령관 같은 모습이 전혀 없었다. 그런데 이만큼 의연해졌다.

어떻게 해서 이렇게 변모되었을까? 정답은 뻔하다. 자기 인생에 개입하신 하나님의 손길을 체험해서 그렇다. 하나님의 사자를 통해서 자기에게 말씀하시는 음성을 듣기도 했고 자기가 준비한 예물을 흠향하는 모습도 보았다. 자기 손으로 바알 상을 부수기도 했다. 바알은 허황된 신이라는 사실을 직접 체험했다. 기드온이라고 해서 처음부터 신앙 영웅이었던 것이 아니라 이런 일련의 과정을 통해서 신앙이 자랐다.

기드온의 나팔 소리에 아비에셀 사람들이 가장 먼저 반응했다. 그들은 기드온과 같은 마을 사람들이다. 기드온이 여룹바알로 우뚝 섰을 때, 바알이 허황된 신이라는 사실을 가장 가까이에서 확인한 사람들이다.

기드온이 2차로 므낫세 지파 사람들을 불러 모았다. 기드온이 므낫세 지파이기 때문이다. 이어서 아셀 지파, 스불론 지파, 납달리 지파 사람들도 모였다. 유독 이들이 전쟁에 적극적인 이유는 이스라엘 지도를 확인하면 알 수 있다. 전쟁이 발발한 이스르엘 골짜기 인근에 있는 지파가 바로 아셀, 스불론, 납달리 지파들이다.

그러면 다음에 어떤 내용이 나와야 할까? 사람들은 '믿음'을 너무 단편적으로 생각하는 경향이 있다. 믿음만 있으면 뭐든지 된다는 것이다. 기드온을 중심으로 모인 사람들이 담대한 믿음으로 나아가면 미디안을 비롯한 이방 족속들은 속수무책으로 쫓겨 갈 것이라는 기대를 할 수 있다. 하지만 믿음은 그렇게 단순한 것이 아니다. 믿음이 있다고 해서 우리에게 있는 희로애락의 모든 정서가 하나님을 향해서 일사불란하게 움직이지는 않는다.

> 기드온이 하나님께 여쭈되 주께서 이미 말씀하심 같이 내 손으로 이스라엘을 구원하시려거든 보소서 내가 양털 한 뭉치를 타작마당에 두리니 만일 이슬이 양털에만 있고 주변 땅은 마르면 주께서 이미 말씀하심 같이 내 손으로 이스라엘을 구원하실 줄을 내가 알겠나이다 하였더니 그대로 된지라 이튿날 기드온이 일찍이 일어나서 양털을 가져다가 그 양털에서 이슬을 짜니 물이 그릇에 가득하더라 기드온이 또 하나님께 여쭈되 주여 내게 노하지 마옵소서 내가 이번만 말하리이다 구하옵나니 내게 이번만 양털로 시험하게 하소서 원하건대 양털만 마르고 그 주변 땅에는 다 이슬이 있게 하옵소서 하였더니 그 밤에 하나님이 그대로 행하시니 곧 양털만 마르고 그 주변 땅에는 다 이슬이 있었더라(삿 6:36-40).

앞에서 기드온이 하나님 말씀대로 바알 상을 부술 때 어떤 모습이었나? 그때 기드온은 바알 상을 부수라고 말씀하신 분이 하나님이라는 사실도 알았다. 자기가 진설한 예물을 하나님께서 흠향하시는 체험도 했다. 하지만 바알 상을 부수는 문제를 선뜻 결행할 수는 없었다. 마을 사람들의 눈치를 살펴서 밤에 몰래 그 일을 행했다. 아마 기드온은 몇 번씩 망설이면서 했을 것이다. 믿음이 있어도 무서운 것은 무서운 것이다.

이번에도 그랬다. 하나님의 명을 좇아 일어나기는 했지만 고민은 고민이었다. 정말로 자기가 이 일을 해야 하는지 막막했다. 앞에서 체험한 모든 이적이 막상 전쟁을 앞둔 시점에서는 별 도움이 되지 않았다. 이때 기드온의 군사는 삼만 이천 명이었는데 미디안 군사는 무려 십삼만 오천 명이었다.

그래서 징표를 구했다. 양털 한 뭉치를 타작마당에 놓아둘 테니 정말로 자기를 통해서 이스라엘을 구원하실 계획이라면 양털 뭉치에만 이슬이 내리고 타작마당에는 이슬이 내리지 않게 해달라고 했다. 그리고 하나님께서는 기드온의 얘기를 들어주셨다.

그러면 선뜻 "감사합니다. 이렇게 친히 확신을 주시니 이제는 담대하게 나아가서 미디안을 무찌르겠습니다."라고 할 만한데, 기드온은 그게 아니었다. 하나님께서 자기 말을 들어주셨지만 미디안은 여전히 두려웠다. 차라리 자기 얘기를 들어주지 않더라도 미디안 군사를 확 줄여주셨으면, 그것이 더 도움이 되었을 것이다.

확신이 서지 않은 기드온이 한 번 더 징표를 구한다. 이번에는 양털을 제외한 다른 곳에만 이슬이 내리게 해달라고 했다. 양털에만 이슬이 내리고 다른 곳에는 내리지 않는 것보다 양털에만 이슬이 내리지 않고 다른 곳에만 내리는 것이 더 힘들다고 생각한 모양이다. 만일 우리가 하나님이었다면, "야, 이놈아! 감히 나를 데리고 장난치는 거냐? 당장 싸움터로 나가지 못해?" 하고 윽박질렀을 것이다.

성경에는 "이튿날 기드온이 일찍이 일어나서 양털을 가져다가 그 양털에서 이슬을 짜니 물이 그릇에 가득하더라"라고 되어 있다. 이때 기드온이 놓아둔 양털의 양이 얼마나 되었는지 모른다. 또 어느 만한 그릇에 물이 가득했다는 얘기인지도 알 수 없다. 분명한 사실은 하나님의 응답이 인색하게 나타나지 않고 아주 풍성하게 나타났다는 사실이다.

예전에 성경을 읽으면서 지금도 이런 식으로 하나님의 뜻을 알 수 있으면 좋겠다는 생각을 한 적이 있다. "제가 이 일을 해야 합니까, 말아야 합니까? 이 일을 하는 것이 하나님의 뜻이면 이런저런 일이 있게 해주십시오." 하는 식으로 하나님의 뜻을 분별할 수 있으면 얼마나 좋을까? 하지만 하나님은 그런 식으로 응답하지 않으신다. 왜 성경에는 이런 기록이 있는데 지금은 그런 식으로 응답하지 않으실까? 결론부터 얘기하면 이때 기드온은 자기가 어떻게 하는 것이 하나님의 뜻인지 몰라서 물은 게 아니었다.

기드온이 '주께서 이미 말씀하심 같이'라는 말을 두 차례나 반복했다. 하나님께서 뭐라고 하셨는지 안다. 자기가 무슨 일을 해야 하는지도 안다. 하지만 두렵다는 것이 문제였다. 하나님 뜻에 무지해서 답을 구한 것이 아니라 하나님의 뜻을 행하는데 필요한 담력을 구한 것이다.

우리가 신앙생활하는 모습을 그대로 보여준다. 우리 역시 하나님의 뜻을 모르지 않는다. 알고 있으면서도 막상 하기는 싫다. 어지간하면 외면하고 싶을 때가 한두 번이 아니다.

기드온의 심정이 그랬다. 하나님의 뜻은 안다. 순종해야 한다는 사실도 안다. 그럼에도 불구하고 그 일을 행할 만한 믿음의 결단은 부족했다. 그래서 징표를 구했다. 한 번만 구한 것이 아니라 연거푸 구했다.

그다음에 어떤 일이 있어야 할까? 자신의 요구에 하나님께서 직접 응답하셨으니까 이후로는 아무런 두려움 없이 나아갈 수 있어야 하지 않을까? 그런데 그렇지 않다. 태산이 무너져도 요동하지 않을 담대한 믿음이 생긴 것이 아니라 한 걸음을 내딛을 만큼의 믿음만 생겼다. 뒤에 나오는 내용이지만 기드온이 미디안과의 싸움에 임한 것은 미디안 사람의 입을 통해서 꿈을 해몽하는 얘기를 들은 다음이었다.

신앙생활은 이렇게 하는 것이다. 뭔가 특별한 체험을 한 것으로 모든 것을 때우는 것이 아니라 계속 은혜를 받으면서 하는 것이다. 아무리 큰 은혜를 체험해도 한 번 받은 은혜는 한 번 받은 은혜일뿐이다. 흘러간 물로는 물레방아를 돌릴 수 없다.

야고보 사도가 엘리야를 가리켜서 '우리와 성정이 같은 사람'이라고 했다. 설마 엘리야만 그럴까? 성경에 등장하는 사람은 모두 우리와 성정이 같다. 기드온 역시 예외가 아니다. 그는 하나님의 은혜를 체험하기도 했고 하나님의 뜻도 알고 있으면서 하나님께 순종해야 할 단계에 이르면 늘 미적거렸다. 그런 점에서 기드온은 우리와 성정이 같은 사람이다.

하지만 기드온의 행적은 언제나 결론이 순종이었다. 자기가 순종해야 할 책임을 징표를 구하는 것으로 때운 것이 아니라 자기의 연약한 믿음을 징표를 구하면서 채워나갔다.

기드온은 우리로서는 상상도 못할 은혜를 체험했다. 그러면 앞으로 남은 인생은 어떤 일에도 미혹되지 않고 오직 하나님만 바라보면서 나아갈 수 있을 것 같은데 기드온의 예를 보면 전혀 그렇지 않다.

신앙생활을 하다 보면 하나님의 은혜를 체험하고서 펄펄 뛸 때가 있다. 그러면 그 일로 한 걸음은 앞으로 옮길 수 있을지 몰라도 두 걸음은 못 옮긴다. 하나님께서 그것을 충분히 아신다. 동일한 시험을 연거푸 요구하는 기드온을 타박하는 것이 아니라 기드온의 수준에 맞춰서 응답하신다. 하나님께서는 그렇게 해서라도 우리가 하나님을 신뢰하기를 바라신다. 그리고 기드온은 하나님의 그런 자상하신 보살핌으로 하나님 쪽으로 한 칸 더 성숙하게 된다.

성경 여러 곳에서 이슬은 하나님의 은총을 상징한다.

> 하나님은 하늘의 이슬과 땅의 기름짐이며 풍성한 곡식과 포도주를 네게 주시기를 원하노라(창 27:28).

> 요셉에 대하여는 일렀으되 원하건대 그 땅이 여호와께 복을 받아 하늘의 보물인 이슬과 땅 아래에 저장한 물과(신 33:13).

하나님은 하늘에서 내리는 이슬로 타작마당에 있는 양털만 적실 수도 있고 양털을 제외한 타작마당만 적실 수도 있는 분이다. 세상 만민 중에서 오직 이스라엘에게만 은혜를 베풀 수도 있고 반대로 이스라엘이 아닌 이방에만 은혜를 베풀 수도 있다. 모든 것이 하나님께 달려있다. 구약성경에 나오는 이스라엘은 지금의 교회를 말한다.

기드온이 그 사실까지 깨닫지는 못했을 것이다. 기드온은 단지 전쟁에 착수할 담력만 얻었다. 하지만 기드온이 깨닫지 못한 것을 우리는 깨달아야 한다. 이 세상 모든 열쇠가 하나님께 달려 있다. 우리에게 가장 필요한 것이 있다면 하나님께 붙들리는 것이다.

> 여룹바알이라 하는 기드온과 그를 따르는 모든 백성이 일찍이 일어나 하롯샘

곁에 진을 쳤고 미디안의 진영은 그들의 북쪽이요 모레산 앞 골짜기에 있었더라(삿 7:1).

본격적으로 전운이 감돈다. 이스라엘과 미디안이 서로 진을 쳤다. 이스라엘이 진 친 곳이 하롯이었는데, 공포, 두려움, 떨림이라는 뜻이다. 전쟁을 앞둔 이스라엘의 분위기를 그대로 시사한다.

6·25 때 북한군과 대치한 학도의용군들의 심정이 어떠했을까? 조국이 위태롭다는 생각에 분연히 일어서기는 했지만 당연히 두려웠을 것이다. 이제 전투가 시작되면 자기들은 다 죽는다는 생각도 했을 것이다. 당시 이스라엘의 분위기도 별반 다르지 않았을 것이다.

여호와께서 기드온에게 이르시되 너를 따르는 백성이 너무 많은즉 내가 그들의 손에 미디안 사람을 넘겨주지 아니하리니 이는 이스라엘이 나를 거슬러 스스로 자랑하기를 내 손이 나를 구원하였다 할까 함이니라 이제 너는 백성의 귀에 외쳐 이르기를 누구든지 두려워 떠는 자는 길르앗산을 떠나 돌아가라 하라 하시니 이에 돌아간 백성이 이만 이천 명이요 남은 자가 만 명이었더라(삿 7:2-3).

하나님께서 이상한 말씀을 하신다. 군사가 너무 많기 때문에 이스라엘을 도우시지 않겠다는 것이다. 삼만 이천 명으로 십삼만 오천 명을 이길 경우, 그것이 하나님의 도우심인 줄 모르고 자기들이 잘 싸운 것으로 착각할 소지가 있기 때문이다.

이스라엘의 당면 과제는 미디안을 물리치는 것이다. 하지만 하나님은 그렇지 않다. 하나님의 관심은 어떻게 하면 이 전쟁을 통해서 이스라엘에게 하나님을 알게 하느냐 하는 것이다. 그러려면 전쟁이 최대한 극적이라야 한다.

우리나라와 브라질이 월드컵에서 만나면 언론에 뭐라고 나올까? 전력이 열세라는 사실을 부인할 수는 없다. 그렇다고 지레 포기할 수도 없다. 감독과 인터뷰를 한다면 "공은 둥근 것이므로 최선을 다한다면 의외의 결과가 나올 수 있다. 수비에 치중하다가 기습 공격하는 전략으로 대응하겠다."라는 내용을 말할 것이다. 시청자들도 "브라질에게는 억세게 운이 안따르고 우리에게는 일방적으로 운이 따라준다면 혹시 모른다." 하는 마음으로 경기를 지켜볼 것이다.

하지만 브라질 국가 대표와 우리나라 유치원 꼬마들이 경기를 한다면 그런 기대도 할 수 없다. 국가 대표간의 경기에서 우리나라가 브라질을 이기는 것은 가능성이 희박해서 그렇지, 불가능한 일은 아니다. 실제로 이겼던 적도 있다. 하지만 우리나라 유치원 꼬마들이 브라질 국가 대표를 이긴다는 것은 말도 안 된다. 그런 일이 실제로 일어난다면 누군가 영향력을 행사했다는 뜻이다.

삼만 이천 명이 십삼만 오천 명을 상대하는 것이 그렇다. 사람은 간사하다. 전쟁에 임할 때는 간절한 마음으로 하나님께 매달릴지 몰라도 전쟁이 승리로 끝나면 마음이 바뀌게 마련이다. 하나님께서 도와주시지 않으면 자기들은 죽을 수밖에 없다는 사실을 인정했던 그 입으로 자기들의 지혜와 용맹을 자랑할 것이다. 하나님께서 이런 인간의 체질을 아신다.

그래서 인원을 추리신다. 누구든지 두려운 사람은 돌아가라고 했다. 그 얘기에 일만 명만 남고 이만 이천 명이 돌아갔다. 아마 군중심리로 모였다가 오금이 저리면서도 주변 눈치 때문에 안절부절못하던 사람들일 것이다.

그런데 "두려운 자는 돌아가라"는 얘기는 왠지 낯익다. 우리에게는 생소할지 몰라도 이스라엘 사람들에게는 생소한 얘기가 아니다.

> 네가 나가서 적군과 싸우려 할 때에 말과 병거와 백성이 너보다 많음을 볼지라도 <u>그들을 두려워하지 말라</u> 애굽 땅에서 너를 인도하여 내신 네 하나님 여호와께서 너와 함께하시느니라 너희가 싸울 곳에 가까이 가면 제사장은 백성에게 나아가서 고하여 그들에게 말하여 이르기를 이스라엘아 들으라 너희가 오늘 너희의 대적과 싸우려고 나아왔으니 <u>마음에 겁내지 말며 두려워하지 말며 떨지 말며 그들로 말미암아 놀라지 말라</u> 너희 하나님 여호와는 너희와 함께 행하시며 너희를 위하여 너희 적군과 싸우시고 구원하실 것이라 할 것이며 책임자들은 백성에게 말하여 이르기를 새 집을 건축하고 낙성식을 행하지 못한 자가 있느냐 그는 집으로 돌아갈지니 전사하면 타인이 낙성식을 행할까 하노라 포도원을 만들고 그 과실을 먹지 못한 자가 있느냐 그는 집으로 돌아갈지니 전사하면 타인이 그 과실을 먹을까 하노라 여자와 약혼하고 그와 결혼하지 못한 자가 있느냐 그는 집으로 돌아갈지니 전사하면 타인이 그를 데려갈까 하노라 하고 책임자들은 또 백성에게 말하여 이르기를 두려워서 마음이 허약한 자가 있느냐 그는 집으로 돌아갈지니 그의 형제들의 마음도 그의 마음과 같이 낙심될까 하노라 하고 백성에게 이르기를 마친 후에 군대의 지휘관들을 세워 무리를 거느리게 할지니라(신 20:1-9).

모세가 가나안 입성을 앞둔 백성들에게 "가나안 정복 전쟁을 할 때, 다음과 같은 사람들은 전쟁 대열에서 제외시켜라."라고 했다. 특히 "마음에 겁내지 말며 두려워 말며 떨지 말며 그들로 말미암아 놀라지 말라"고 하여 비슷한 내용을 반복해서 말한다. 겁을 낼 수 있는 상황임을 전제로 한다. 그래서 "너희 하나님 여호와는 너희와 함께 행하시며 너희를 위하여 너희 적군과 싸우시고 구원하실 것이라 할 것이며…"라고 해서, 겁을 내지 않아도 되는 이유를 설명한다. "너희가 수행하는 이 전쟁은 너희끼리 잘 먹고 잘살기 위한 전쟁이 아니라 하나님께서 함께하시는 전쟁이다. 두려워할 이유가 없다."라는 뜻이다.

먼저 제사장들이 백성들의 마음을 안돈시킨다. 그다음에는 책임자들(요즘 말로 하면 장교들)이 전쟁을 함께 수행하기에 부적격한 백성을 골라내는데 그 기준이 재미있다. 새 집을 건축하고 낙성식을 못했다든지 포도원을 가꾸고 포도를 수확하지 못했다든지 여자와 약혼하고 아직 결혼하지 못했다든지 좌우지간 이유만 있으면 돌아가라고 한다. 심지어는 아무런 이유가 없어도 전쟁이 두려우면 돌아가라고 했다.

가나안 정복 전쟁을 앞두고 선포되었던 얘기가 다시 선포된다. 이제 시작될 전쟁은 이스라엘이 가나안에 입성할 때와 같은 성격의 전쟁이라는 뜻이다. 역사적인 흐름이 그때와 연결된 전쟁이다.

이 얘기를 요즘 상황으로 바꾸면 어떻게 될까? 신앙생활은 우리끼리의 문제가 아니라 하나님 나라의 확장이라는 하나님의 사역과 선이 닿아 있는 문제이다. 우리 한 사람이 예배를 드렸느냐, 말았느냐로 끝나는 게 아니라 하나님의 의와 하나님의 영광에 연결된 문제이다. 나 한 사람이 어쩌다가 친구 따라 강남 간다는 격으로 교회에 나와서 앉아 있는 것이 아니라 하나님께서 마귀의 세력을 멸하시고 하나님의 나라를 선포하시는 거룩한 싸움에 같이 동참해 있는 것이다.

어쨌든 전쟁이 두려운 사람은 돌아가라는 말에 이만 이천 명이 돌아가고 일만 명만 남았다. 이때 돌아가는 사람들의 마음이 어땠을까? 전부 안도의 한숨을 쉬었을 것이다. 꼼짝없이 죽는 줄 알았는데 살아났다고 좋아했을 것이다. 그리고 전쟁이 끝난 다음에 두고두고 후회했을 것이다. 영광스러운 잔치 자리에 주인공으로 참석할 수 있는 기회를 스스로 마다하고 구경꾼으로 전락했으니 땅을 치고 통곡할 일이다.

> 여호와께서 또 기드온에게 이르시되 백성이 아직도 많으니 그들을 인도하여 물 가로 내려가라 거기서 내가 너를 위하여 그들을 시험하리라 내가 누구를 가리켜 네게 이르기를 이 사람이 너와 함께 가리라 하면 그는 너와 함께 갈 것이요 내가 누구를 가리켜 네게 이르기를 이 사람은 너와 함께 가지 말 것이니라 하면 그는 가지 말 것이니라 하신지라 이에 백성을 인도하여 물가에 내려가매 여호와께서 기드온에게 이르시되 누구든지 개가 핥는 것 같이 혀로 물을 핥는 자들을 너는 따로 세우고 또 누구든지 무릎을 꿇고 마시는 자들도 그와 같이 하라 하시더니 손으로 움켜 입에 대고 핥는 자의 수는 삼백 명이요 그 외의 백성은 다 무릎을 꿇고 물을 마신지라 여호와께서 기드온에게 이르시되 내가 이 물을 핥아 먹은 삼백 명으로 너희를 구원하며 미디안을 네 손에 넘겨주리니 남은 백성은 각각 자기의 처소로 돌아갈 것이니라 하시니(삿 7:4-7).

삼만 이천 명에서 이만 이천 명이 돌아가고 일만 명이 남았다. 그런데도 아직도 많다면서, 일만 명을 물가로 데리고 가라고 하셨다.

일만 명이 물을 마시는데 물을 마시는 모습이 두 가지였다. 무릎을 꿇고 고개를 숙여서 마시기도 했고, 손으로 물을 움켜서 마시기도 했다. 하나님께서는 물을 움켜서 마신 사람은 남겨두고 나머지는 돌려보내라고 하셨는데, 이렇게 해서 삼백 명이 남는다.

여기에 대해서 이런 얘기를 들은 적이 있다. 하나님께서 물을 움켜서 마신 사람을 쓰신 이유는 그들이 주변을 경계하면서 물을 마실 만큼 전쟁에 임하는 자세가 되어 있었다는 것이다. 반면 무릎을 꿇는 것은 항복을 나타내는 자세이기도 하고, 그런 자세로 물을 마시다가 기습이라도 받으면 전혀 대처할 수 없기 때문에 그처럼 조심성 없는 사람은 쓰시지 않는다고 했다.

하지만 옳은 해석이 아니다. 만일 그렇다면 한꺼번에 일만 명이 물가로 내려갈 것이 아니라 경계병을 세워야 했다. 무릎을 꿇고 마신 사람들을 탓할 게 아니라 기드온에게 지휘 책임을 물어야 한다.

그런데 왜 이런 얘기에 공감하느냐 하면, 그렇게 해야 사람들에게서 원인을 찾을 수 있기 때문이다. 사람들의 이해 구조는 합리성을 근거로 한다. 기드온이 삼백 명밖에 안 되는 군사로 십삼만 오천 명을 무찔렀으니 그럴 만한 이유가 있어야 납득이 된다. 그래서 "비록 숫자는 열세였지만 담대한 믿음이 있었다.", "그 삼백 명은 처음부터 준비된 군사였다." 같은 얘기를 하는 것이다. 하지만 성경을 아무리 읽어도 그런 내용이 없다. 사람들의 선입견에 불과하다.

하나님께서 무릎을 꿇고 물을 마신 사람은 돌려보내고 손으로 움켜서 마신 사람을 택하신 이유는 숫자가 적었기 때문이다. 손으로 물을 움켜 마신 사람이 구천칠백 명이고 무릎을 꿇고 마신 사람이 삼백 명이었으면 무릎을 꿇고 마신 사람만 남고 다른 사람은 돌려보내라고 했을 것이다. 그러면 "봐라! 무릎을 꿇은 것은 기도하는 자세다. 하나님은 역시 기도로 준비된 사람을 쓰신다." 하고, 침을 튀기며 얘기했을 것 같기도 하다.

성경을 자세히 읽어보면 여기에 대한 암시가 있다. 처음에 하나님께서는 "너를 따르는 백성이 너무 많은즉"이라고 하셨다. 백성이 너무 많기 때문에 그 숫자로 이기면 자기들이 잘난 것처럼 교만하게 될 우려가 있다고 했다. 그래서 일만 명으로 줄였다.

그러고는 또 "백성이 아직도 많으니"라고 하셨다. 하나님의 관심은 숫자를 줄이는데 있다. 오합지졸이 너무 많다거나 정신 무장이 덜 되었다는 얘기는 없고 숫자 얘기만 하신다.

특히 하나님께서 "내가 누구를 가리켜 네게 이르기를 이 사람이 너와 함께 가리라 하면 그는 너와 함께 갈 것이요 내가 누구를 가리켜 네게 이르기를 이 사람은 너와 함께 가지 말 것이니라 하면 그는 가지 말 것이니라"라고 하셨다. 어떤 사람과 함께 가고 어떤 사람과 함께 가지 않는지가 전적으로 하나님께 달려 있다. 어느 만큼 선발고사를 잘 치르느냐가 아니라 순전히 하나님 마음대로이다.

이때 남은 삼백 명은 기드온과 더불어 승리의 기쁨을 누리게 된다. 그렇다고 해서 먼저 돌아간 구천칠백 명보다 나은 사람이 아니다. 단지 하나님께서 그들을 쓰셨다. 결국 이들의 자랑은 자기들이 얼마나 훌륭한 사람이냐가 아니라 하나님께서 자기들을 도구로 쓰셨다는 사실에 있다.

교회에서 봉사하는 것이 그렇다. 봉사하는 것 자체로 이미 하나님의 사역에 쓰임 받은 것이다. 하나님께서 자기를 쓰신다는 사실만으로 충분히 상급을 받은 셈이다.

하지만 당시 기드온은 심각했다. 삼만 이천 명이 모였을 적에도 양털로 하나님을 시험했는데 이제는 고작 삼백 명이다. 오금이 저리다 못해서 오줌을 지릴 지경이다. 이스라엘이 싸워야 할 상대는 무려 십삼만 오천 명이다. 아무리 하나님 말씀이라고 해도 삼백 명으로 십삼만 오천 명을 어떻게 상대하란 말인가? 무조건 "믿습니다!" 하고 어금니에 힘만 주면 삼백 명으로도 십삼만 오천 명을 이길 수 있는 것일까?

하나님께서 그 부분 역시 치유하신다. 어쨌든 우리는 기드온이 도무지 납득이 되지 않는 말씀에도 순종했다는 사실에 주목해야 한다. 성경 어느 곳에도 "하나님, 말도 안 됩니다. 병력을 더 모아도 시원치 않을 판에 그나마 있는 병력을 돌려보내면 어떻게 하라는 말씀입니까?"라는 얘기는 없다. 속으로는 의아하게 생각할망정 묵묵히 하나님 말씀대로 했다.

팀 켈러가 쓴 〈고통에 답하다〉에 나오는 내용이다. 아들이 여덟 살이 되자, 자기 뜻을 내세우며 부모의 가르침에 저항하기 시작했다. 한번은 녀석이 꽤 삐딱하게 반응하며 이렇게 말했다. "아빠, 말씀하시는 대로 할게요. 하지만 먼저 왜 그래야 하는지 설명해 주세요." 그래서 아이에게 말했다. "납득이 가야지만 아빠 말에 따르겠다면 그건 순종이 아니라 동의란다. 문제는 내가 왜 이 일을 네가 하기 원하는지 알려 주어도 대부분의 이유를 이해하기에는 네가 너무 어리다는 거야. 넌 여덟 살이고 난 서른여덟 살이야. 넌 아이고 난 어른인데다 네 아빠임을 기억하렴."

하나님 말씀은 이해의 대상이 아니라 순종의 대상이다. 우리에게 필요한 것은 하나님의 뜻을 이해하는 것이 아니라 그 뜻대로 행하는 것이다. 하나님의 뜻은 고민한 만큼 알 수 있는 것이 아니라 순종한 만큼 알 수 있다.

> 그 밤에 여호와께서 기드온에게 이르시되 일어나 진영으로 내려가라 내가 그것을 네 손에 넘겨주었느니라 만일 네가 내려가기를 두려워하거든 네 부하 부라와 함께 그 진영으로 내려가서 그들이 하는 말을 들으라 그 후에 네 손이 강하여져서 그 진영으로 내려가리라 하시니 기드온이 이에 그의 부하 부라와 함께 군대가 있는 진영 근처로 내려간즉(삿 7:9-11).

하나님께서 전쟁을 시작하기 두렵거든 부하 부라와 함께 적진을 염탐하라고 하셨다. 사실 기드온은 두려울 수밖에 없었다. 자기가 데리고 있는 군사는 삼백 명인데 적군은 무려 십삼만 오천 명이었다. 하나님의 사자한테 들은 얘기도 있고, 양털로 두 번씩이나 하나님을 시험했기 때문에 자기가 어떻게 하는 것이 하나님의 뜻인지는 알지만 그래도 두려운 것은 두려운 것이다. 하나님의 뜻이라는 사실을 알았다고 해서 저절로 근심, 걱정이 사라지지는 않는다.

우리가 신앙생활을 할 때도 그렇다. 하나님의 뜻을 모르지는 않는다. 하지만 알았다고 해서 그것으로 모든 문제가 해결되지도 않는다. 우리가 살아가는 현실이 그리 만만하지 않다. 하나님의 뜻은 하나님의 뜻이고 자기의 문제는 여전히 자기의 문제로 남는다. 인간은 그만큼 연약한 존재이고, 우리가 살아야 하는 세상이 그만큼 험난하기도 하다.

하나님께서 그런 문제를 안고 있는 기드온을 찾아오셨다. 두렵다고 해서 걱정만 하지 말고 일단 적진을 염탐하라고 했다. 적진을 염탐하기만 하면 적을 물리칠 수 있는 담대함을 얻을 수 있다는 것이다.

> 기드온이 그곳에 이른즉 어떤 사람이 그의 친구에게 꿈을 말하여 이르기를 보라 내가 한 꿈을 꾸었는데 꿈에 보리떡 한 덩어리가 미디안 진영으로 굴러 들어와 한 장막에 이르러 그것을 쳐서 무너뜨려 위쪽으로 엎으니 그 장막이 쓰러지더라 그의 친구가 대답하여 이르되 이는 다른 것이 아니라 이스라엘 사람 요아스의 아들 기드온의 칼이라 하나님이 미디안과 그 모든 진영을 그의 손에 넘겨 주셨느니라 하더라(삿7:13-14).

기드온이 그 말대로 했다. 부하 부라를 데리고 몰래 적진에 다가갔더니 마침 적 병사가 자기 동무에게 꿈 이야기를 하고 있었다. 자기네가 이스라엘에게 패한다는 꿈이었다.

손자병법에 지피지기(知彼知己)면 백전불태(百戰不殆)라고 했다. 적을 알고 나를 알면 백 번을 싸워도 위태롭게 되지 않는다. 흔히 지피지기 백전불패나 지피지기 백전백승으로 잘못 인용하기도 하는데, 전쟁을 하려면 상대방을 알아야 한다. 병력은 어느 정도이고 무장 상태는 어떤지, 보급 물자는 어떤 경로를 통해서 운송되고 있고 또 적의 가장 취약한 곳은 어느 곳인지를 알면 전쟁을 수행하기에 그만큼 유리하다.

그런데 기드온이 정탐한 것은 그런 것이 아니다. 어떻게 전쟁을 수행하는 것이 유리한지를 탐지한 것이 아니라 보초병들의 잡담을 들었다. 간밤에 무슨 꿈을 꾸었고, 그것을 어떻게 해몽하는지 들은 것이 고작이다. 그리고 하나님께서 이미 승리를 언약하셨다는 사실을 확인했다. 요즘 말로 옮기면 신자만 이 세상에 부담감을 느끼는 것이 아니라 이 세상이 신자를 훨씬 더 무서워한다는 사실을 알았다.

어떤 교인이 점 보러 가는 친구를 따라갔다. 마지못해서 같이 갔는데 살짝 호기심이 생겼다. 속는 셈치고 점을 볼 생각을 한 것이다. 그런데 점쟁이가 말한다. "당신은 제가 점을 볼 수 있는 분이 아닙니다. 당신이 섬기는 신이 제가 섬기는 신보다 훨씬 크신 분이기 때문입니다"

그 말을 듣고는 신바람이 났다. "와! 내가 진짜로구나!" 하는 생각에, 구역예배를 드리면서 그 얘기를 했다. 구역 식구들이 뭐라고 했을까? 거기가 어디냐고 묻고는 전부 다 몰려갔다. 자기들도 확인하고 싶은 것이다.

"영접하는 자 곧 그 이름을 믿는 자들에게는 하나님의 자녀가 되는 권세를 주셨으니"라는 말씀을 모르는 사람이 있을까? "볼지어다 내가 세상 끝

날까지 너희와 항상 함께 있으리라"라는 말씀도 다 안다. 그런데 이런 말씀으로 자기 신분을 확인하는 것이 아니라 점쟁이의 입을 통해서 확인하고 싶어 하는 것은 무슨 영문일까? 설교 중에 "하나님께서 당신을 사랑하십니다."라는 말을 듣는 것에서는 별 의미를 못 느낀다. 그 얘기를 점쟁이한테 들어야 자기가 진짜인 것 같다.

기드온이 그런 격이다. 하나님께서 함께하겠다고 하셨다. 양털로 확증도 주셨다. 그런데 그것으로는 모자라고 이방 군사의 해몽을 듣고서야 싸울 수 있는 담력을 얻었다. 하나님께서 기드온의 연약함을 아시고 그런 처방을 내린 것은 알지만 뭔가 씁쓸하다. 왜 하나님 말씀만으로는 '아멘'이 안 될까?

어쨌든 이런 우여곡절을 통해서 승리를 확신한 기드온이 본격적으로 전쟁 차비를 차리는데 뭔가 이상하다. 나팔과 항아리, 횃불을 준비하게 한 것이다. 전쟁을 앞두고 있는 판국에 나팔이나 항아리를 무엇에 쓸까? 당연히 칼과 창으로 무장해야 하는 것 아닌가? 항아리를 어떻게 무기로 쓴단 말인가? 백병전을 할 때 머리통을 내려치면 한 번은 쓸 수 있을지 모르지만 어차피 무기는 아니다. 또 나팔은 뭐고 횃불은 뭔가? 도무지 말이 안 된다. 이런 말도 안 되는 무장을 하고 이스라엘의 국운이 걸린 전쟁을 하러 나간다.

기드온이 앞두고 있는 전쟁은 전투력으로 승패가 갈리는 전쟁이 아니라는 사실을 재차 강조하는 것이다. 앞에서 손으로 물을 움켜서 핥아먹은 군사와 무릎을 꿇고 마신 군사를 구별해서 손으로 움켜서 핥아먹은 군사를 데리고 왔는데 그들에게 요구되는 능력은 나팔을 불고 항아리를 깨뜨리는 정도였다. 철두철미한 군인 정신에 기인하는 전투 수행 능력이 아니었다.

우리가 아는 것처럼 기드온과 삼백 용사가 아주 통쾌한 승리를 거둔다.

그런데 그들이 얻은 승리와 그들이 수행한 역할 사이에 아무런 관계가 없다. 그들한테 남다른 믿음이 있었기 때문도 아니고 항아리, 나팔, 횃불에 신비한 능력이 있어서도 아니다. 하나님께서는 그런 것이 없어도 얼마든지 미디안을 물리칠 수 있는 분이다. 모든 것이 하나님께 달려 있다. 성경이 말하는 것은 하나님을 잘 믿으면 어떻게 되는지에 대한 논리적인 답이 아니라 하나님이 어떤 분인지에 대한 체험적인 서술이다.

사람들은 흔히 자기 힘을 의지해서 살아간다. 자기의 행복과 성공이 자신의 손에 있는 줄 안다. 자기 힘으로 앞날을 보장 받으려면 남보다 강해야 한다. 칼이 더 날카로워야 하고 창이 더 길어야 한다. 군사도 많아야 한다. 하지만 하나님이 자기의 힘이라면 자신의 연약함은 문제가 되지 않는다. 그런데 이 사실을 모른다. 인생의 성공이 자기에게 달린 줄 알고 끊임없이 자기를 치장한다. 남보다 많이 배워야 하고, 남보다 많이 가져야 하는 줄 안다. 무엇을 하든지 남보다 잘나야 한다는 것이다.

인생의 성공과 실패는 자기가 어느 만큼 가지고 있느냐에 좌우되는 것이 아니라 하나님의 손에 어느 만큼 붙잡혀 있느냐에 좌우된다. 기드온으로 얘기하면, 어느 만큼 많은 군사를 동원하느냐에 따라서 미디안을 이길 수 있는 것이 아니라 어느 만큼 하나님께 순종하느냐에 싸움의 열쇠가 달려 있다.

기드온이 두려워하는 모습을 보면 마치 우리가 신앙생활을 하는 모습을 그대로 보는 것 같다. 하나님께서 친히 자기를 부르셨다. 자기가 진짜 그 일을 해야 하느냐고 하나님의 뜻을 물어서 응답도 받았다. 전쟁에 데리고 나갈 군사도 하나님께서 직접 택해 주셨다. 지금까지 있었던 모든 일이 하나님의 개입이었다. 하나님께서 자기와 함께하신다는 사실도 안다. 남은 일은 하나님의 싸움을 싸우는 일 한 가지뿐이다. 그런데도 여전히 무섭다. 하나님의 뜻을 몰라서 무서운 것이 아니라 알고 있는데도 무섭다.

하나님께서 우리를 천국 백성으로 부르셨다. 우리는 물과 성령으로 거듭난 하나님의 자녀들이다. 매주 하나님 말씀을 듣는다. 주님께서 언제나 우리와 함께하신다는 사실도 안다. 우리에게 맡겨진 일이 어떤 일인지도 안다. 우리가 이 세상에서 어떻게 살아야 하는지도 안다. 전부 알고 있는데도 막상 말씀대로 살아가려면 걱정이 앞선다. 우리에게는 고작 삼백 명뿐인데, 교회 문만 벗어나면 세상에는 십삼만 오천 명이 버티고 있다.

그래서 어떻게 할 생각인가? 대체 언제까지 두려움에 떨면서 세상 눈치를 볼 참인가? "두려워 말라 내가 너와 함께함이니라 놀라지 말라 나는 네 하나님이 됨이니라 내가 너를 굳세게 하리라 참으로 너를 도와주리라 참으로 나의 의로운 오른손으로 너를 붙들리라" 하는 말씀이 왜 예배당 안에서만 '아멘'이 되고 예배당만 벗어나면 '아멘'이 안 될까?

기드온에게 필요한 것은 십삼만 오천 명을 무찌를 수 있는 능력이 아니었다. 단지 적진으로 정탐을 가는 정도의 순종이었다. 적진으로 정탐을 가기 전에는 두려움이 있었지만 정탐을 갔다 온 다음에는 두려움 없이 전쟁에 임할 수 있었다. 하나님께서는 그런 기드온에게 승리를 주셨다.

우리가 세속적인 욕망을 채우기 위한 싸움을 하고 있다면 우리에게 있는 것으로 싸워야 한다. 우리 인생의 성공과 승리가 우리에게 달려 있다. 하지만 믿음의 선한 싸움을 싸운다면 우리에게 필요한 것은 기드온처럼 적진에까지 정탐을 갔다 오는 정도의 순종이다. 그 순종의 첫 발걸음을 내딛기만 하면 하나님께서는 큰 승리로 우리에게 복 주실 것이다.

예수를 구주로 고백한다고 하면서도 그 정도도 못한 채 세상 눈치나 살피는 것은 부끄러운 일이다. 우리의 진정한 힘이 우리에게 있는 것이 아니라 하나님께 있다. 우리에게 남은 과제가 있다면 세상보다 더 강한 힘으로 무장하는 것이 아니라 하나님께 더욱 순종하는 법을 연습하는 일이다.

> 에브라임 사람들이 기드온에게 이르되 네가 미디안과 싸우러 갈 때에 우리를 부르지 아니하였으니 우리를 이같이 대접함은 어찌 됨이냐 하고 그와 크게 다투는지라(삿 8:1).

기드온과 삼백 용사가 이겼다. 더 정확하게 말하면 하나님께서 기드온과 삼백 용사에게 승리를 주셨다. 그러면 모든 이스라엘이 그 승리를 같이 즐겨야 할 텐데 그렇지 못했다. 그 와중에도 자기가 인정받아야 한다고 나서는 사람들이 있었다.

그러고 보니 비슷한 경험이 있다. 교육전도사를 사임한 직후였으니 상당히 오래된 일이다. 나는 면목동에 있는 H교회에서 소년부(5, 6학년) 교육전도사로 사역했었다. 나와 같은 부서에서 교사로 봉사하던 분과 통화를 할 기회가 있었다. 내가 있을 때보다 아이들 숫자도 조금 늘었고 모두 잘 있다고 했다.

그때 내 마음이 어땠을까? 당연히 흡족해야 할 텐데, 솔직한 심정으로 은근히 서운했다. 내가 사임했는데도 모두 잘 지내고 아이들도 늘었으면 나는 뭐란 말인가? 어쩌면 마음속으로 "말도 마십시오. 전도사님이 안 계시니까 힘든 일이 한두 가지가 아닙니다. 아이들도 제법 줄었습니다." 하는 대답을 기대했는지도 모른다.

문득 정신을 차렸다. "내가 대체 무슨 생각을 하는 건가?"싶었다. "하나님, 죄송합니다. 제가 잠깐 말도 안 되는 생각을 했습니다." 하고 참회기도도 했다. 하지만 마음 한구석은 여전히 불편했다. 불편하면 안 된다는 사실은 알았지만 불편한 앙금이 말끔히 사라지지는 않았다.

얼마 후에 다른 분과 통화를 하게 되었다. 얘기 중에 다시 물었다.

"소년부는 요즘 어떻습니까? 다들 잘 지내시죠?"

"예. 다 잘 있습니다. 전도사님이 어려울 때 오셔서 기반을 잘 잡아 두셨기 때문에 이제는 가만히 있어도 저절로 굴러갑니다. 숫자도 조금 늘었습니다."

그 얘기를 듣고서 비로소 마음이 편해졌다. 내가 잘못된 생각을 하고 있다는 사실을 깨닫고 회개해서 마음이 풀린 것이 아니라 나한테 돌아오는 공치사를 확인하고서 마음이 풀렸다.

기드온이 미디안을 이겼다고 해서 십삼만 오천 명이 몰살한 것이 아니다. 에브라임 지파가 퇴각로를 지키고 있다가 일격을 가했다. 여기까지는 좋은데 그다음이 이상하다. 왜 이방 족속과 싸우러 가면서 자기들에게 말도 안 했느냐고 따진 것이다.

처음부터 자기들과 합세했으면 전쟁을 효율적으로 수행할 수 있었을 텐데, 왜 경솔하게 일을 벌였느냐는 뜻이 아니다. 왜 마음대로 일을 주도하느냐고 시비를 건 것이다. 에브라임 지파는 하나님이 어떤 일을 하셨고, 하나님의 일이 어떻게 이루어졌는지에는 관심이 없고 누가 더 폼을 잡는지에만 관심이 있었다.

에브라임 지파는 유다 지파와 더불어 가장 강성한 지파였다. 나중에 이스라엘이 남북 두 나라로 갈라질 때도 에브라임 지파와 유다 지파를 중심으로 갈라진다. 에브라임 지파는 북 왕국의 대표였고 유다 지파는 남 왕국의 대표였다. 기드온은 므낫세 지파에 속해 있었는데, 므낫세 지파는 에브라임 지파와 비교가 안 된다. 그런데 맏형격인 자기들을 제쳐놓고 감히 므낫세 지파가 전쟁의 주도권을 쥐고 있으니 비위가 상한 것이다.

남들이 하기 싫어하는 일을 순종하는 마음으로 혼자 감당했다고 가정해 보자. 어려운 일을 다 마치고 뒷정리만 하면 되는데 난데없이 어떤 사람이 나타나서 "이 일은 내가 하려고 했는데 왜 당신이 나서서 일을 망쳐 놓았느냐?"고 하면 뭐라고 해야 할까? 기드온이 그런 말을 들은 셈이다. 참으로 기가 막힌 노릇이다. 멱살이라도 잡고 싸워야 할 판이다.

> 기드온이 그들에게 이르되 내가 이제 행한 일이 너희가 한 것에 비교되겠느냐 에브라임의 끝물 포도가 아비에셀의 맏물 포도보다 낫지 아니하냐 하나님이 미디안의 방백 오렙과 스엡을 너희 손에 넘겨 주셨으니 내가 한 일이 어찌 능히 너희가 한 것에 비교되겠느냐 하니라 기드온이 이 말을 하매 그때에 그들의 노여움이 풀리니라(삿 8:2-3).

기드온 답이 걸작이다. 기드온이 아비에셀 출신이다. 에브라임 지파가 전쟁에 늦게 참가하기는 했지만 처음부터 전쟁에 뛰어든 자기보다 훨씬 더 많은 공을 세우지 않았느냐고 에브라임을 치켜세웠다. 생색내고 싶어 안달하는 에브라임의 못된 버릇을 고쳐놓은 것이 아니라 오히려 생색나게 해주었다.

기드온은 자기가 싸워야 할 상대가 누구인지 알고 있었다. 기드온의 대적은 에브라임이 아니라 미디안이다. 미디안이 비록 패하기는 했지만 아직도 남은 군사가 일만 오천 명이나 된다. 하나님께서 주신 젖과 꿀이 흐르는 땅에서 그들을 속히 몰아내야 한다. 그보다 더 급한 일이 없다. 하지만 에브라임은 그렇지 못했다. 하나님께서 주신 땅에 아직도 미디안이 남아 있는 것이 문제가 아니라 다른 사람이 자기보다 잘난 것이 문제였다. 무슨 일이 있더라도 이것만은 바로잡아야 했다.

어떤 대머리 청년이 있었다. 대머리라는 사실이 여간 곤혹스럽지 않았다. 가발을 쓰고 아가씨를 만났다. 점차 사랑이 깊어졌다. 급기야 청혼을 하기에 이르렀다. 비록 좋은 학교를 나온 것도 아니고 집안이 좋은 것도 아니고 모아 놓은 돈이 많은 것도 아니지만 성실하게 일해서 행복하게 해줄 테니까 결혼해달라고 했다. 아가씨가 대답했다. "전 남들이 보는 그런 조건 따위는 신경 쓰지 않아요. 대머리만 아니면 다 괜찮아요."

우리는 어떤가? 우리는 어떤 일만 빼면 다 괜찮을까? 우리는 하나님과 멀어지는 일만 아니면 다 괜찮아야 한다. 신앙을 나타낼 수 있는 일이면 다 괜찮아야 하고, 하나님의 뜻만 행할 수 있으면 다 괜찮아야 한다.

기드온으로 얘기하면 누가 생색나는지, 그런 것은 관계가 없다. 하나님의 기업에서 이방 족속을 몰아내기만 하면 다 괜찮다. 하나님의 땅이 하나님의 땅다워지기만 하면 다른 것은 상관이 없다. 에브라임은 달랐다. 자기들이 생색만 낼 수 있으면 다 괜찮았다. 하나님의 기업에 이방 족속이 있는지, 없는지는 문제가 아니다. 하나님의 땅이 성결해지는 것보다 자기들의 입지가 훨씬 중요했다..

사람이 그 정도로 죄인이다. 거룩한 일을 빙자하면서까지 자기를 과시하려고 한다. 차라리 기드온이 전쟁에서 졌으면 에브라임도 조용했을 것이다.

우리 주변에 틀린 사람은 얼마든지 있을 수 있다. 그러면 어떻게 해야 할까? 사람은 천사가 아니다. 틀리게 마련이다. 주변에 틀린 사람이 있는 것이 문제가 아니라 틀린 사람을 대하는 방법이 문제가 된다. 틀린 것은 당사자의 책임이지만 틀린 사람을 어떻게 대하느냐 하는 것은 각자의 책임이다. 에브라임이 틀린 것은 명백하다. 그렇다고 해서 기드온이 사리분별을 따져서 그들을 나무라지 않았다. 오히려 한 걸음 물러나서 그들의 억지를 받아 주었다.

주변에 꼭 생색을 내고 싶어 하는 사람이 있을 수 있다. 또 생색이 나야만 참석하는 사람도 있다. 그러면 생색내게 내버려두고 자기는 보다 중요한 일을 하면 된다. 그런 사람의 부당함을 지적하느라고 자기 신앙을 놓친다면 그것도 어리석은 일이다. 자기 책임은 그 사람의 잘못을 고치는 것에 있지 않고 자기 신앙을 지키는 것에 있다. 틀린 사람의 버르장머리를 고치는 것은 신앙 싸움이 아니라 악으로 악을 갚는 못난 짓에 지나지 않는다.

하나님은 사랑이 많으신 분이다. 능력도 많으신 분이다. 이런 사실을 모르는 사람은 없다. 그런데 그 하나님이 어떻게 일을 하시는지, 하나님이 일하시는 방법은 잘 모르는 것 같다. 하나님은 십자가의 방법으로 일하기를 좋아하신다. 악에게 지는 것이 아니라 선으로 악을 이기는 것을 좋아하신다.

선으로 악을 이기는 것이 어떤 것일까? 누가 보기에도 기드온이 옳고 에브라임이 틀렸다. 그럼 기드온이 이기려면 어떻게 하면 될까? 에브라임이 칼과 창을 들고 억지를 부리고 있으니까 기드온은 "하나님, 저 사악한 에브라임을 보십시오. 저들의 불의함을 언제까지 참으시겠습니까?" 하고 간절히 기도해서 에브라임을 물리치면 선으로 악을 이기는 것일까?

예전에 그런 얘기를 들은 적이 있다. 옆집과 싸웠다면서 기도해 달라는 것이었다. 성경에도 선으로 악을 이기라고 했으니까 절대 질 수 없다고도 했다. 자기가 옳고 옆집이 틀렸으니까 자기가 이기는 것이 선으로 악을 이기는 것으로 생각한 것이다.

선으로 악을 이긴다는 얘기는 그런 뜻이 아니다. 상대방이 아무리 악해도 신앙 원칙을 지키는 것이 선으로 악을 이기는 것이다. 스데반처럼 돌에 맞아 죽는 것이 선으로 악을 이기는 것이고, 예수님처럼 십자가를 지는 것이 선으로 악을 이기는 것이다. 기드온처럼 에브라임의 비위를 맞춰주는 것이 선으로 악을 이기는 것이다.

지금 이스라엘은 미디안이라고 하는 외부의 적은 물리쳤다. 하지만 외부의 적만 물리쳐 놓고 자칫 내부로부터 허물어질 뻔했는데 기드온의 지혜로운 처신으로 그 문제까지 무난하게 해결되었다.

예전에 고등학교 동창을 만난 적이 있다. 무려 20년 만에 만났는데 알아보기 힘들 정도로 몸이 불어 있었다. 고등학생 때는 약간 마른 체격이었는데 20년 새에 그때의 두 배는 된 것 같았다. "야, 너 정말 몰라보겠다. 배는 왜 이리 나왔냐?" 하고 장난스럽게 배를 쳤더니 그 친구가 대답했다. "직장 생활 15년에 간도 빠지고 쓸개도 빠지고 배만 나왔다."

직장 생활을 해본 사람이면 누구나 공감하는 푸념이다. 간과 쓸개를 빼놓지 않고 직장 생활을 할 수는 없다. 직장 생활만 그럴까? 장사를 해도 그렇다. 세상을 사는 것이 그리 만만하지 않다. 그런데 아직까지 신앙생활 15년에 자존심도 없어지고 성질도 죽고 십자가만 남았다는 얘기는 들어본 적이 없다.

다윗이 물맷돌로 골리앗을 물리쳤다. 그런데 그 일이 있기 전에 다윗의 형 엘리압이 다윗을 꾸짖었다. 싸움에 임하는 다윗을 도와준 것이 아니라 오히려 기를 꺾었다. 집에서 양이나 돌보지, 왜 나서느냐는 것이다.

다윗이 어떻게 해야 할까? 골리앗을 상대하기 전에 먼저 준비운동 삼아 자기 형부터 손을 보고 싸움터에 나가야 할까? 다윗의 상대는 골리앗이지, 엘리압이 아니다. 설령 엘리압을 이겼다고 해도 아무도 잘했다고 하지 않을 것이다. 아무리 경우에 어긋나도 엘리압은 다윗의 형이다.

기드온은 미디안을 상대로 승리를 거둔 사람이다. 하지만 에브라임을 달랜 것은 그보다 한 차원 높은 승리이다. 미디안을 이긴 것은 기드온의 능력이 아니지만 에브라임을 대한 것은 기드온의 신앙 인격이기 때문이다. 기드온은 도무지 이길 수 없는 싸움을 이기게 하신 하나님의 싸움을 통해서 하나님의 마음에 동참하는 법을 배웠다. 하나님께서 원하시는 것이 무엇이고 자기가 진정 힘써야 할 본질이 무엇인지를 알았다.

무엇보다도 성경에 이런 내용이 있다. 전쟁이라는 측면에서 보면 위급한 상황은 지나갔다. 불과 삼백 명밖에 안 되는 군사를 이끌고 무려 십삼만 오천 명을 괴멸시켰으니 이제 패잔병만 정리하면 된다. 추수에 비유하면 넓은 논의 벼를 다 베고 남은 이삭만 주우면 된다.

그런데 성경에는 기드온이 삼백 용사로 미디안을 이긴 내용보다 패잔병을 정리하는 내용이 훨씬 더 길게 설명되어 있다. 사람들이 보기에는 미디안의 대군을 이긴 것이 큰일 같지만 신앙적인 안목으로는 패잔병을 정리하는 과정에서 있었던 일이 더 중요하다는 뜻이다.

실제로 이런 문제는 상당히 주의해야 한다. 궁극적인 문제를 해결해 놓고 지엽적인 문제에 걸려 넘어지는 경우가 왕왕 있다. 우리에게 있는 신앙은 삼백 명을 이끌고 십삼만 오천 명을 물리칠 때만 나타나는 것이 아니라 부수적이고 대수롭지 않아 보이는 일에서도 나타나야 한다. 남 보기에 번듯한 일을 할 때만 신앙이 동원되는 것이 아니라 사소한 일에도 동원되어야 한다.

사람들이 신앙생활을 하다가 낙심하는 이유가 무엇 때문일까? 주변에 에브라임이 있기 때문일까, 아니면 그 에브라임과 시비를 가리느라 자기 신앙을 놓치기 때문일까? 혹시 에브라임의 버릇을 고치는 것을 신앙생활로 착각하고 있는 것은 아닐까? 교회의 유익보다 자기 자존심을 앞세우는 일은 누구나 할 수 있다. 하지만 자기 자존심보다 교회의 유익을 먼저 떠올리는 일은 아무나 할 수 있는 일이 아니다.

적어도 예수를 주로 고백한다면 미디안과 에브라임은 구분할 수 있어야 한다. 상대방이 미디안이면 목숨을 걸고 싸우는 것이 신앙이고 상대방이 에브라임이면 양보하는 것이 신앙이다. 미디안과 에브라임을 어떻게 구별하는가 하면, 신앙 원칙에 관계 된 것은 미디안이다. 하지만 방법의 문제라면 에브라임이다. 우리는 신앙 원칙을 지켜야 하는 사람이지, 자기의 자존심을 지켜야 하는 사람이 아니다. 환자가 많이 모여야 실력 있는 의사인 것처럼 에브라임을 많이 용납하는 사람이 실력 있는 크리스천이다.

> 기드온과 그와 함께한 자 삼백 명이 요단강에 이르러 건너고 비록 피곤하나 추격하며(삿 8:4).

에브라임을 달랜 기드온은 꾸물거릴 틈이 없었다. 서둘러 강을 건너 미디안을 추격했다.

이 구절은 읽을 때마다 좋다. 특히 '피곤하나 추격하며'라는 표현이 참 마음에 든다. 우리가 본받아야 할 신앙 자세를 이보다 더 잘 표현하는 구절은 없지 않나 싶다.

하나님이 함께하시는 일이라고 해서 피곤하지 않은 것이 아니다. 피곤하다고 해서 자기 할 일을 외면할 수 있는 것도 아니다. 피곤한 것은 피곤한 것이고 할 일은 할 일이다. 제한된 육신을 가지고 있는 이상 피곤한 것은 별 수 없다. 하지만 쉬고 싶다고 쉬고, 놀고 싶다고 놀고, 자고 싶다고 자면, 경건은 언제 연습하고 주님의 증인 노릇은 언제 한단 말인가?

공부는 하고 싶을 때 해야 능률이 오른다고 한다. 물론 맞는 얘기다. 하지만 하기 싫은 공부를 억지로 한다고 해서 공부가 아닌 것은 아니다. 외우기 싫은 영어 단어를 억지로 열 개 외웠더니 스무 개를 까먹었다는 얘기는 들어본 적이 없다. 직설적으로 꼬집으면 '공부는 하고 싶을 때 해야 능률적'이라는 말은 '지금은 하기 싫다'는 말의 완곡한 변명에 지나지 않는다. 공부는 기분에 관계없이 해야 한다.

신앙생활도 그렇다. 힘들어도 해야 하고 아파도 해야 하고 하기 싫어도 해야 한다. 피곤한 것은 자기 책임이 아니지만 자기 할 일을 하지 않는 것은 자기 책임이다. 그런 내용을 나타내는 표현이 '피곤하나 추격하며'이다. 자기가 피곤한 것이 전쟁을 쉬어도 되는 이유가 될 수는 없다. "나는 지금 피곤하다"가 기준이 아니라 "나에게는 남은 싸움이 있다"가 기준이다. 남아 있는 미디안을 정리하기 전까지 기드온은 쉴 수가 없었다.

> 그가 숙곳 사람들에게 이르되 나를 따르는 백성이 피곤하니 청하건대 그들에게 떡덩이를 주라 나는 미디안의 왕들인 세바와 살문나의 뒤를 추격하고 있노라 하니 숙곳의 방백들이 이르되 세바와 살문나의 손이 지금 네 손 안에 있다는거냐 어찌 우리가 네 군대에게 떡을 주겠느냐 하는지라 기드온이 이르되 그러면 여호와께서 세바와 살문나를 내 손에 넘겨주신 후에 내가 들가시와 찔레로 너희 살을 찢으리라 하고 거기서 브누엘로 올라가서 그들에게도 그같이 구

한즉 브누엘 사람들의 대답도 숙곳 사람들의 대답과 같은지라 기드온이 또 브누엘 사람들에게 말하여 이르되 내가 평안히 돌아올 때에 이 망대를 헐리라 하니라(삿 8:5-9).

기드온이 숙곳과 브누엘 사람에게 도움을 구한다. 자기들이 미디안의 왕인 세바와 살문나를 추격하고 있다면서 떡을 달라고 한 것이다. 유목 민족의 손님 접대는 상당히 각별하다. 떡을 달라는 얘기는 지나가는 나그네라도 할 수 있다. 그런데 숙곳과 브누엘 방백들이 거절했다. 참 야박한 처사다.

아무리 그래도 기드온의 반응이 의외다 "좋다, 두고 보자. 내가 세바와 살문나를 처치한 다음에 반드시 복수하겠다."라고 한 것이다. 그리고 정말로 그렇게 했다. 세바와 살문나를 사로잡고 돌아오는 길에 숙곳과 브누엘 사람들을 죽인 것이다.

에브라임 지파가 말도 안 되는 억지를 부렸을 때 기드온은 넉넉한 마음으로 용납했다. 그 내용과 비교하면 더욱 그렇다. 에브라임 지파를 대하는 기드온과 숙곳, 브누엘을 대하는 기드온이 도무지 같은 사람처럼 보이지 않는다. 성질 좋은 기드온도 한 번 참지, 두 번은 못 참아서 그랬을까? 에브라임은 덩치가 워낙 커서 도리가 없었지만 숙곳이나 브누엘은 만만해서 그랬을까?

아무래도 뭔가 이상한데, 성경의 기록이 그렇다. 에브라임은 관용하는 것이 신앙이고, 숙곳과 브누엘은 응징하는 것이 신앙이라는 뜻이다.

이때 숙곳, 브누엘 사람들은 "세바와 살문나의 손이 지금 네 손 안에 있다는 거냐? 어찌 우리가 네 군대에게 떡을 주겠느냐?"라고 했다. 기드온이 세바와 살문나를 완전히 제압한 것이 아니기 때문에 도와줄 수 없다는 뜻이다. 기드온이 전쟁을 끝내고 개선하는 중이었으면 도와줄 수 있었다는 추론이 가능하다.

"기드온과 그와 함께한 자 삼백 명이 요단강에 이르러 건너고 비록 피곤하나 추격하며"에 답이 있다. 기드온이 숙곳, 브누엘 사람에게 청을 한 것은 요단강을 건넌 다음이다. 이스라엘 열두 지파 중에 갓 지파와 르우벤 지파 그리고 므낫세 지파의 절반은 요단강 동편에 있었고 나머지는 서편에 있었는데 숙곳과 브누엘은 요단강 동편에 위치해 있었다. 이스라엘과 같은 혈족이지만 지리적으로는 미디안과 더 가까웠다. 기드온을 도와주지 않은 이유가 여기에 있다.

미디안이 쫓기고 있다고 해서 전쟁이 끝난 것이 아니다. 괜히 기드온을 도와줬다가 나중에 곤욕을 치를 수 있다. 승세를 타고 있는 동족보다 패주하는 미디안 눈치가 더 보였다. 기드온이 이런 매국적 작태를 응징했다.

아우구스티누스에 따르면, 신을 사랑하는 사람은 신처럼 변화되고 세상을 사랑하는 사람은 세상처럼 변화된다고 한다. 그 말에 빗대면 숙곳, 브누엘 사람들은 미디안처럼 변화된 사람들이다. 아닌 게 아니라 성경은 숙곳과 브누엘의 소속 지파를 밝히지 않는다. 이스라엘은 열두 지파로 나누어져 있기 때문에 항상 지파를 얘기하는 것이 관례인데 유독 숙곳과 브누엘은 안 그렇다. 혈통으로는 이스라엘이지만 참 이스라엘로 인정하지 않는다는 뜻이다.

숙곳, 브누엘처럼 하나님 보시기에 옳은 일인지 여부에 관계없이 이익인지 손해인지를 따지는 사람이 지금은 없을까? 아무리 하나님의 일이라고 해도 자기에게 불똥이 튀어 손해를 감수해야 하는 일이라면 질색하는 사람이 얼마든지 있다. 혹시 "내가 이러면 하나님이 싫어하시지 않을까?" 하는 것보다 "나에게 손해가 되는 일은 아닌가?" 하는 사실이 더 신경 쓰인다면 적어도 그 순간만은 우리가 숙곳 사람이고 브누엘 사람이다. 더 노골적으로 꼬집으면 하나님의 백성이 아니다.

숙곳, 브누엘 사람들은 떡 한 조각만 나눠 줬으면 하나님의 사역에 동참했다는 영예로운 이름을 얻을 수 있었다. 하나님께서 그런 기회를 주셨는데 이해타산을 따지느라고 외면했다. 영광스러운 잔치에 초대받았음에도 불구하고 자기들의 욕심 때문에 그 초대장을 찢고 말았다.

하나님의 초대장을 찢었다고 하면 굉장히 가증스런 형태로 나타날 것 같지만 그렇지 않다. 누구든지 범할 수 있는 일반적인 모습으로 나타난다. 예수님 비유 중에 잔치 초대에 거절한 사람들이 바로 그렇다. 잔칫상을 발로 걷어찬 것이 아니다. 밭을 샀으니 밭에 가야 하고, 소를 샀으니 소를 시험해야 하고, 장가를 들었기 때문에 못 간다고 한 것뿐이다. 별 문제가 아닌 것 같은데 사실은 문제였다.

요컨대 교회에서는 가만히 있으면 안 된다. 적어도 교회에 모였으면 책임 있는 구성원이 되어야 한다. 자기 육신의 안일이 문제가 아니라 하나님 나라가 먼저다. 하나님 나라에 초대받았으면서도 초대장을 찢는 불충은 없어야 한다.

> 그때에 이스라엘 사람들이 기드온에게 이르되 당신이 우리를 미디안의 손에서 구원하셨으니 당신과 당신의 아들과 당신의 손자가 우리를 다스리소서 하는지라(삿 8:22).

전쟁이 끝났다. 기드온이 구국 영웅인 셈이다. 이스라엘이 그런 기드온에게 왕이 되어달라고 한다. 미국 독립 전쟁을 승리로 이끈 워싱턴도 전쟁이 끝난 다음에 초대 대통령이 되었다.

하지만 기드온에게 왕이 되어달라고 한 것은 그런 얘기가 아니다. 기드온을 왕으로 삼고 싶어 하는 이유가 무엇인가? 미디안의 위협에서 구해 주었기 때문이다. 자기들을 구해 준 사람이 반드시 기드온이어야 하는 것은 아니다. 누구든지 자기들을 구해 주기만 하면 된다. 자기들의 이익을 보호해 주기만 하면 그를 왕으로 삼을 용의가 있다.

무속 신앙에서 '비나이다 비나이다' 하는 것과 별반 다르지 않다. 자기의 치성을 받는 신이 누군지 관계없다. 삼신할미가 있으면 삼신할미도 좋고, 고목에 신이 있으면 고목에 있는 신도 좋다. 소원을 이뤄주는 신이 반드시 하나님이어야 하는 것은 아니다.

이런 점에서 기드온에게 왕이 되어 달라고 한 것은 심히 유감스러운 일이다. 그들은 기드온을 통해서 하나님께 나아가려고 하는 것이 아니라 자기들의 이익에만 관심이 있었다.

앞에서 에브라임 지파가 기드온에게 세력을 과시하는 것을 확인했다. 숙곳, 브누엘 사람들도 기드온을 우습게 알았다. 기드온이 전쟁에서 이겼음에도 불구하고 전국적으로 존경을 받는 것이 아니었다. 그런데 이제 와서 왕이 되어 달라는 것은 무슨 수작인가? "기드온님, 당신은 우리 모두의 은인입니다. 당신 덕분에 우리가 자유를 찾았습니다. 앞으로 영원토록 우리를 다스려 주십시오."라는 뜻이 아니다. 자기들의 삶의 방향을 지정해 주는 왕이 아니라 자기들의 이익을 확보해 주는 왕이 필요했다.

복음서에 보면 유대인들은 늘 말썽만 부린다. 그런데 예수님을 왕으로 삼으려고 한 적이 있다.

> 그러므로 예수께서 그들이 와서 자기를 억지로 붙들어 임금으로 삼으려는 줄
> 아시고 다시 혼자 산으로 떠나가시니라(요 6:15).

예수님이 오병이어 기적을 일으켰을 때, 유대인들이 예수님을 왕으로 삼으려고 했다. 예수님이 하나님의 아들인 것을 알았기 때문이 아니다. 떡과 고기를 얻어먹고 배가 불렀기 때문이다. "와! 이 사람이 우리 왕이 되면 앞으로 먹고사는 문제는 걱정 없겠다."라는 심산이었다. 예수님이 누구인지가 중요한 것이 아니라 떡과 고기가 중요했다.

요컨대 이스라엘은 하나님을 섬길 마음이 없었다. 하나님의 명령과 규례와 법도를 무시하고 자기들 마음대로 살고 싶은데, 그렇게 살면 이방 족속의 압제에 시달리게 된다. 그래서 기드온을 왕으로 삼으려고 했다. 혹시 이방 족속이 쳐들어오면 기드온한테 막게 하면 된다는 것이다. 이방 족속이 왜 쳐들어오는지는 관심이 없다. 골치 아픈 문제는 기드온에게 맡기고 자기들은 평소대로 살겠다는 심보이다.

이 내용을 우리에게 옮기면 어떻게 될까? 우리 역시 예수님의 주권을 인정하는 일에는 별로 관심이 없다. 예수님의 능력이 필요할 뿐이다. 자기 생각이 하나님 뜻에 합당한지는 알 바 아니다. 무조건 간절히 기도해서 자기 뜻만 이루면 된다.

오래 전의 일이다. 어떤 분이 긴히 부탁할 것이 있다면서 조심스럽게 말을 꺼냈다. 이혼하고 싶은데 아내가 말을 듣지 않으니 아내를 설득해서 이혼할 수 있게 해달라는 것이었다. 아내가 자꾸 이혼을 요구하니까 아내를

설득해서 이혼을 막아달라는 부탁이면 혹시 모르겠는데, 도저히 들어줄 수 없는 부탁이었다. 그런 부탁은 곤란하다고 했더니 그 사람이 얘기했다. "저도 목사님 입장은 이해합니다. 그래서 이렇게 간곡하게 부탁하는 것 아닙니까?" 내 입장을 알기 때문에 간곡하게 부탁하는 것이라는 그 분 얘기가 뇌리에서 떠나지 않았다.

그것이 어떻게 내 입장의 문제일까? 내가 거북하게 생각한 것은 내 취향에 맞지 않아서가 아니라 성경적으로 옳지 않기 때문이다. 안 되는 일은 안 되는 것이지, 간곡하게 얘기했다고 해서 안 되는 일이 되는 법은 없다. 간곡하게 얘기할 것이 아니라 "이 일은 옳지 않구나" 하고 마음을 바꿔야 한다. 그런데 나한테 이해를 구했다. 그 사람한테 목사는 옳은 일을 알려 주는 사람이 아니라 자기가 하고 싶은 일을 하게 해주는 사람이었다.

기드온에게 왕이 되어달라고 한 얘기가 그렇다. "당신이 최고입니다. 우리는 앞으로 당신께 복종하겠습니다. 우리를 옳은 길로 인도해주십시오."라는 뜻이 아니라 "당신과 함께 있으면 모든 골치 아픈 문제가 해결될 것 같소. 당신은 앞으로 우리의 해결사가 되어 주시오."라는 뜻이다.

> 기드온이 그들에게 이르되 내가 너희를 다스리지 아니하겠고 나의 아들도 너희를 다스리지 아니할 것이요 여호와께서 너희를 다스리시리라 하니라 (삿 8:23).

참으로 명쾌하다. 기드온이 겸손해서 왕위를 사양한 것이 아니다. 하나님이 이스라엘의 왕이라는 사실을 알고 있었다. 하나님께서 우리에게 주시고 싶어 하는 것은 이 세상에서 잠깐 있다가 없어지는 썩어질 영광이 아니다. 하늘에 속한 영원한 영광이다. 기드온은 장차 영원한 왕이 되어서 아버지의 영광에 참여해야 하는 사람이다.

그런데 그다음 얘기가 의아하다. 기드온이 금붙이를 요구하기 때문이다.

> 기드온이 또 그들에게 이르되 내가 너희에게 요청할 일이 있으니 너희는 각기
> 탈취한 귀고리를 내게 줄지나라 하였으니 이는 그들이 이스마엘 사람들이므로
> 금 귀고리가 있었음이라(삿 8:24).

기드온이 임금 자리 대신 돈을 요구하는 것 같은 인상을 풍긴다. 권력에는 욕심이 없었지만 돈에는 욕심이 있었을까? 방금 하나님이 왕이라고 자기의 신앙을 고백한 기드온이 그새 욕심에 팔려 금붙이를 요구했다고 생각되지는 않는다. 무엇보다 기드온이 그것을 챙기지도 않았다.

> 기드온이 그 금으로 에봇 하나를 만들어 자기의 성읍 오브라에 두었더니 온 이
> 스라엘이 그것을 음란하게 위하므로 그것이 기드온과 그의 집에 올무가 되니
> 라(삿 8:27).

에봇은 대제사장이 입는 의복이다. 대제사장이 하나님의 뜻을 물을 때 에봇을 입는다. 기드온이 그런 에봇을 만들었다. "우리의 왕은 여호와 하나님이시다. 하나님의 뜻을 구해라. 우리는 오직 하나님만 의지해야 한다."라는 뜻이다.

그런데 이스라엘의 반응은 수준 이하였다. "아하, 그렇구나. 우리 중에서 왕을 뽑을 것이 아니라 하나님 뜻대로 하면 되는구나!"라는 생각을 한 것이 아니라 오히려 에봇을 섬기는 어리석음을 범했다. 어떻게 하는 것이 하나님

보시기에 바른 일인지 구한 것이 아니라 에봇을 붙잡고 자기들의 소원을 빌었다. 기드온은 하나님을 설명하느라고 에봇을 만들었는데 오히려 그것이 우상이 되어 버렸다.

앞에서 아내를 설득해서 이혼할 수 있게 해달라고 부탁한 사람 얘기를 했다. 그때 내가 "그렇게 하는 것은 하나님 말씀에 어긋납니다. 성경을 읽어보십시오."라고 권면했다고 가정해 보자. 그런데 그 분은 내 얘기를 듣고 매일 성경을 읽으면서 "하나님, 오늘도 성경 읽었습니다. 앞으로 얼마나 더 읽으면 이혼시켜주시겠습니까?"라고 하는 격이다.

기독교의 가치는 자기한테 좋은 일이 생기는 것에 있지 않고 자기가 좋은 사람이 되는 것에 있다. 예수를 잘 믿으면 원하는 일이 이루어지는 것이 아니라 원하는 일이 바뀐다. 혹시 종교 행위를 동원한다면 욕심을 이루기 위해서가 아니라 이루고 싶은 욕심을 바꾸기 위해서라야 한다. 이것을 모르면 하나님의 지배를 받는 것이 아니라 자기 욕심의 지배를 받게 된다. 자기 욕심을 왕으로 모시고는 자기 욕심이 시키는 일을 위해서 뭐든지 다 한다. 물론 '뭐든지'에는 자기의 종교성까지 포함된다.

"우리가 알거니와 하나님을 사랑하는 자 곧 그의 뜻대로 부르심을 입은 자들에게는 모든 것이 합력하여 선을 이루느니라"라는 말씀은 많은 사람들이 좋아한다. 뭔가 좋은 일이 생길 것 같은 기대감이 드는 모양이다. 내가 이 말씀을, 뜻은 전혀 손상시키지 않은 채 굉장히 무서운 말씀으로 바꿀 수 있다. "우리가 알거니와 세상을 사랑하는 자 곧 자기 계획을 따라 살아가는 자들에게는 모든 것이 합력하여 악을 이루느니라"라고 하면 된다. 아무런 차이가 없는데 느낌은 전혀 다르다.

그러면 하나님을 사랑하는 사람은 어떤 사람이고, 세상을 사랑하는 사람은 어떤 사람일까? 아우구스티누스의 얘기가 도움이 될 것 같다. 아우구스티누스가 하나님을 사랑하는 사람은 세상을 이용해서 하나님을 섬기고, 세상을 사랑하는 사람은 하나님을 이용해서 세상을 섬긴다고 했다. 하나님을 이용해서 세상을 섬기려는 사람 말고, 세상을 이용해서 하나님을 섬기려는 사람한테는 모든 것이 합력해서 선을 이루는 것이 당연하다. 하나님이 이 세상의 주인인 이상 그럴 수밖에 없다.

일찍이 C. S. 루이스가 얘기한 바 있다. "이 세상에는 두 부류의 사람이 있다. 하나님께 '내 뜻대로 마옵시고 아버지 원대로 되기를 바라나이다.'라고 하는 사람과, 하나님께서 '그래, 네 원대로 되게 해줄게.'라고 하는 사람이다."

> <u>기드온이 이미 죽으매 이스라엘 자손이 돌아서서 바알들을 따라가 음행하였으며</u> 또 바알브릿을 자기들의 신으로 삼고 이스라엘 자손이 주위의 모든 원수들의 손에서 자기들을 건져내신 여호와 자기들의 하나님을 기억하지 아니하며 또 <u>여룹바알이라 하는</u> 기드온이 이스라엘에 베푼 모든 은혜를 따라 그의 집을 후대하지도 아니하였더라(삿 8:33-35).

기드온이 죽자, 이스라엘이 돌아서서 바알을 섬겼다. 기드온의 또 다른 이름은 여룹바알이다. 바알과 다퉜던 기드온이 죽자마자 바알을 섬겼다. 기드온을 통해서 나아진 모습이 없다.

하나님께서 기드온을 들어 쓰신 이유가 무엇인가? 기드온을 영웅으로 만들기 위한 것이 아니라 이스라엘에게 하나님을 알게 하기 위한 것이었다. 그런데 기드온을 통해서 역사하신 하나님의 은혜가 "기드온이 이미 죽으매 이스라엘 자손이 돌아서서 바알들을 따라가 음행하였으며…"라는 한 마디에 물거품이 되고 말았다.

특히 성경은 기드온을 '여룹바알'이라고 소개한다. 기드온의 치적을 얘기하라면 사람들은 삼백 용사와 연관 지어 말할 것이다. 삼백 용사를 이끌고 미디안을 무찌른 사사가 바로 기드온이다. 그런데 성경은 '미디안을 무찌른 기드온'이라고 하지 않고 '여룹바알이라 하는 기드온'이라고 한다. 하나님께서 보시는 기드온의 가장 큰 특징은 바알과 싸운 것이다. 기드온이 미디안과 싸워야 했던 이유가 바알 때문이었다. 하지만 이스라엘은 기드온의 모든 공적을 잊어버렸다. 물론 기드온의 집을 후대하지도 않았다.

친일파 후손들은 잘살고 있는데 독립유공자의 후손들은 생활이 어렵다는 글을 읽은 적이 있다. 안타깝게도 현실이 그렇다. 친일파들은 일본에 빌붙은 대가로 전부 한밑천씩 챙겼다. 부는 세습되게 마련이니 그 후손들도 다 호의호식한다. 그런데 독립투사들은 빼앗긴 나라를 되찾느라고 집안을 돌볼 여유가 없었다. 그 극심한 가난이 독립 운동에 힘쓰던 당시로 그친 것이 아니다. 부가 세습되는 것처럼 가난도 세습된다. 그런 집안에서 태어난 사람은 아버지가 가난했다는 이유로 별 수 없이 가난하게 살아야 한다. 그래서 독립유공자 후손에 대한 처우를 개선해야 한다는 것이었다.

이스라엘이 기드온의 집을 후대하지 않았다는 얘기는 이런 차원이 아니다. "배은망덕도 유분수지, 인간 된 도리로 어떻게 그럴 수 있느냐?"라는 뜻이 아니라 이스라엘의 신앙 수준이 그 정도로 저급했다는 뜻이다. 기드온을 통해서 주어진 것이 어느 만큼 귀한 것인지를 몰랐다. 사실 그들은 기드온을 후대할 이유가 없었다. 자기들의 왕이 되어서 자기들을 잘 먹고 잘살게 해주었으면 모르겠는데 그게 아니었다. 애초에 기드온에게 왕이 되어 달라고 한 이유도 자기들의 욕심 때문이었다.

적어도 그들 생각으로는 기드온에게 빚진 것이 없었다. 문제는 기드온만 잊어버린 것이 아니라 하나님도 같이 잊어버렸다는 사실이다. 아니, 하나님을 잊어버렸다는 표현은 옳지 않다. 애초부터 하나님께 관심이 없었다. 자기 욕심을 왕으로 모시고 있으면 하나님을 인정할 여지가 없게 된다. 자기에게 다급한 일이 있을 때만 잠깐 하나님을 찾고 다급한 일이 지나가면 이내 잊어버린다.

교회에서 흔히 예수님을 주님이라고 한다. 물론 하나님께도 주님이라고 할 수 있지만 주님이라고 하면 보통 예수님을 연상하게 된다. 주님은 '주인님'의 준말이다. 우리는 예수님을 주인님이라고 부르는 사람들이다. 하지만 부르는 것뿐이다. 정말로 주인으로 모시느냐 하면 그렇지 않다. 부를 때만 주인님이라고 부르고 실제로는 늘 우리가 주인이다. 그런 자리에서 돌이켜야 한다. 돌이키지 않으면 사사기의 모든 더럽고 추한 기록이 우리의 기록이 될 것이다.

기드온이 뭐라고 했나? "내가 너희를 다스리지 아니하겠고 나의 아들도 너희를 다스리지 아니할 것이요 여호와께서 너희를 다스리시리라"라고 했다. 우리 역시 같은 고백을 해야 한다. "우리 욕심이 우리를 다스리지 아니하겠고 우리 생각도 우리를 다스리지 아니할 것이요 오직 주님 말씀만이 우리를 다스리시리라"가 우리 모두의 고백이어야 한다.

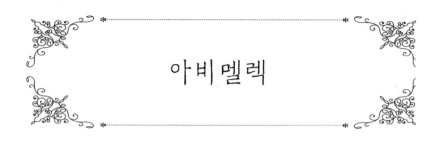

아비멜렉

얼마나 시간이 지났을까? 기드온이 사는 사십 년 동안 그 땅이 평온했지만 죽은 다음에는 달라진다. 기드온은 여러 아내에게서 칠십 명의 아들을 얻었다. 세겜에 있는 첩한테서 낳은 아들도 있었는데 이름이 아비멜렉이다. 뜻이 고약하다. "내 아버지는 왕이다"라는 뜻이다. 자기 아버지가 왕이면 자기 역시 왕이 될 것이다. 그런 발칙한 이름을 기드온이 지었다고 보기는 어렵다. 아마 아비멜렉 스스로 지었을 것이다.

이제부터 나오는 이야기는 지금까지와 다른 형태로 전개된다. 지금까지는 하나님께서 이방 민족을 징계의 도구로 사용하셨다. 그런데 이번에는 하나님의 징계가 내부에서 나타난다. 이스라엘의 현주소를 그대로 노출시키는 것이다. "너희들이 하는 꼬락서니를 직접 확인해 봐라. 굳이 이방 족속으로 징계할 것도 없다. 너희들은 늘 망할 일만 골라서 한다."라는 뜻이다.

여룹바알의 아들 아비멜렉이 세겜에 가서 그의 어머니의 형제에게 이르러 그들과 그의 외조부의 집의 온 가족에게 말하여 이르되 청하노니 너희는 세겜의 모든 사람들의 귀에 말하라 여룹바알의 아들 칠십 명이 다 너희를 다스림과 한 사람이 너희를 다스림이 어느 것이 너희에게 나으냐 또 나는 너희와 골육임을 기억하라 하니(삿 9:1-2).

아비멜렉이 지연과 혈연에 의지해서 왕이 될 계략을 꾸미는데 질문이 참 간교하다. 본래 이스라엘은 왕이 필요한 나라가 아니다. 그런데 기드온의 칠십 아들을 한꺼번에 말함으로써 칠십 명이나 되는 왕이 난립하는 상황과 자기가 왕이 되는 상황을 은근슬쩍 대조한다.

"짜장면 먹을래, 짬뽕 먹을래?" 하고 물어보면 볶음밥이나 간짜장은 설 자리가 없다. 하지만 중국집에 갔다고 해서 항상 짜장면이나 짬뽕만 먹어야 하는 것은 아니다. 아비멜렉의 질문이 그렇다. 기드온의 칠십 아들 중 가장 똑똑한 아들이 다스리는 경우도 있을 것이고, 칠십 아들 중 두세 사람을 선임해서 다스리는 경우도 있을 수 있다. 그리고 무엇보다도 하나님이 다스리는 경우가 있다. 그런데 이 모든 경우를 빼고 양자택일로 물었다.

그의 어머니의 형제들이 그를 위하여 이 모든 말을 세겜의 모든 사람들의 귀에 말하매 그들의 마음이 아비멜렉에게로 기울어서 이르기를 그는 우리 형제라 하고 바알브릿 신전에서 은 칠십 개를 내어 그에게 주매 아비멜렉이 그것으로 방탕하고 경박한 사람들을 사서 자기를 따르게 하고(삿 9:3-4).

세겜 사람들도 한심하기는 마찬가지였다. 기드온의 칠십 아들은 자기들과 아무 상관이 없지만 아비멜렉은 자기들과 피가 섞였다. 아비멜렉이 왕이 되는 것이 이로울 것 같았다. 그것이 과연 하나님 보시기에 옳으냐 하는 문제는 고려 대상이 아니었다. 누가 왕이 되는 것이 자기들에게 콩고물이 많으냐 하는 것에만 관심이 있었다. 그래서 아비멜렉을 왕으로 옹립하기 위한 계획을 추진한다. 바알을 섬기는 신당에서 은 칠십을 내어다가 아비멜렉에게 준 것이다. 불상 앞에 돈이 놓인 것을 본 적이 있을 것이다. 바알 신상에도 사람들이 드린 예물이 있었다. 그것을 가져다가 아비멜렉에게 주었다.

교회에 낸 헌금을 도로 달라고 하면 웃음거리가 될 것이다. 그런데 세겜 사람들이 그렇게 했다. 그런 점에서 바알은 참 편리한 신이다. 섬길 적에는 예물을 드렸다가 그 예물이 필요하면 다시 찾아가도 된다. 하다못해 개에게 줬던 뼈다귀도 빼앗으려면 으르렁거리는데 바알에게는 그런 것도 없다. 어차피 예물을 가져와도 모르니 도로 가져간다고 해서 문제될 것이 없다. 자기들이 얼마나 저급한 신을 섬기는지 스스로 알고 있다는 반증이다.

아비멜렉이 그것을 군자금 삼아 방탕하고 경박한 사람들을 수하로 고용했다. 돈도 그렇고, 돈의 쓰임새도 그렇고, 추진하는 일도 그렇다. 거룩한 일을 하는 것이 아니다. 경건한 사람들을 동원하기는 애당초 틀린 노릇이다. 돈만 있으면 뭐든지 하는 사람들을 불러 모았다.

> 오브라에 있는 그의 아버지의 집으로 가서 여룹바알의 아들 곧 자기 형제 칠십 명을 한 바위 위에서 죽였으되 다만 여룹바알의 막내아들 요담은 스스로 숨었으므로 남으니라 세겜의 모든 사람과 밀로 모든 족속이 모여서 세겜에 있는 상수리나무 기둥 곁에서 아비멜렉을 왕으로 삼으니라(삿 9:5-6).

아비멜렉이 일을 저질렀다. 오브라에 있는 아버지 집에 가서 자기 형제들을 죽인 것이다. 기드온의 막내아들 요담만 구사일생으로 목숨을 건졌다.

그리고 세겜 사람들은 아비멜렉을 왕으로 삼았다.

이런 내용을 읽으면 사람들은 한 목소리로 아비멜렉을 성토할 것이다. 물론 아비멜렉은 지탄받아 마땅하다. 그런데 성경은 "세겜의 모든 사람과 밀로 모든 족속이 모여서 세겜에 있는 상수리나무 기둥 곁에서 아비멜렉을 왕으로 삼으니라"라고 한다. "자기의 모든 이복형제를 학살한 아비멜렉이 이에 스스로 왕위에 오르니라"가 아니다. 행위 주체가 세겜 사람들이다. 아비멜렉이 왕이 되기 위해서 일을 꾸민 것은 사실이지만 그런 사람을 왕으로 삼은 세겜 사람들이 문제라는 것이다. 무엇보다 사사기는 이스라엘이 하나님을 왕으로 인정하지 않고 자기들 욕심대로 살아서 어떻게 되었는지를 말하는 책이다.

이 내용을 놓치면 아비멜렉을 홍보하는 것으로 끝나게 된다. 성경은 "아비멜렉은 굉장히 악랄한 사람이었다"를 말하는 것이 아니라 "아비멜렉을 왕으로 삼은 세겜 사람들 같은 마음이 너에게는 없느냐?"를 묻고 있다. 아비멜렉보다 세겜 사람들에게 주목해야 한다. 우리가 아비멜렉 같은 사람이 될 가능성은 별로 없지만 세겜 사람들처럼 될 가능성은 다분히 있기도 하다.

구사일생으로 목숨을 건진 요담의 얘기에도 이런 내용이 그대로 나타난다.

> 사람들이 요담에게 그 일을 알리매 요담이 그리심산 꼭대기로 가서 서서 그의 목소리를 높여 그들에게 외쳐 이르되 세겜 사람들아 내 말을 들으라 그리하여야 하나님이 너희의 말을 들으시리라(삿 9:7).

요담이 "세겜 사람들아 내 말을 들으라"라고 한다. 아비멜렉이 아니라 세 겜 사람들에게 책임을 묻고 있다. 이 말을 시작으로 나무 비유를 얘기한다.

이 말을 하는 장소가 하필 그리심산이다. 이스라엘이 가나안에 입성한 직 후, 그리심산에서 축복을 선포하고 에발산에서 저주를 선포했다. 그리고 그 두 산 사이에 세겜이 있다. 이어지는 요담의 얘기는 에발산에서 하는 것 이 더 어울릴 내용이다. 그런데 그리심산에서 얘기한다. 더 이상 선포할 축 복이 남아 있지 않기 때문이다. 이것이 당시 이스라엘의 형편이었다. 축복받 아야 마땅함에도 불구하고 저주를 받아야 했던 것이 그들의 현주소였다.

이때 요담이 말한 나무 비유는 무슨 뜻인지 얼른 파악이 되지 않는다. 나 무들끼리 모여서 왕을 뽑는데, 처음에는 감람나무에게 왕이 되어 달라고 했 더니 싫다고 했다. 무화과나무도 싫다고 하고 포도나무도 싫다고 했다. 마지막으로 가시나무에게 왕이 되어 달라고 하자, 가시나무가 수락했는데 이때 가시나무는 오만방자하게 큰소리를 쳤다는 것이다.

애초에 요담은 "세겜 사람들아 내 말을 들으라"라고 했다. 나무 비유는 세겜 사람들을 꾸짖는 내용이다. 아비멜렉으로 왕을 삼은 것이 마치 가시 나무로 왕을 삼은 작태와 흡사하다는 것이다.

어떤 유실수가 열매를 맺지 않는다고 가정해보자. 그런 나무는 필요가 없다. 당장 베어버리고 다른 나무를 심을 것이다. 그 유실수는 베어지는 일 이 없도록 왕을 세워서 보호를 요청할 것이 아니라 열매를 맺으면 된다.

모든 나무가 다 그렇다. 방풍림으로 심긴 나무는 가지를 튼튼하게 뻗어 서 바람을 잘 막으면 그것으로 자신이 보존되고, 관상수는 보는 사람의 눈 을 즐겁게 할 만큼 아름답게 자라기만 하면 그것으로 자신의 삶이 보장된 다. 왕을 세워서 보호해 달라고 할 것이 아니라 맡은 일을 제대로 하면 된다.

왕이 되어 달라는 요청을 받은 나무들이 전부 이 사실을 알고 있었다.

감람나무가 그들에게 이르되 내게 있는 나의 기름은 하나님과 사람을 영화롭
게 하나니 내가 어찌 그것을 버리고 가서 나무들 위에 우쭐대리요 한지라(삿
9:9).

무화과나무가 그들에게 이르되 나의 단 것과 나의 아름다운 열매를 내가 어찌
버리고 가서 나무들 위에 우쭐대리요 한지라(삿 9:11).

포도나무가 그들에게 이르되 하나님과 사람을 기쁘게 하는 내 포도주를 내가
어찌 버리고 가서 나무들 위에 우쭐대리요 한지라(삿 9:13).

그런데 가시나무는 전혀 다른 얘기를 했다.

가시나무가 나무들에게 이르되 만일 너희가 참으로 내게 기름을 부어 너희 위
에 왕으로 삼겠거든 와서 내 그늘에 피하라 그리하지 아니하면 불이 가시나무
에서 나와서 레바논의 백향목을 사를 것이니라 하였느니라(삿 9:15)

대뜸 자기에게 복종하라고 한다. 또 자기 그늘에 와서 피하라고 한다.
가시나무에는 그늘이 없다. 대체 어떤 나무가 가시나무 그늘에 몸을 피하
려고 할까? 세겜 사람들이 아비멜렉으로 왕을 삼은 처사가 그와 같다는 비
유이다.

사람들은 '죄'라고 하면 부도덕과 불의를 생각한다. 하지만 성경은 달리

얘기한다. 성경이 말하는 죄는 하나님을 인정하지 않는 삶의 원칙이다. 요담이 세겜 사람들을 꾸짖는 내용도 "너희는 과연 누구를 왕으로 요구하고 있느냐?" 하는 문제이다. 하나님을 왕으로 모셔서 그 통치에 복종할 의사가 있는지, 자기 욕심을 왕으로 받들어서 그 욕심을 위하여 살아가는지 묻고 있다. 어쩌면 아비멜렉은 그 옛날 세겜 사람들이 세운 왕이 아니라 우리 욕심이 세운 우리의 왕일 수 있다.

> 아비멜렉이 이스라엘을 다스린 지 삼 년에 하나님이 아비멜렉과 세겜 사람들 사이에 악한 영을 보내시매 세겜 사람들이 아비멜렉을 배반하였으니 이는 여룹바알의 아들 칠십 명에게 저지른 포학한 일을 갚되 그들을 죽여 피 흘린 죄를 그들의 형제 아비멜렉과 아비멜렉의 손을 도와 그의 형제들을 죽이게 한 세겜 사람들에게로 돌아가게 하심이라(삿 9:22-24).

아비멜렉이 왕이 된 지 삼 년에 세겜 사람들과 틈이 벌어졌다. 성경은 그 내용을 "하나님이 아비멜렉과 세겜 사람들 사이에 악한 영을 보냈다"고 한다. 아비멜렉과 세겜 사람들 사이에는 아무 일도 없었는데 하나님이 훼방 놓은 것처럼 보인다. 설마 하나님이 악한 영을 불러서 "너는 가서 아비멜렉과 세겜 사람들 사이를 이간질해라"라고 했을까?

욥기에 사탄이 하나님의 허락을 얻어 욥을 시험하는 내용이 나온다. 사탄이 하나님을 알현해서 그런 허락을 받았을 리는 없다. 사탄도 하나님의 권세 아래 있다는 사실을 그렇게 설명한 것이다.

하나님이 천국을 다스리는 것처럼 지옥은 다스리는 것으로 착각하는 사람이 있는데 그렇지 않다. 이 세상과 저 세상을 막론하고 하나님의 통치 영역이 아닌 곳은 없다. 지옥 역시 하나님이 다스리신다. 때가 차면 사탄도 지옥에서 영원한 형벌을 받을 것이다. 사탄도 하나님 못지않은 권세를 가지고 있는데 하나님은 선을 지향하고 사탄은 악을 지향하는 것이 아니다.

하나님이 아비멜렉과 세겜 사람들 사이에 악한 영을 보냈다는 얘기도 그렇다. 하나님이 악한 영에게 명령하신 것이 아니라 악한 영의 발호를 용납하신 것이다. 하나님의 은혜를 떠난 인간은 틈이 벌어질 수밖에 없다.

교회에서 구역별로 찬송가 경연 대회를 하는 수가 있다. 그때 심사 기준이 무엇인지 아는가? 박자도 중요하고 음정도 중요하다. 태도도 중요하다. 하지만 가장 중요한 것은 참석 인원이다. 많이 참석한 구역이 일등이다. 가족별 찬양 대회를 해도 마찬가지이다. 성악을 전공한 부부가 찬양을 하면, 앙코르는 받을 수 있어도 점수는 별로 받지 못한다. 아들, 손자, 며느리 다 나온 가족이 무조건 일등이다.

교회에서는 많이 모이기만 하면 은혜가 된다. 모여서 무엇을 하느냐 이전에 모이는 것 자체가 하나님의 역사이다. 반대로 마귀가 역사하면 틈이 벌어진다. 이런 사실을 염두에 두면 교회에서 가까이 지내기 싫은 사람이 있는 것은 심히 불행한 일이다. 가까이 지내기 싫은 사람이 있는 것도 그렇고 자기가 가까이 지내기 싫은 대상이 되었다는 것도 그렇다. 누구 책임이냐를 따질 이유가 없다. 그렇게 되었다는 사실 자체가 하나님 보시기에 옳지 않다.

한경직 목사님이 하신 말씀이 있다. "자고로 교회는 싸우지만 않으면 부흥됩니다." 사람과 사람이 모인 곳에 싸움이 없을 수 없다. 교회 역시 예외가 아니다. 사람은 그 몸뚱이가 교회당이라는 건물 안에 있다는 사실만으로 하루아침에 성정이 바뀌지 않는다. 교회에도 분쟁과 다툼이 있고, 옳은 얘기를 하는 사람과 틀린 얘기를 하는 사람이 있다.

그런 경우에 악착같이 싸워서 자기의 옳음을 관철시키는 것이 신앙인 줄 아는 사람이 있는데 그렇지 않다. 싸우고 싶은 요소가 있는데도 그것을 억제하는 것이 신앙이다. 결국 싸우지 않는다는 얘기는 신앙생활을 제대로 하고 있다는 뜻이고, 그것을 하고 있는 한 교회는 성장하게 마련이다.

> 에벳의 아들 가알이 이르되 아비멜렉은 누구며 세겜은 누구기에 우리가 아비멜렉을 섬기리요 그가 여룹바알의 아들이 아니냐 그의 신복은 스불이 아니냐 차라리 세겜의 아버지 하몰의 후손을 섬길 것이라 우리가 어찌 아비멜렉을 섬기리요(삿 9:28).

아비멜렉과 세겜 사람들 사이에 틈이 벌어졌는데, 이것을 부추긴 사람은 에벳의 아들 가알이다. 아비멜렉은 세겜을 세력 기반으로 삼아서 왕이 되었다. 어머니가 세겜 사람이었기 때문이다. 즉 아비멜렉은 반 토막 세겜 사람이었다. 거기에 반해서 가알은 온전한 세겜 사람이다.

가알의 얘기가 고약하다. 아비멜렉은 순수 세겜 혈통이 아니라 여룹바알의 아들인데 왜 섬겨야 하느냐고 하면서, 차라리 순수한 세겜 혈통인 하몰의 후손을 섬기는 것이 낫지 않겠느냐고 했다.

야곱이 밧단아람에서 벧엘로 돌아올 때의 일이다. 중간에 딸 디나가 하몰의 아들 세겜에게 겁간을 당한다. 하몰은 이스라엘이 가나안에 들어오기 전부터 세겜 땅에 살던 이방 족속이다.

그런데 가알이 반 토막 세겜 사람인 아비멜렉을 왕으로 삼을 바에는 차라리 순수한 세겜 사람인 하몰의 후손을 섬기는 것이 낫겠다고 했다. 물론 정말로 하몰의 후손을 왕으로 뽑고 싶어서 한 얘기가 아니라 자기가 왕이 되고 싶어서 한 얘기이다. 하지만 논리가 너무 기가 막히다. 하나님의 백성이라는 최소한의 자긍심도 없다.

예수님을 십자가에 못 박을 때도 그랬다. 빌라도가 예수님을 무죄로 놓으려 하자, 유대인들이 가이사 외에는 자기들에게 왕이 없다고 하면서 예수님을 십자가에 못 박으라고 재촉했다. 예수님을 십자가에 못 박을 수만 있으면 가이사가 자기들의 왕이 된들 무슨 상관이냐는 것이다.

그것만이 아니다. 아비멜렉을 혹평하는 내용도 가관이다. 아비멜렉은 여룹바알의 아들이기 때문에 자기들의 지도자가 될 수 없다고 했다.

아비멜렉과 세겜의 상관관계를 없애려면 아비멜렉을 세겜 사람으로 인정하지 않아야 한다. 그래서 기드온을 말한다. 아비멜렉은 기드온의 혈통이기 때문에 세겜을 다스리기에는 적합하지 않다는 것이다. 기드온은 이스라엘의 구국 영웅이다. 여룹바알이라는 별명 그대로 바알을 부순 사람이다. 그의 아들이라는 사실은 장점은 될 수 있어도 단점이 될 수는 없다. 그런데 아비멜렉은 여룹바알의 아들이기 때문에 자기들의 지도자가 될 수 없다고 한다. 그렇게 얘기하는 것이 자기 욕심과 맞아떨어지기 때문이다.

사람은 누구나 자기 욕심을 왕으로 숭배하려는 경향이 있다. "누가 왕이 되는 것이 옳으냐?"가 문제가 아니다. 자기 욕심을 왕으로 모셔서 열심히 그 욕심에 복종한다.

> 아비멜렉이 그날 종일토록 그 성을 쳐서 마침내는 점령하고 거기 있는 백성을 죽이며 그 성을 헐고 소금을 뿌리니라(삿 9:45).

이렇게 해서 가알과 아비멜렉 사이에 전쟁이 벌어졌는데, 아비멜렉이 이겼다. 아비멜렉이 세겜성을 점령하고 거기 있는 백성을 죽였다. 또 성을 헐고 소금을 뿌렸다.

주전 264년에서 주전 146년, 로마가 세 차례에 걸친 포에니 전쟁에서 카르타고를 제압한다. 2차 포에니 전쟁 때는 알프스 산맥을 넘고 쳐들어온 한니발 때문에 풍전등화의 위기에 몰리기도 했지만 결국 이겼다. 이때 로마는 카르타고 주민들을 전부 노예로 팔고 성에 소금을 뿌렸다. 땅을 황폐하게 만들어서 다시는 사람이 살지 못하게 한 것이다.

아비멜렉이 세겜성을 그렇게 했다. 자기한테 항거한 사실에 단단히 본때를 보였다. 얼마나 통쾌했을까? 하지만 아비멜렉 생각으로만 그렇다. 이 전쟁은 다른 전쟁과 다르다. 앞에 나온 모든 전쟁은 여호와의 전쟁이었다. 하나님의 뜻에 따라 하나님의 나라를 확장하기 위한 전쟁이었다. 하지만 지금은 자기 세력을 위해서 동족을 무참하게 학살한 것에 불과하다. 이스라엘의 역사가 이렇게 한심한 방향으로 전락하고 있다.

세겜 망대의 모든 사람들이 이를 듣고 엘브릿 신전의 보루로 들어갔더니 세겜 망대의 모든 사람들이 모인 것이 아비멜렉에게 알려지매 아비멜렉 및 그와 함께 있는 모든 백성이 살몬산에 오르고 아비멜렉이 손에 도끼를 들고 나뭇가지를 찍어 그것을 들어올려 자기 어깨에 메고 그와 함께 있는 백성에게 이르되 너희는 내가 행하는 것을 보나니 빨리 나와 같이 행하라 하니 모든 백성들도 각각 나뭇가지를 찍어서 아비멜렉을 따라 보루 위에 놓고 그것들이 얹혀 있는 보루에 불을 놓으매 세겜 망대에 있는 사람들이 다 죽었으니 남녀가 약 천 명이었더라(삿 9:46-49).

세겜성이 무너지자, 세겜 망대에 있던 사람들은 엘브릿 신전의 보루로 도망갔다. '엘브릿'은 '엘'과 '브릿'의 합성어인데, '엘'은 '신'이라는 뜻이고 '브릿'은 '맹세한다'는 뜻이다. 위급한 상황에 몰리자, 자기들이 섬기던 신에게 몸을 피한 것이다.

그렇다고 해서 아비멜렉의 마수를 벗어날 수는 없었다. 아비멜렉이 도끼로 나뭇가지를 찍어서 그것을 어깨에 메고 따르는 사람들에게 말했다. "너희는 내가 행하는 것을 보나니 빨리 나와 같이 행하라" 그러고는 나뭇가지를 보루에 쌓아서 불을 질렀다. 세겜 망대에 있던 사람들은 다 타죽었는데 무려 천 명이었다.

그러면 그들이 섬기던 신은 무엇을 한 것인가? 그들을 도와주는 것은 고사하고 타오르는 불길 속에서 자기 자신도 지키지 못했다. 세겜 망대 사람들은 죽는 순간에 자기들이 여태 얼마나 무능한 신을 섬겼는지 확인한 셈이다.

그런데 아비멜렉의 얘기가 낯익다. 기드온이 삼백 용사를 이끌고 미디안과 싸울 때 "너희는 나만 보고 내가 하는 대로 하되 내가 그 진영 근처에 이르러서 내가 하는 대로 너희도 그리하여(삿 7:17)"라고 했다. 아비멜렉도 같은 말을 한 것이다. 둘 다 자원해서 모델이 되었다. 물론 본질적인 차이는 있다. 기드온은 긍정적인 모델이고 아비멜렉은 부정적인 모델이다.

다른 사람에게 영향을 끼치는 가장 좋은 방법은 시범을 보이는 것이다. 안타깝게도 우리 주변에는 긍정적인 모델이 없다. "저게 뭐야? 난 저렇게는 안 해!" 하고, 부정적인 영향을 주는 모델은 많은데 "나도 저 사람처럼 믿어야지!" 하고, 바람직한 방향을 제시해 주는 모델은 없다.

믿지 않는 사람이 교회에 왔을 때, 오자마자 예수님을 만나지 않는다. 자기보다 먼저 예수님을 만난 사람을 만난다. 그리스도를 만나는 것이 아니라 크리스천을 만난다. 어떤 사람의 신앙에 가장 큰 영향을 미치는 사람은 그 사람 앞에 있는 사람일 수밖에 없다.

흔히 군대는 짬밥이라는 말을 한다. 군대에서는 무엇을 하든지 고참이 잘한다. 총검술은 물론이고 전투화에 광을 내는 것, 관물 정돈, 심지어는 청소도 고참이 잘한다. 이런 모습이 교회에 있어야 한다. 신앙 연륜과 신앙 수준이 관계가 있어야 한다. 자기 주변에 긍정적인 모델이 없는 것은 자기 책임이 아니지만 자기가 긍정적인 모델이 되지 못하는 것은 자기 책임이다. 아비멜렉조차 자기를 따르는 사람들에게 자기를 보고 따라 하라고 했는데, 우리가 그런 말을 못하는 것은 부끄러운 일이다.

그런데 아비멜렉이 기세를 몰아 데베스를 공격할 때 돌발변수가 발생한다. 망대 위에서 한 여인이 던진 맷돌 위짝에 아비멜렉이 맞은 것이다. 아비멜렉은 두개골이 깨져서 죽게 되는데, 자기 무기를 잡은 수하에게 죽여 달라고 한다. "여인에게 죽음을 당했다는 오명을 남기기는 싫다. 차라리 네가 나를 죽여라!" 하고, 최후의 명령을 내리는 모습이 마치 한평생 거친 싸움터에서 잔뼈가 굵은 대장부의 면모를 풍기는 것 같기도 하다.

하지만 그런 뜻이 아니다. 아비멜렉은 죽는 순간에도 회개하지 않은 악질이었다. 마지막 순간까지 하나님께서 보시는 자기 모습에는 관심이 없고 자기 자존심에만 관심이 있었다. 요컨대 신앙은 하나님께 관심을 갖는 것이다. 신앙이 있는 사람은 하나님께 관심을 갖고, 신앙이 없는 사람은 사람에게 관심을 갖는다. 그런 점에서 아비멜렉은 철저하게 낙제점수였다. 한평생 하나님 보시기에 옳지 않게 살았다는 사실에는 아무런 회한도 없는 채, 여자 손에 죽은 졸장부라는 사실이 알려지는 것만 걱정했다.

그래서 그다음에 어떻게 되었을까? 아비멜렉은 당대 사람들한테 자기의 부끄러운 최후가 알려지는 것을 걱정해서 그것을 숨기고 싶었는데 자손만 대가 다 그 사실을 알아버리고 말았다. 심지어는 우리까지도 알게 되었다.

> 이스라엘 사람들이 아비멜렉이 죽은 것을 보고 각각 자기 처소로 떠나갔더라
> (삿 9:55).

마치 폭풍이 지나간 것 같다. 아비멜렉이 죽은 것을 본 사람들이 다 흩어졌다. 참으로 허탈한 기록이다. 이스라엘의 수준을 극명하게 보여준다. "아, 이제 다 끝났구나!" 하고 손 털고 집에 갈 줄만 알았지, 왜 이런 일이 있었는지에 관심을 갖는 사람은 아무도 없었다. "스스로 왕이 되려 했던 아비멜렉이 결국 이렇게 되었구나, 헛된 욕망을 가졌던 세겜 사람들이 이렇게 되고 말았구나. 우리는 정신 바짝 차려서 오직 하나님만 왕으로 섬겨야 하겠구나!" 하고 말귀를 알아듣기를 바라는 것이 무안할 지경이다.

> 아비멜렉이 그의 형제 칠십 명을 죽여 자기 아버지에게 행한 악행을 하나님이
> 이같이 갚으셨고 또 세겜 사람들의 모든 악행을 하나님이 그들의 머리에 갚으
> 셨으니 여룹바알의 아들 요담의 저주가 그들에게 응하니라아(삿 9:56-57).

사람들이 뿔뿔이 흩어진 가운데 하나님만 홀로 그 사건을 설명한다. 지금까지 있었던 모든 일이 아비멜렉과 세겜 사람들의 악행에 대한 하나님의 심판이라는 것이다.

하나님은 모든 사람에게 하나님이다. 아비멜렉에게도 하나님이고 세겜

사람들에게도 하나님이다. 아비멜렉이 무슨 일을 하든지 그 일은 하나님께 보응을 받아야 하고, 세겜 사람들 역시 자기들의 모든 언행심사를 하나님 앞에서 심판받아야 한다. 이 세상에 악이 있는데도 하나님께서 심판하지 않고 넘어간다면 그것이 오히려 이상한 일이다.

하나님께서는 이 세상에 있는 악을 심판하신다는 얘기에 사람들은 막연한 두려움을 갖는 경향이 있다. 하지만 두려워할 이야기가 아니다. 오히려 가슴 부푼 기대를 가져야 한다. 그렇다면 이 세상에 있는 선에 대해서도 반드시 보응하실 것이기 때문이다.

만일 우리에게 자기 욕심을 왕으로 섬기려는 마음이 있으면 하나님은 반드시 심판하실 것이다. 마찬가지로 우리가 하나님을 왕으로 모신다면 그에 대해서도 합당하게 보응하실 것이다. 아비멜렉과 세겜 사람들이 심판받은 것처럼 하나님을 왕으로 모시는 우리의 신앙도 결국 보상받게 될 것이다. 여기에 우리의 소망이 있다. 우리의 영원한 왕은 오직 하나님 한 분이다.

돌라와 야일

사사기에는 모두 열두 명의 사사가 나온다. 성경에 기록된 분량이 적은 삼갈, 돌라, 야일, 입산, 엘론, 압돈을 소사사라 하고, 기록된 분량이 많은 옷니엘, 에훗, 드보라, 기드온, 입다, 삼손을 대사사라고 한다.

기록된 분량으로 따지면 삼손과 삼갈을 비교가 되지 않는다. 삼갈 얘기는 3:31 달랑 한 절이 전부이지만 삼손은 13장부터 16장까지 무려 네 장에 걸쳐서 나온다. 삼손은 교회 밖에 있는 사람도 모르는 사람이 없을 만큼 유명하다. 하지만 삼갈은 아는 사람이 별로 없다. 교회 밖에서는 당연히 모르고, 교회 안에서도 아는 사람이 드물다. 그렇다고 해서 삼갈은 별 볼일 없는 사람이고 삼손은 훌륭한 사람이냐 하면 그렇지 않다. 오히려 삼갈은 훌륭한 사사였던 반면 삼손은 사사 중에 가장 엉망이었다.

돌라와 야일은 어떨까? 둘 다 유명한 사사가 아니다. 어지간한 성경 지식이 있는 사람이 아니면 이름도 기억하기 어렵다. 그러면 하나님은 두 사람을 어떻게 보실까?

아비멜렉의 뒤를 이어서 잇사갈 사람 도도의 손자 부아의 아들 돌라가 일어나서 이스라엘을 구원하니라 그가 에브라임 산지 사밀에 거주하면서 이스라엘의 사사가 된 지 이십삼 년 만에 죽으매 사밀에 장사되었더라(삿 10:1-2).

앞에서 아비멜렉을 얘기했다. 그는 참으로 포악무도한 사람이었다. 하지만 그런 악당이 이스라엘을 다스렸다고 해서 하나님의 역사가 끝난 것은 아니다. 아비멜렉의 서슬 퍼런 칼날이 이스라엘을 압제하던 때에도 하나님께서는 자비의 손길을 거두지 않으시고 돌라를 준비하셨다. 이스라엘의 역사가 아비멜렉으로 종결되는 것은 하나님께도 수치스러운 일이다.

돌라가 구체적으로 어떤 일을 했는지는 모른다. 아비멜렉 후에 돌라가 이스라엘을 구원했다고 하는 것으로 보아 아비멜렉으로 인해 엉망이 된 나라를 추스른 모양이다. 어쩌면 나라가 엉망이 된 틈을 타서 이방 족속이 쳐들어왔는데, 돌라가 무찔렀을 수도 있다.

그 후에 길르앗 사람 야일이 일어나서 이십이 년 동안 이스라엘의 사사가 되니라 그에게 아들 삼십 명이 있어 어린 나귀 삼십을 탔고 성읍 삼십을 가졌는데 그 성읍들은 길르앗 땅에 있고 오늘까지 하봇야일이라 부르더라 야일이 죽으매 가몬에 장사되었더라(삿 10:3-5).

돌라 후에 일어난 사사가 야일이다. 기록된 분량은 돌라와 비슷한데 내용은 딴판이다. 돌라는 이스라엘을 구원했다는 기록이 있는데 야일은 그런 기록이 없다. 대신 아들 삼십 명이 있었는데 전부 어린 나귀를 탔고 성읍도 삼십을 두었다는 기록만 있다.

젊은 나이에 외제차를 타고 다니는 사람이 더러 있다. 흔히 하는 얘기로 부모 잘 만나서 호강하는 것이다. 야일의 아들들이 어린 나귀를 탔다는 얘기가 그렇다. 또 야일의 삼십 아들은 각자의 성읍이 있었다. 그 성들이 전부 길르앗 땅에 있었기 때문에 길르앗을 가리켜서 하봇야일(야일의 동네)라고 했다. 길르앗 일대가 야일 가문의 소유가 된 것이다.

통일신라시대 말기에 지방 호족이 발호했는데, 그들이 소유한 땅이 산과 내를 경계로 할 지경이었다고 한다. 말을 타고 종일 달려도 그게 전부 한 집안의 땅이다. 대체 어느 만한 부를 누렸다는 얘기일까? 그게 전부가 아니다. 그 지역 사람들의 생활은 어떻게 되는 것일까? 전부 소작농으로 전락해서 힘겹게 살아갔을 것이다. 길르앗을 하봇야일이라고 했다는 얘기가 그런 식이다.

중국의 역대 왕조는 우리나라에 비해 수명이 짧다. 우리나라는 상대적으로 단명했던 고려도 475년 동안 존속했다. 중국은 춘추전국시대 이후에 60여 왕조가 명멸하는 동안 200년 이상 존속한 왕조가 한나라, 당나라, 요나라, 명나라, 청나라뿐이다. 수나라 같은 경우는 30년 만에 나라가 망했다. 그 30년 동안 딱 한 가지 일을 했다. 고구려와 네 번 싸워서 네 번 다 진 일이다. 그 후유증으로 나라가 망하고 말았다.

야일이 이스라엘의 사사가 되어서 한 일은 아들 삼십에게 어린 나귀 삼십을 타게 하고 성읍 삼십을 두어서 길르앗을 하봇야일로 만든 일이 고작이었다. 이스라엘을 하나님 앞을 인도한 것이 아니라 자기만 호강했다.

우리가 예수를 30년 믿으면 그 기간 동안 어떤 일을 할 수 있을까? "예수 믿은 지 30년에 늘 세상 눈치만 보며 살았더라."라는 얘기는 차마 입에 담기 민망하다. "예수 믿은 지 30년에 30번 찾아온 유혹에 30번 다 넘어갔더라."라는 말도 곤란하다. 기왕이면 "예수 믿은 지 30년에 그 주변에 하나님의 뜻이 온전히 성취되었더라."라는 말을 들을 수 있어야 한다. 그것이 우리의 책임이다.

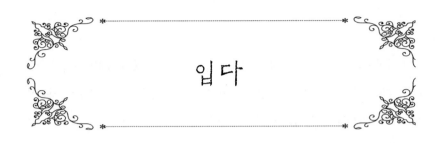

입다

야일이 죽었다. 이스라엘이 범죄했다는 말이 나올 차례다. 아닌 게 아니라 그렇다.

> 이스라엘 자손이 다시 여호와의 목전에 악을 행하여 바알들과 아스다롯과 아람의 신들과 시돈의 신들과 모압의 신들과 암몬 자손의 신들과 블레셋 사람들의 신들을 섬기고 여호와를 버리고 그를 섬기지 아니하므로 여호와께서 이스라엘에게 진노하사 블레셋 사람들의 손과 암몬 자손의 손에 그들을 파시매 그 해에 그들이 요단강 저쪽 길르앗에 있는 아모리 족속의 땅에 있는 모든 이스라엘 자손을 쳤으며 열여덟 해 동안 억압하였더라(삿 10:6-8).

이스라엘이 하나님을 버리고 바알들과 아스다롯과 아람의 신들과 시돈의 신들과 모압의 신들과 암몬 자손의 신들과 블레셋 사람의 신들을 섬겼다. 섬길 수 있는 이방 잡신은 다 섬긴 모양이다. "이스라엘이 다른 이방신은 아무것도 거들떠보지 않았는데 어쩌다 블레셋의 신 하나를 섬겼더라…"

라는 얘기와는 전혀 다르다. 그야말로 총체적인 난국이다.

이스라엘이 범죄하면 그다음 순서는 뻔하다. 하나님은 이방 족속을 보내어 징계하시고, 이방 족속의 압제를 견디다 못한 이스라엘은 하나님께 부르짖을 것이다. 그러면 하나님은 또 사사를 보내어 구원하신다. 이것이 계속 반복되는 패턴이다.

하나님께서 이번에는 블레셋 사람과 암몬 사람을 통하여 이스라엘을 징계했다. 기드온 때 미디안과 아말렉, 동방 사람들이 연합해서 이스라엘을 공격한 적이 있다. 그랬던 것처럼 블레셋과 암몬이 연합해서 이스라엘을 압제했다는 얘기가 아니다.

팔레스타인 지도를 보면 암몬은 요단강 동편에 있고 블레셋은 지중해 연안에 있다. 암몬은 이스라엘과 동쪽으로 국경이 맞닿아 있고 블레셋은 서쪽으로 국경이 맞닿아 있다. 두 나라가 연합해서 이스라엘을 압제한 것이 아니라 이스라엘이 양쪽으로 시달린 것이다. 흡사 고려 말에 북쪽은 거란족에게 시달리고 남쪽은 왜구에게 시달린 것과 같다. 기드온 때보다 훨씬 상황이 심각하다.

그런데 이어지는 내용을 보면 블레셋 얘기는 안 나오고 암몬 얘기만 나온다. 고려 공민왕 때 홍건적이 침입한 적이 있다. 개경이 함락되고 공민왕은 경기도 광주를 거쳐 안동으로 몽진을 해야 했다. 그 시기에 왜구는 잠잠했을까? 정확한 것은 모른다. 하지만 왜구가 문제가 아니다. 왕이 몽진을 떠나야 하는 마당이니 홍건적 얘기를 하기에도 급하다. 왜구까지 얘기할 겨를이 없다.

이스라엘도 그랬을 것이다. 서쪽 지역은 블레셋 때문에 쑥대밭이 되었을 것이다. 하지만 암몬에 의한 피해가 훨씬 더 컸다. 요단 건너편 길르앗 지역은 십팔 년 동안 학대를 당했다. 결국 하나님께 도움을 청할 수밖에 없었다.

여기까지는 제법 낯익다. 이스라엘이 범죄한 것이 한두 번이 아니고 하나님께 애원한 것도 한두 번이 아니다. 하나님께서는 그때마다 이스라엘을 구원해 주셨다.

그런데 이번에는 뭔가 다르다.

> 여호와께서 이스라엘 자손에게 이르시되 내가 애굽 사람과 아모리 사람과 암몬 자손과 블레셋 사람에게서 너희를 구원하지 아니하였느냐 또 시돈 사람과 아말렉 사람과 마온 사람이 너희를 압제할 때에 너희가 내게 부르짖으므로 내가 너희를 그들의 손에서 구원하였거늘 너희가 나를 버리고 다른 신들을 섬기니 그러므로 내가 다시는 너희를 구원하지 아니하리라 가서 너희가 택한 신들에게 부르짖어 너희의 환난 때에 그들이 너희를 구원하게 하라 하신지라(삿 10:11-14).

지금까지는 이스라엘이 부르짖을 때마다 하나님께서 구원해 주셨다. 이스라엘은 번번이 하나님을 외면했지만 하나님께서는 한 번도 이스라엘을 외면하지 않으셨다. 그런데 다른 말씀을 하신다. 왜 평소에는 우상을 섬기다가 곤경에 처할 때만 아쉬운 소리를 하느냐며, 우상에게 도움을 청하라고 한 것이다. 하나님께서는 얼마든지 이런 말씀을 하실 만하다. 오히려 늦은 감이 있다. 그나저나 이스라엘은 낭패에 빠졌다.

> 이스라엘 자손이 여호와께 여쭈되 우리가 범죄하였사오니 주께서 보시기에 좋은 대로 우리에게 행하시려니와 오직 주께 구하옵나니 오늘 우리를 건져내옵

소서 하고 자기 가운데에서 이방 신들을 제하여 버리고 여호와를 섬기매 여호
와께서 이스라엘의 곤고로 말미암아 마음에 근심하시니라(삿 10:15-16).

평소에는 자기들 마음대로 살다가 재앙이 있을 때만 하나님을 찾는 것은
잘하는 일이 아니다. 하지만 다분히 상대적이다. 재앙이 있을 때조차 하나
님을 찾지 않는 것에 비하면 그나마 낫기 때문이다. 뒤에 나오는 삼손 때가
바로 그런 지경이었다.

하나님께서는 이스라엘의 회개가 단지 고통에서 벗어나기 위한 것임을 아
신다. 지금은 잘못했다고 빌지만 형편이 나아지면 또 범죄할 것도 아신다.
그러면서도 이스라엘이 고통당하는 것을 차마 지켜볼 수가 없었다. 이스라
엘의 고통은 하나님의 고통이기도 했다.

그때에 암몬 자손이 모여서 길르앗에 진을 쳤으므로 이스라엘 자손도 모여서
미스바에 진을 치고 길르앗 백성과 방백들이 서로 이르되 누가 먼저 나가서 암
몬 자손과 싸움을 시작하랴 그가 길르앗 모든 주민의 머리가 되리라 하니라(삿
10:17-18).

지금까지와는 전혀 다른 양상이다. 지금까지는 하나님께 부르짖으면 그
것으로 문제가 해결되었다. 그런데 이번에는 도리어 문제가 본격적으로 나
타났다. 이방인의 압제에서 구해 달라고 기도했는데 하나님께서는 이방인
과의 전면전으로 인도하셨다. 하나님께서 아주 독하게 마음을 먹은 모양이
다.

어려움이 있으면 그것을 피하는 것만이 능사가 아니다. 하나님께서는 우

리한테 근본적인 해결책이 있기를 원하신다. 이방 족속의 압제 밑에서 우왕좌왕하다가 흐지부지 끝나는 것이 아니라 그 일을 통해서 하나님을 만나야 한다.

당장 길르앗 백성들은 난리가 났다. 서로 돌아보며 누가 암몬과 싸울 것이냐며 쩔쩔맨다. 누군가 전쟁을 대신해 주기를 바라고 있다.

앞에서 야일에게 아들 삼십 명이 있었음을 확인했다. 그들은 모두 어린 나귀를 타고 각각의 성읍에서 지냈다. 길르앗을 가리켜서 하봇야일(야일의 동네)라고 할 정도였다. 그런데 암몬과의 전쟁을 앞두고는 누구 하나 앞장서는 사람이 없었다.

마냥 남의 얘기가 아니다. 대부분의 사람한테 이런 마음이 있다. 사람들의 신앙은 다분히 소극적이다. 자기가 직접 신앙 책임을 감당할 마음은 없고 누군가 대신해주기를 바란다.

성경 공부도 그 한 예일 수 있다. 성경 공부에 관심을 갖는 것은 좋은 일이다. 그런데 간혹 의도가 이상하게 보일 때가 있다. 성경을 더 열심히 읽기 위해서 성경 공부를 하려는 것이 아니라 성경을 읽지 않기 위해서 성경 공부를 하려고 하는 것 같기 때문이다.

신자라면 누구나 성경에 관심이 있다. 성경을 알고 싶은 마음도 있다. 하지만 자기가 직접 읽을 열심은 없다. 읽어 봐야 재미도 없다. 그래서 성경 공부를 하려는 것 아닌가 모르겠다. 누군가 알기 쉽게 설명해주면 골치 아프게 자기가 직접 읽지 않아도 읽은 것과 똑같은 효과를 누릴 수 있겠다 싶어서 성경 공부를 하려는 듯한 사람을 종종 본다. 신앙생활은 그렇게 하는 것이 아니다. 남에게 부탁해서 거기에 편승하는 것이 아니라 자기가 직접 하는 것이다.

덧붙이면 성경은 잘 배워야 알 수 있는 책이 아니라 읽은 만큼 알 수 있는 책이다. 자기가 성경을 모르는 것은 교회에 성경공부 프로그램이 없기 때문이 아니라 자기가 안 읽은 때문이다.

상당히 많은 사람들이 '좋은 교회'를 얘기하고 '좋은 목사', '좋은 설교'를 찾는다. 그것이 잘못일 수는 없다. 하지만 '좋은 교회'에서 '좋은 목사'로부터 '좋은 설교'만 들으면 저절로 '좋은 교인'이 되는 것은 아니다.

예전에 어떤 청년이 얘기했다. 기숙사 룸메이트가 이름을 얘기하면 누구나 아는 대형교회에 출석하는데, 교회에 대한 자긍심이 대단하더라고 했다. 입만 열면 교회를 자랑한다는 것이었다. "우리 교회는 뭐가 어떻고, 뭐가 어떻고…" 하도 얘기하기에 하루는 물었다고 한다. "그래, 그런 교회 다녀서 너는 일 년에 성경 얼마나 읽는데?" 교회에 대한 자긍심이 있는 것은 좋은 일이다. 당연히 있어야 한다. 하지만 교회에 대한 자긍심이 곧 자기 신앙은 아니다.

앞에서 돌라와 야일을 확인했다. 누구나 야일보다 돌라를 만나기를 바랄 것이다. 하지만 자기가 살던 시대의 사사가 돌라였느냐, 야일이었느냐는 문제가 아니다. 돌라의 시대에 태어나면 신앙생활이 저절로 되고 야일의 시대에 태어나면 신앙생활이 안 되는 것이 아니기 때문이다.

> 길르앗 사람 입다는 큰 용사였으니 기생이 길르앗에게서 낳은 아들이었고 길르앗의 아내도 그의 아들들을 낳았더라 그 아내의 아들들이 자라매 입다를 쫓아내며 그에게 이르되 너는 다른 여인의 자식이니 우리 아버지의 집에서 기업을 잇지 못하리라 한지라 이에 입다가 그의 형제들을 피하여 돕 땅에 거주하매 잡류가 그에게로 모여 와서 그와 함께 출입하였더라(삿 11:1-3).

길르앗 백성들이 누가 나가서 암몬과 싸울지를 걱정할 때 성경은 입다를 소개한다. 입다는 기생 아들로, 이복형제들에 의해 쫓겨났다. 별 수 없이 돕 땅에 거주했는데 잡류들이 그에게 출입했다.

> 암몬 자손이 이스라엘을 치려 할 때에 길르앗 장로들이 입다를 데려오려고 돕 땅에 가서 입다에게 이르되 우리가 암몬 자손과 싸우려 하니 당신은 와서 우리 의 장관이 되라 하니(삿 11:5-6).

사사기의 주제는 "그때에 이스라엘에 왕이 없으므로 사람이 각기 자기의 소견에 옳은 대로 행하였더라"이다. 이스라엘에 왕이 왜 없을까? 하나님이 이스라엘의 왕이다. 왕이 없다는 얘기는 "이스라엘이 하나님을 왕으로 인정 하지 않았다", "이스라엘이 하나님을 거역하고 자기들 마음대로 살았다." 라는 뜻이다. 그래서 모든 것이 엉망이 되고 말았다는 것이 사사기의 내용 이다.

지금도 입다를 찾아가서 간청할 것이 아니라 하나님께 매달려야 했다. 그런데 "우리는 전쟁을 앞두고 있다. 싸움이라면 입다가 최고다."라는 생각 을 했다. 우리는 이 사건의 결과를 알고 있다. 이제 입다가 나가서 싸움을 승리로 이끌 것이다.

이 얘기는 그리 간단하지 않다. 입다를 찾아간 것이 잘한 일이 아니기 때 문이다. 당연히 하나님께 매달려야지, 입다에게 갈 이유가 없다. 입다는 자 기들이 쫓아낸 사람이다. 도대체 배알도 없고 자존심도 없는 것일까? 입다 는 잡류들과 함께 어울려 지내는 깡패 두목에 지나지 않는다.

6·25 때 비상 국무회의를 소집해서 거지 왕 김춘삼을 부르러 갔다면 나

라꼴이 어떻다는 얘기일까? 그런 결정을 내린 국무위원들은 어떤 사람들일까? 조선시대 같으면 북방에서 오랑캐들이 쳐들어왔다고 해서 임꺽정이나 장길산을 찾아간 격이다.

차라리 바알이나 아세라를 찾아갔으면 입다를 찾아간 것보다 낫다고 할 수 있다. "이스라엘이 바알에게 부르짖었는데 바알이 응답하지 않았더라", "이스라엘이 아세라에게 부르짖었는데 대답이 없었더라" 하는 얘기가 성경에 없다. 이스라엘은 평소에는 바알을 섬기고 아세라를 섬기면서 발등에 불이 떨어지면 하나님을 찾았다. 급할 때는 하나님을 찾아야 한다는 것을 알고 있으면서 급하지 않을 때는 우상을 섬겼다. 그렇게 지내다 보니 이제는 하나님도 전처럼 쉽게 응답해 주시지 않는다.

지금까지 이스라엘은 회개와 범죄를 반복했다. 어려움이 닥치면 하나님께 부르짖다가도 어려움이 끝나면 다시 범죄했다. 결국 하나님께서 이스라엘의 간청을 외면하신 것은 "너희의 회개가 어느 만큼 피상적인지 아느냐? 내가 구원해주면 이번에는 정말로 정신 차리겠느냐?"라는 뜻이다. 그런데 이스라엘은 입다를 찾아갔다. 자기들의 회개가 피상적이었음을 스스로 인정하는 꼴이다.

걸핏하면 가출을 일삼는 아이가 있었다. 주머니에 돈이 있으면 밖에 나가서 친구 집을 전전하다가 더 이상 지내기 힘들면 들어오곤 했다. 집에서는 그때마다 아픈 데는 없느냐면서 따뜻하게 맞아주었다. 그런데 가출이 하도 자주 반복되다보니 집에서도 생각을 달리 했다. 그런 식으로 마냥 반복하면 도무지 사람 구실을 못할 것이기 때문이다.

그 아이가 또 가출을 했다. 한참 만에 들어왔는데, 이번에는 집에서 다른 얘기를 했다. "집보다 더 좋은 곳이 있으면 그냥 밖에서 살지, 왜 들어왔어?

당장 나가!" 하고 야단쳤다. 물론 진심이 아니다. 제발 정신 차려서 제대로 살라는 뜻이다.

그런 경우에 어떻게 해야 할까? 다시는 가출하지 않겠다고 맹세를 해야 한다. 자기가 밖에서 지내는 동안 얼마나 후회했고, 앞으로는 어떤 사람이 되겠다는 결심을 했는지를 밝혀서 그동안 무너진 신뢰를 회복해야 한다. 그런데 나가라는 얘기를 들었다고 해서 정말로 나가버리면 어떻게 되는 것인가? 밖에서 지내는 것이 힘들어서 집에 들어오기는 했지만 뉘우치는 마음으로 들어온 것은 아니라는 뜻이다.

이스라엘이 그런 격이다. 자기들은 분명히 하나님께 도움을 구했다. 그런데 하나님께서 들어주지 않았다. 별 수 없이 나름대로 대책을 세웠다. 그렇게 해서 입다를 찾아갔다.

가출했다가 들어왔는데 얼른 맞아주지 않는다고 해서 도로 나가는 것이 잘하는 일일까? 만일 그렇다면 이스라엘이 입다를 찾아간 것이 옳다. 하지만 자기가 가출한 것이 어느 만한 불효인지 정말로 알아서 돌아왔으면 몽둥이찜질을 당하더라도 감수해야 한다. 그렇게 해서 다시는 가출하지 않겠다는 의지를 보여야 한다.

집에서 얼른 맞아주지 않는다고 도로 나간다면 그 아이가 어떤 생각을 하고 있다는 뜻인가? "내가 밖에서 얼마나 힘들었는지 전혀 몰라주는구나. 나는 큰맘 먹고 와주었는데 이게 무슨 대접이란 말인가? 치사해서 다시는 안 들어온다."라고 생각했다는 뜻이다. 가출한 것이 불효인 줄은 모르고 가출했다가 돌아온 것이 공로인 줄 알만큼 철이 없어서 그렇다.

이렇게 따지면 문제가 더 복잡하다. 이스라엘은 입다를 찾아갈 것이 아니라 재 가운데 앉아서 금식하며 회개해야 했다. 우상을 섬긴 죄만 회개할 것이 아니라 그동안 피상적인 회개를 남발한 죄까지 회개해야 했다. 이방 족속인 니느웨를 용서하신 하나님께서 이스라엘의 진정한 회개를 외면할 리 없다. 그런데 입다를 찾아갔다. 자기들이 무엇을 잘못하고 있는지 전혀 몰랐다. 어쩌면 얼른 구원해주지 않는 하나님이 원망스러웠을 수도 있다.

그러면 그다음에 어떤 내용이 나와야 할까? 이스라엘은 전쟁에서 풍비박산 나고 입다는 입다대로 단단히 혼이 나야 하지 않을까? 그런데 입다가 승리를 거둔다. 성경이 우리에게 무엇을 교훈하는지 종잡을 수가 없다.

하나님께서 이스라엘에게 바랄 것이 아무것도 없는 것이다. 이스라엘에 대한 기대치가 그 정도로 무너졌다. "너희들 수준이 그것밖에 안 되는구나. 별 수 없다. 그냥 그렇게 잘 먹고 잘살아라."라고 해서, 입다가 이긴 것이다. 하나님께서 더 이상 이스라엘을 나무라기를 포기하셨다. 이런 하나님의 심정은 삼손에게 가서 극명하게 나타난다.

뒤에 나오지만 입다는 한 나라의 존망을 책임질 만한 위인이 아니다. 입다의 영적 수준은 지극히 한심했다. 그는 자기 딸을 번제로 드릴만큼 엉망이었다. 간혹 그것을 하나님을 향한 헌신의 표시로 오해하기도 하는데 전혀 그렇지 않다. 하나님을 향한 열심이 특심한 것이 아니라 하나님에 대해서 무지해서 그렇다.

앞에서 기드온도 하나님께 드리는 제물과 제사상 차리는 것을 제대로 구분하지 못하는 모습이었는데 입다는 한 걸음 더 나가서 사람을 제물로 바치겠다고 서원했다. 몰록(밀곰)이라는 암몬의 신이나 그모스라는 모압의 신을 섬길 때는 사람을 제물로 바친다. 하지만 하나님께서는 사람을 제물로 받지 않으신다. 제물로 받지 않으시는 정도가 아니라, 엄격하게 금하셨다. 그런데 입다는 그것을 모른다. 서원이라는 종교적인 절차를 통해서 하나님 보시기에 가증히 여기는 일을 했다. 하나님은 그런 사람을 통해서 이스라엘을 구원하셨다. 그러면 이스라엘은 뭐란 얘기인가?

게다가 길르앗 장로들이 입다를 찾아가서 자기들의 우두머리가 되어 암몬과 싸워달라고 부탁했다. 뭔가 이상하다. 사사를 세우는 인사권이 언제 이스라엘로 넘어갔을까? 그런데 하나님께서는 이런 작태를 용납하셔서 입다를 사사로 인정하신다. 전적으로 하나님의 오래 참으심과 한량없으신 자비 때문이다.

> 입다가 길르앗 장로들에게 이르되 너희가 나를 데리고 고향으로 돌아가서 암
> 몬 자손과 싸우게 할 때에 만일 여호와께서 그들을 내게 넘겨주시면 내가 과연
> 너희의 머리가 되겠느냐 하니(삿 11:9).

길르앗 장로들은 입다가 싸움에 나서기만 하면 자기들의 머리로 삼겠다고 했지만 과연 그럴까? 어림도 없다. 싸움에 이겨야 한다. 입다가 그 정도를 모르지 않는다. 그래서 만일 자기가 이기면 하나님으로 말미암은 것이라고 하면서 장로들의 제의를 다짐받는다. 하나님께서 허락하신 것이니 절대 약속을 어기지 말라는 압력이다.

> 길르앗 장로들이 입다에게 이르되 여호와는 우리 사이의 증인이시니 당신의 말
> 대로 우리가 그렇게 행하리이다 하니라(삿 11:10).

입다가 하나님의 이름을 빌려 얘기하자, 길르앗 장로들도 하나님의 이름으로 맹세를 한다. 앞뒤 문맥을 고려하지 않고 이 부분만 읽으면 속기 십상

이다. 이들은 하나님 앞에 신실한 사람들이 아니다. 평소에는 자기들 마음 대로 살다가 자기들의 필요에 따라 하나님의 이름을 도용하는 것에 불과하다. 설마 하나님께서 여태 다른 데 계시다가 지금만 같이 계시다는 말일까?

길르앗 장로들이 입다에게 '여호와는 우리 사이의 증인'이라고 했다. 그들에게 여호와가 어떤 의미가 있을까? 그들은 방금 암몬과의 전쟁을 앞두고 여호와께 부르짖었다. 그런데 선뜻 구원해주시지 않자, 그 대안으로 입다를 찾았다. 이들은 하나님을 향한 전폭적인 신뢰가 없는 사람들이다. 전쟁이 닥친 이유도 하나님과 관계없이 살았기 때문이다.

그런데 이제 와서 하나님의 이름으로 맹세를 한다. 이들한테 하나님은 종교적인 장식품에 불과했다. 자기들의 필요에 따라서 하나님을 부를 뿐이다. 물론 하나님께서 응답하신다는 믿음도 없다. 있는 것은 종교적인 허울이 고작이다.

이들의 가장 큰 문제는 하나님께서 거절하셨는데도 대안이 있었다는 사실이다. 기도가 유일한 보루가 아니었다. "어? 하나님이 우리 말 안 들어주네. 좋아, 그럼 다른 방법을 찾아보자." 해서, 입다를 찾아갔다. 그러면서 하나님의 이름으로 맹세는 한다.

우리가 예수를 이렇게 믿는다. 우리는 하나님을 왕으로 모시지 않는다. 때로 하나님께 돌아간다는 말도 하지만 형식만 그렇다. 마음은 늘 세상에 둔 채 필요에 따라 가끔 하나님을 얘기한다. 그런 자리에서 돌이켜야 한다. 우리에게는 하나님 외에 그 어떤 대안도 있지 않아야 한다. 하나님이 우리의 전부이기 때문이다.

어쨌든 입다가 군대를 이끌고 암몬 족속과 대치했다. 일촉즉발이다. 그런 상황에서 사자를 보내어 왜 남의 땅에 쳐들어왔느냐고 책망했고, 암몬 왕은 이스라엘이 차지한 땅이 본래 암몬 땅이기 때문에 돌려받으러 왔다고 했다. 이스라엘이 가나안에 입성할 적에 아르논에서 얍복과 요단까지 자기네 영토를 빼앗았다고 하면서, 그 땅을 돌려달라는 것이 암몬 왕의 얘기였다.

입다가 조목조목 반박한다. 이스라엘이 가나안에 들어갈 적에 암몬 영토를 침범한 적이 없다. 하나님께서는 가나안 족속이 살던 땅만을 유업으로 주셨다. 이스라엘이 점령한 아르논에서 얍복강까지는 아모리 족속의 영토였다.

이때 입다는 "너희 역시 너희의 신 그모스가 너희한테 주는 땅이 있으면 차지했을 것이다. 그런 것처럼 우리도 우리 하나님 여호와께서 주시는 땅을 차지했다."라고 했는데, 그모스는 모압의 신이고 암몬의 신은 몰록(밀곰)이다. 입다가 착각을 한 모양인데, 어쨌든 논리는 맞다. 게다가 이스라엘이 살고 있는 땅이 옛날 암몬 땅이라고 해도 삼백 년 동안 가만히 있다가 이제 와서 왈가왈부하는 것도 이치에 맞지 않는다. 서희가 거란의 소손녕과 담판해서 강동 6주를 차지했다는 내용을 국사 시간에 배운 적이 있는데 입다가 흡사 그런 것 같다.

아는 것이 힘이다. 베이컨이 한 말이다. 입다가 이렇게 대응할 수 있는 이유는 그만큼 알고 있었기 때문이다. 선조들의 역사를 알고 있었고 하나님께서 어떻게 이스라엘의 지난날에 함께하셨는지도 알고 있었다. 다른 말로 하면 성경을 알고 있었다.

예전에 성지순례를 갔을 적에 성인식 행사를 볼 기회가 있었다. 유대인들은 열세 살이면 성인식을 하고, 그다음부터는 '율법의 아들'로 불린다. 율법에 대해서 스스로 책임을 지는 것이다. 그때 가이드에게 성인식을 할 때면 신명기는 다 외운다는 말을 들었다. 놀랍기도 했고 한편으로는 믿기지 않기도 했다.

상당한 시간이 지났다. 마침 교회에 히브리대학에서 공부한 청년이 있어서 확인해보았다. 이스라엘에서는 성인식을 할 나이면 신명기를 다 외운다고 하던데 정말이냐고 했더니, 전부 다 외우는 것은 아니라며 약간 과장이라고 했다.

그렇다고 크게 달라지는 것은 없다. 신명기 전체를 외우느냐, 외우지 못하느냐의 차이는 있어도 기록된 내용 정도는 누구나 다 안다는 뜻이다. 입다가 남달리 이스라엘 역사에 해박한 것이 아니라 이스라엘 사람이면 누구나 아는 내용인 것은 분명하다.

부교역자 시절, 어떤 분이 전화로 지금 집으로 와줄 수 있느냐고 했다. 모처럼 친구가 찾아왔는데 알고 봤더니 이단이라는 것이다. 교회가 왜 틀렸는지를 성경을 펴놓고 얘기하는데 자기는 '말발'이 달려서 답변하지 못하니까 대신 답변을 해달라고 했다. 그때 그 분은 분명히 '말발'이라는 표현을 썼다.

그런데 정말로 '말발' 때문이었을까? 마침 평소에 편하게 대하던 분이어서 직설적으로 나무랐다. "집사님, 어떻게 해서 말발이 달립니까? 말발이 아니라 성경 실력이 달리는 거죠. 제발 성경 좀 읽으세요."

이단과의 논쟁은 백해무익하다. 논쟁을 통해서 이단에 빠져 있는 사람을 돌이키게 할 수는 없다. 하지만 이단만큼도 성경을 모르는 것은 부끄러운 일이다. 이단과 논쟁을 할 이유는 없지만 논쟁으로 그들을 제압할 실력은 있어야 한다. 하나님의 백성이 하나님 말씀을 모르는 것은 비극이 아니고 차라리 희극이다.

하여간 입다의 얘기에 암몬 왕은 할 말이 없었다. 그렇다고 해서 군대를 물리지도 않았다. 성경책 펼쳐놓고 이단과 논쟁을 해서 이겨도 이단이 회개하지 않는 것과 마찬가지라고나 할까? 결국 전쟁이 벌어진다.

> 그가 여호와께 서원하여 이르되 주께서 과연 암몬 자손을 내 손에 넘겨주시면 내가 암몬 자손에게서 평안히 돌아올 때에 누구든지 내 집 문에서 나와서 나를 영접하는 그는 여호와께 돌릴 것이니 내가 그를 번제물로 드리겠나이다 하니라 (삿 11:30-31).

전쟁에 나서는 입다가 서원을 한다. 그런데 내용이 당혹스럽다. 하나님께서 승리를 주신다면 누구든지 자기 집 문에서 나와서 자기를 영접하는 사람을 번제물로 드리겠다는 것이다.

입다가 왜 서원을 해야 했을까? 서원을 하지 않았으면 졌을 텐데 서원을 해서 이겼다고 생각되지는 않는다. 입다가 한 서원은 하나님께서 기쁘게 받으실 만한 서원이 아니라 종교적인 광기에 불과했다.

입다는 하나님의 싸움을 싸우는 사람이 아니었다. 드보라나 기드온처럼 하나님의 전쟁을 수행하는 것이라면 서원을 할 이유가 없다. 그런데 입다는 무슨 수를 써서라도 이겨야 했다. 그래야 길르앗의 머리가 된다. 드디어 인생 역전인 것이다. 그래서 뇌물을 드려서라도 하나님을 자기편으로 만들려고 했다. 어떻게 해서든지 자기가 하는 일에 하나님을 끌어들여야 했다.

이런 폐단이 과거 이스라엘의 뒷골목 출신에게만 나타나는 것이 아니다. "대학에 가고 싶습니다. 이번 시험에 꼭 붙여주십시오." 하는 것보다 "저를 합격시켜 주시면 다음부터는 절대 예배 빼먹지 않겠습니다." 하고 기도해야 더 잘 들어주실 것 같지 않은가? 그러면 "로또복권 1등에 당첨시켜 주시면 저 혼자 잘 먹고 잘살겠습니다." 하는 기도보다 "로또복권 1등에 당첨 되게 해주시면 절반을 하나님께 드리겠습니다." 하는 것이 더 수준 있는 기도일까?

하나님은 우리 아버지이다. 하나님과 우리가 부자지간이다. 이웃집에 부탁을 하려면 떡 한 접시라도 필요하겠지만 우리와 하나님은 그런 사이가 아니다.

물론 평소에 하나님 보시기에 옳지 못하게 산 부담감이 있을 수 있다. 그런 마음에서 "한 번만 제 사정을 봐주시면 저도 정신을 차려서 앞으로 잘하겠습니다"라고 할 수도 있지만 그리 잘하는 기도가 아니다. 차라리 뻔뻔스럽게 그냥 구하자. 그렇게 하는 것이 하나님의 자녀에 어울린다. "하나님, 저에게 이것저것을 해주십시오. 그렇다고 해서 제 편의만 봐달라는 것은 아닙니다. 만일 제 부탁을 들어주시면 저도 하나님께 보답하겠습니다." 하고 기도한다면, 하나님 앞에서도 자존심을 굽히기 싫은 발칙한 행동이다. 어쩌면 기도라는 종교적인 형태를 통해서 하나님을 자기 수하에 두려는 수작일 수도 있다.

입다한테서는 한 가지 특이한 점을 볼 수 있다. 지금까지 등장했던 모든 사사의 주된 임무는 전쟁 수행이었다. 이스라엘의 군사 지도자가 되어서 이방 족속을 물리치는 것이 그들의 할 일이었고 그 일을 마치면 무대에서 사라졌다. 그런데 입다는 다르다. 실제로 사사기를 펴보자. 11:1부터 12:7까지가 입다에 대한 기록인데 전쟁 얘기는 고작 11:32-33뿐이다. 당시 이스라엘과 입다의 가장 큰 관심이었던 전쟁 얘기는 별로 없고 전쟁 전에 있었던 암몬 족속과의 담판과 전쟁 후에 있었던 딸을 번제로 드리는 내용, 그리고 에브라임과의 다툼이 주를 이룬다.

입다는 하나님께서 승리를 주시면 가장 먼저 자기를 영접하는 사람을 번제로 드리겠다는 서원을 했다가 자기 딸을 죽음으로 몰아넣는 비극을 자행했다. 하나님에 대한 지식으로 힘을 얻기도 했다가 하나님에 대한 식견이 모자라서 쓸데없는 올무를 만들기도 했다. 이렇게 상반된 모습이 한 인격 안에서 나타난다. 우리는 입다를 통해서 하나님을 아는 것이 얼마나 힘이 되며 또한 하나님을 모르면 하나님을 섬기는 것이 얼마나 올무가 되는지를 볼 수 있다.

세상을 살다 보면 '역시 예수 믿기를 잘했다' 싶을 때가 있다. 장례식장에서 특히 그렇다. 하지만 늘 그런 마음으로 살아가지는 않는다. 경우에 따라서는 신앙이 거추장스러울 수도 있다. 바로 그런 일이 입다에게 닥친 것이다.

입다가 서원할 때의 마음을 상상해 보자. 그때 속으로 누군가를 떠올렸을 것이다. 하다못해 친구에게 "야, 아무 거나 말만 해. 내가 다 들어줄게!" 하고 큰소리를 치는 경우에도 그 친구가 부탁할 만한 목록을 머릿속으로 그려보게 마련이다. "아마 이것 아니면 그것을 부탁할 것이다. 그 정도는 문제없다." 하는 판단이 서야 그런 큰소리를 칠 수 있다.

입다도 그렇다. 구체적으로 누구를 꼬집을 수는 없지만 머릿속으로 어떤 범주의 사람들을 떠올렸을 것이다. 대체 어떤 사람들일까?

입다를 가장 먼저 영접한 사람은 공교롭게도 딸이었다. 그러자 입다는 몹시 슬퍼했다. 누구든지 가장 먼저 자기를 영접하는 사람을 번제로 드리겠다고 서원할 때 '누구든지'의 범주에 딸은 포함되지 않았다는 뜻이다. 대체 누구를 염두에 두고 그런 서원을 했을까? 입다의 딸이 무남독녀이니 아마 아내도 아닐 것이다. 입다에게 본처 외에도 세컨드, 써드… 하는 식으로 수두룩한 처첩이 있었으면 자식도 많았을 것이기 때문이다.

또 입다의 집에서 나와서 영접해야 하므로 입다와 같이 사는 사람이어야 한다. 그러면 답이 나왔다. 입다 집에 있는 종이다. 애초에 입다는 "내가 이기고 돌아오면 재수 없는 종놈 하나가 환영한다고 튀어나올 거다. 그러면 그 놈을 기꺼이 하나님께 제물로 드린다." 하는 생각을 하면서 "누구든지 가장 먼저 나를 영접하는 사람은 번제로 드리겠습니다."라고 서원한 것이다. 말로는 '누구든지'라고 했으면서 그 '누구든지'의 목록에 자기 딸은 포함되어 있지 않았다.

결혼 전에 아내에게 가끔 속았던 적이 있다. 같이 식당에 가면 내가 묻는다.

"뭐 먹을래요?"

"그냥 아무 거나 시켜요."

그러면 그 말을 곧이듣고 정말 아무 거나 시킨다.

"여기 설렁탕 둘이요!"

"아니, 설렁탕 말고…"

"그럼 여기 갈비탕 둘이요!"

"아니, 갈비탕도 말고…"

"그럼 뭐?"

"그냥 비빔밥 같은 거……"

처음부터 비빔밥을 먹겠다고 하면 될 것을 괜히 '아무 거나'라고 하는 바람에 헛물을 켰던 적이 한두 번이 아니다.

"부름 받아 나선 이 몸 어디든지 가오리다…"로 시작하는 찬송가가 있다. 그 찬송가를 부르면 괜히 숙연해지곤 한다. 그런데 정말일까? 복음을 전하기 위해서 옆집에도 간 적이 없으면서 찬송가만 그렇게 부르는 것이 아닐까? 기도할 적에는 "제가 하나님 나라를 위해서 뭐든지 하겠습니다."라고 할 수 있다. 그러면서 그 '뭐든지'의 범위를 자기가 정한다. 누구든지 나를 따르려거든 자기를 부인하고 자기 십자가를 지고 나를 좇을 것이라는 말씀에 당연하다는 듯이 '아멘!'하면서도 실제로는 부인하지 못하는 목록이 한둘이 아니다.

그나저나 우리에게 있는 신앙은 자유일까, 굴레일까? 신앙을 모르는 사람들은 신앙을 굴레인 줄 안다. 나도 그런 얘기를 한두 번 들은 것이 아니다. 모처럼 일요일에 가족들과 놀러 가지도 못하고 무슨 청승이냐는 것이다. 교회 다니는 재미와 주 안에서 얻어지는 기쁨을 모르는 사람들에게는 도무지 설명이 안 된다.

"당신에게 영어가 힘입니까, 짐입니까?" 어떤 학원에서 이런 현수막을 내걸었다. 상당히 설득력 있는 문구다. 어떤 학생은 영어 때문에 성적이 올라가는데 어떤 학생은 영어 때문에 성적이 떨어진다. 직장 생활을 할 때도 그렇다. 어떤 사람은 영어 때문에 능력을 인정받기도 하지만 어떤 사람은 영어 때문에 진급에 애를 먹기도 한다.

신앙은 어떤가? 분명히 같은 예수를 믿고 있는데 어떤 사람에게는 그 신앙이 힘이 되기도 하고, 어떤 사람에게는 짐이 되기도 한다. 영어가 힘인 사람은 상당 기간 꾸준하게 영어의 짐을 진 사람이다. 그 짐을 꾸준하게 겨서 결국 힘이 되었을 것이다. 반면 영어가 짐인 사람은 아직까지 그 짐을 제대로 져보지도 않고 늘 발뺌만 한 사람일 것이다.

신앙이라는 짐을 꾸준히 지면 그 신앙은 결국 힘이 될 것이다. 하지만 갖은 이유와 핑계로 그 짐을 외면하면 신앙은 언제까지나 짐이 될 수밖에 없다. 신앙이 힘인지, 짐인지 이 질문 앞에 진지하게 자신을 점검해봐야 한다. 신앙은 우리의 유일한 힘이다.

> 에브라임 사람들이 모여 북쪽으로 가서 입다에게 이르되 네가 암몬 자손과 싸우러 건너갈 때에 어찌하여 우리를 불러 너와 함께 가게 하지 아니하였느냐 우리가 반드시 너와 네 집을 불사르리라 하니(삿 12:1).

또 에브라임 지파가 등장한다. 에브라임 지파는 기드온이 미디안을 무찔렀을 때도 시비를 걸었다. 에브라임 지파의 관심은 뻔하다. 이스라엘과 암몬 사이에 어떤 일이 있었느냐가 문제가 아니다. 왜 자기들을 제쳐놓고 입다가 주도권을 잡는지, 그것이 불만이다. 교회에서도 어떤 일이 자기를 중심으로 이뤄지지 않으면 못 견디는 사람이 있다. 예나 지금이나 일을 하지는 않으면서 만들기만 하는 사람이 어디에나 있다.

대대적인 보수 공사를 하면서 커튼을 새로 바꾼 교회가 있다. 낡은 커튼을 새 것으로 바꾸자, 예배당 분위기가 산다며 다 좋아했다. 그런데 예배당 한쪽 구석에서 예전의 낡은 커튼을 붙잡고 눈물짓는 분이 있었다. 전에 있던 커튼을 헌물한 권사님이다. 교회에서 이렇게 교인 마음을 아프게 해도 되는 것이냐는 항변에 방금 전까지 새로 바뀐 커튼을 칭찬하던 교인들은 전부 그 권사님 눈치를 살펴야 했다.

여러분 생각에는 어떤가? 그 권사님 마음이 이해가 되지 않는가? 이 얘기는 참 고약하다. 그 권사님 마음이 아프지 않으려면 어떻게 해야 할까? 커튼 색깔이 바래든지 말든지, 커튼에 좀이 슬든지 말든지 계속 쓰면 된다. 예배당 분위기가 칙칙하건 말건 커튼만큼은 그 권사님 외에 누구도 간섭하면 안 된다. 이게 말이 되는 얘기일까?

한 가지 예를 더 알고 있다. 어떤 교회에서 교인끼리 다툼이 벌어졌다. 두 분 다 장사를 하는 분이었다. 한 분이 기도할 때마다 "하나님, 제가 저희 교회에서 십일조 가장 많이 하는 교인이 되게 해주십시오."라고 기도했다. 다른 분이 그 기도 내용이 좋아 보였는지, 역시 그렇게 기도했다. 마침내 '원조 논쟁'이 붙었다. 족발이나 막국수에만 원조가 있는 것이 아닌 것을 그때 알았다. 한 분은 왜 자기 기도를 따라서 하느냐고 하고, 다른 분은 기도에 임자가 어디 있느냐고 했다. 두 분의 나이 차이가 이십 년 가까이 되었다. 급기야 "노인네가 욕심도 많다." "젊은 것이 위, 아래도 모른다."로 싸움이 비화되었다.

주님께서 피로 값 주고 세우신 교회에 모였으면서도 무조건 자기가 잘나고 싶어 하는 사람이 얼마든지 있다. 말로는 하나님의 영광을 얘기하지만 그 영광을 굳이 자기가 돌리고 싶어 한다. 하나님이 다른 사람을 통해서 영광 받으시면 안 되는 모양이다.

결국 에브라임과 입다 사이에 전쟁이 벌어졌고 입다가 이겼다. 앞에서 기드온이 미디안을 무찔렀을 때도 에브라임 지파가 시비를 걸었는데 그때는 기드온이 지혜롭게 넘겼다. "당신이 옳습니다. 당신이 최고입니다."라는 한 마디에 에브라임이 그냥 넘어갔다. 그런데 입다는 그렇지 못했다. 이스라엘 공동체에 내부로부터 곪은 상처가 있었는데 기드온까지는 자정 능력에 의해서 치유가 되었지만 입다에 이르러서는 결국 터지고 말았다.

입다가 어떤 사람인가? 기생 자식이라는 사실 때문에 냉대를 받다가 암몬과의 전쟁을 승리로 이끌어서 길르앗의 머리가 된 사람이다. 행여 자기에게 온 기회를 놓칠세라 하나님께서 승리를 주시면 가장 먼저 환영하는 사람을 번제로 드리겠다는 서원을 했다가 딸을 죽이는 비극까지 체험했다. 그런 입다에게 남은 일은 길르앗의 머리가 되어 모든 사람을 다스리는 일이다. 그런데 에브라임이 말도 안 되는 억지를 부리니 용납할 수 없다. 자기가 지금의 자리에 오르기 위해서 얼마나 애를 썼는데 그런 수모를 감수한단 말인가? 당연히 버릇을 고쳐 놓아야 한다.

싸움에 패한 에브라임이 도망하려면 요단강을 건너야 한다. 그런데 강나루마다 길르앗 사람들이 지키고 있으면서 검문을 했다. 에브라임 사람들은 '쉽볼렛'이라는 단어를 제대로 발음하지 못해서 '십볼렛'이라고 했는데 이것을 확인한 것이다.

우리나라도 지방에 따라서 구음을 제대로 못하는 발음이 있다. 경상도 사람들은 '쌀'을 '살'이라고 한다. 지역감정을 예로 드는 것이 거북하지만, 경상도와 전라도가 전쟁을 해서 전라도가 이겼다고 가정해 보자. 경상도 사람들이 도망치는데 소백산맥 기슭에서 전라도 사람들이 검문을 한다.

"잠시 검문이 있겠습니다. 주민등록증 좀 보여주십시오."

"깜빡 잊고 안 갖고 왔습니다."

"고향이 어디입니까?"

"전라도 익산입니다."

"쌀이라고 해보시오."

"살"

"저쪽으로 갓! 어딜 거짓말이야?"

당시에 그런 일이 정말로 있었다. 강을 건너려는 사람마다 확인해서 쉽볼

렛을 십볼렛으로 발음하는 사람은 다 잡아 죽였는데 무려 사만 이천 명을 죽였다. 당시 에브라임 지파의 인구가 얼마나 되었을까? 가나안 입성 당시에 삼만 이천오백 명이었으니 그 사이에 얼마나 늘었는지 모르지만 에브라임 지파가 거의 멸절된 셈이다.

이런 참사를 놓고 입다가 통쾌하게 이겼다고 할 수 있을까? 이것은 동족상잔의 비극에 지나지 않는다. 힘을 모아서 외적을 몰아내어야 할 이스라엘이 저희들끼리 자존심을 세우느라 칼을 갈았다. 교회 안에 분쟁이 있다면 바로 이런 꼴이다. 누가 옳고 누가 그른지를 따지는 것은 아무 의미가 없다.

> 입다가 이스라엘의 사사가 된 지 육 년이라 길르앗 사람 입다가 죽으매 길르앗에 있는 그의 성읍에 장사되었더라(삿 12:7).

입다가 죽었다. 그런데 성경에 "입다가 사사로 있는 동안에 이스라엘이 태평하였더라"나 "입다가 이스라엘을 구원하였더라" 같은 얘기가 없다. 사사로 지내다가 죽어서 장사지냈다는 얘기로 끝이다. 소매를 걷어붙이고 자기가 누구인지를 과시하는 것으로 성경에서 사라진다. 입다 생각으로는 에브라임 족속에게 톡톡히 매운맛을 보였는지 모르지만 성경은 "입다는 별 볼일 없는 사람이었더라"라고 고발하는 셈이다.

이런 사람이 사사였다는 사실이 서글플 뿐이다. 아무리 점수를 후하게 줘도 그렇다. 죽을 때까지 입다는 길르앗 사람이었다. "이스라엘의 사사 입다가 죽으매 길르앗 한 성읍에 장사되었더라"가 아니고 "길르앗 사람 입다가 죽으매 길르앗 한 성읍에 장사되었더라"라고 한다. 입다는 이스라엘을 대표하는 구원자라기보다 자기가 속한 한 집단의 이익을 대변하는 사람이었다.

그럼에도 불구하고 하나님께서는 그가 사사로 기록되는 것을 허락하셨다. 입다 입장에서는 과분한 평가다. 그가 실제로 살아온 인생에 비하면 터무니없을 정도로 화려한 묘비명이다. 그야말로 하나님의 은혜가 아닐 수 없다. 어쩌면 우리가 이다음에 천국에 가서 들을 칭찬도 이와 같지 않을까 걱정이다.

입산, 엘론, 압돈

앞에서 소사사 여섯 명 중에 삼갈, 돌라, 야일을 확인했다. 이제 입산, 엘론, 압돈을 보자.

> 그 뒤를 이어 베들레헴의 입산이 이스라엘의 사사가 되었더라 그가 아들 삼십 명과 딸 삼십 명을 두었더니 그가 딸들을 밖으로 시집보냈고 아들들을 위하여는 밖에서 여자 삼십 명을 데려왔더라 그가 이스라엘의 사사가 된 지 칠 년이라 입산이 죽으매 베들레헴에 장사되었더라(삿 12:8-10).

한 나라를 책임졌던 사사의 행적이라고 하기에는 너무 터무니없다. 자식이 많았다더라, 이방 며느리를 맞았다고 하더라, 사위를 고르는 것도 국제적으로 놀았더라… 하는 얘기가 고작이다.

사사를 소개하면서 자식을 이방 족속과 결혼시킨 것 말고는 달리 할 얘기가 없다는 것은 참으로 불행한 일이다. 사사인 입산에게도 불행이고 그런 사람을 사사로 둔 이스라엘에게도 불행이다.

양국의 유대 강화를 위해서 왕족들 간에 혼인을 하는 것은 흔히 있었던 외교 정책이다. 삼국 시대에도 백제의 동성왕과 신라의 소지왕이 혼인 동맹을 맺어 고구려의 남하정책에 맞섰던 적이 있다. 입산도 얼마든지 그런 생각을 했을 수 있다. 국가 안보를 위한 책략으로 그보다 더 좋은 방법이 없다.

하지만 명백한 불신앙이다. 이방인과의 연혼은 하나님께서 엄금하신 내용이다. 이스라엘은 이방의 국방력을 경계했겠지만 하나님께서는 한 번도 그런 말씀을 하신 적이 없다. 정작 경계해야 할 것은 이방의 군사력이 아니라 그들의 문화와 풍습이었다. 하나님께서 금하신 내용을 인간적인 필요에 따라 수용하는 것은 곤란하다.

> 그 뒤를 이어 스불론 사람 엘론이 이스라엘의 사사가 되어 십 년 동안 이스라엘을 다스렸더라 스불론 사람 엘론이 죽으매 스불론 땅 아얄론에 장사되었더라 (삿 12:11-12).

참으로 허탈한 기록이다. 십 년 동안 사사 노릇을 했는데 기록할 만한 내용이 없다. 하지만 짧은 기록 속에 '스불론'이 세 차례나 반복되는 것으로 보아 그의 관심이나 영향력이 자기가 태어나고 자란 스불론 땅에 국한되었음을 짐작할 수 있다.

삼갈부터 차례로 생각해보면 이스라엘의 역사가 점차 어두워지고 있음을 알 수 있다. 삼갈과 돌라는 그런대로 제 몫을 했는데 돌라 이후로 야일, 입산, 엘론, 압돈은 전부 엉망이었다.

그 뒤를 이어 비라돈 사람 힐렐의 아들 압돈이 이스라엘의 사사가 되었더라 그에게 아들 사십 명과 손자 삼십 명이 있어 어린 나귀 칠십 마리를 탔더라 압돈이 이스라엘의 사사가 된 지 팔 년이라 비라돈 사람 힐렐의 아들 압돈이 죽으매 에브라임 땅 아말렉 사람의 산지 비라돈에 장사되었더라(삿 12:13-15).

압돈에게는 아들 사십과 손자 삼십이 있었다. 우리나라도 예전에는 자녀가 많은 것을 복으로 얘기했다. 이스라엘은 우리나라보다 더하면 더했지 결코 덜하지 않다. 자식이 많을수록 그것을 하나님께 받은 복으로 여겼다. 그런 문화 속에서 아들 사십에 손자 삼십을 두었다는 것은 대단한 자랑이다. 성경에 소개되지는 않았지만 딸과 손녀도 그만큼 많았을 것이다. 이토록 많은 후손을 본다는 것은 흐뭇한 일이다. 하지만 이스라엘의 사사가 마땅히 보아야 할 하나님 나라의 안녕과 평안은 보지 못했다.

하나님께서 입다에게 승리를 주신 이유가 무엇일까? 입다가 서원을 했기 때문이 아니다. 이스라엘이 의로워서도 아니다. 단지 하나님의 자비하심이었다. 그런데 이스라엘은 이방 족속의 위협에서 벗어나자마자 가장 먼저 서로가 서로를 죽이는 일에 몰두했다.

입산, 엘론, 압돈 때에는 전쟁이 없었다. 그렇다고 해서 이스라엘이 하나님 앞에 정신을 차린 결과로 평화를 누렸다는 얘기가 아니다. 징계를 해도 정신을 차리지 않으니 징계를 할 이유가 없었을 뿐이다. 그들은 집안을 챙기기에 정신이 없었다. 딸을 이방 족속에게 시집보내고 이방 여자를 며느리로 맞았다. 자손은 많이 두었는데 그 많은 자손이 전부 호사를 누리기에 바빴다.

이런 이스라엘의 역사가 대체 어디로 가게 될까? 참으로 다행인 것은 하나님께서 이스라엘의 문을 닫지 않으셨다는 사실이다. 인간의 죄보다 하나님의 사랑이 크기 때문이다. 이스라엘의 역사는 온통 범죄로 얼룩진 기록뿐이다. 모압에게 얻어맞고 미디안에게 얻어맞고 암몬에게 얻어맞고 블레셋에게 얻어맞고 아람에게 얻어맞아도 정신을 차리지 못하더니 결국 북 왕국은 앗수르에게, 남 왕국은 바벨론에게 나라가 망하고 말았다. 그래도 정신을 차리지 못했다. 하나님은 그처럼 패역한 이스라엘을 심판하기 위하여 메시야를 보내신 것이 아니라 구원하기 위하여 메시야를 보내신다.

우리가 지금 이 자리에 있을 수 있는 것도 그런 은혜를 힘입은 까닭이다. 여기에 우리의 소망이 있다. 그런 하나님의 은혜가 장차 우리를 영원한 나라로 인도하실 것이다.

삼손

삼손은 상당히 유명한 인물이다. 신자는 물론이고 불신자도 다 안다. 그렇다고 해서 오해하지는 말자. "하나님을 잘 섬긴 천하장사 삼손이 잠깐 실수로 이방 여인의 꼬임에 넘어가 힘을 상실했지만 그가 회개했을 때 하나님께서는 다시 힘을 주셨다. 그는 마지막 순간에 하나님의 이름을 부르면서 장렬하게 순교했다."라는 얘기는 성경에 없다.

삼손 얘기는 우직한 시골 총각이 요부를 사랑했다가 배신당한다는 3류 소설이 아니다. 사사기의 흐름이 점점 하나님 반대쪽으로 가고 있고, 삼손은 그런 모습을 설명하는 마지막 등장인물이라는 사실을 염두에 두는 것이 삼손을 푸는 열쇠가 된다.

우선 삼손 이야기는 사사기의 기본 패턴과 다르게 전개된다. 사사기는 이스라엘의 범죄와 하나님의 징계 그리고 이스라엘의 호소와 하나님의 구원이라는 싸이클로 반복되는 것을 앞에서 확인했다. 그런데 삼손 때는 달라진다. 이스라엘이 하나님께 구원해 달라고 부르짖는 내용이 없다.

이스라엘 자손이 다시 여호와의 목전에 악을 행하였으므로 여호와께서 그들을 사십 년 동안 블레셋 사람의 손에 넘겨 주시니라(삿 13:1).

이스라엘이 악을 행했고 하나님께서는 블레셋을 통해서 징계하신다. 지금까지의 패턴대로 하면 이스라엘이 하나님께 부르짖을 차례인데 그 부분이 없고 삼손의 출생을 얘기한다. '타락 - 징계 - 회개 - 구원'의 싸이클에서 '회개'가 빠졌다. 하다못해 입다 때는 자기들 중에 누가 싸움을 제일 잘 하는지 의논이라도 했다. 그것도 그리 잘한 일은 아니지만 이제는 그런 모습마저 없다.

평소에는 마음대로 살다가 어려운 일이 생기면 기도를 하는 것은 잘하는 일이 아니다. 그러면 어려운 일이 있는데도 기도를 하지 않으면 뭐라고 해야 할까? 그나마 '나이롱 신자'도 못 된다는 얘기이다. 자기가 예수를 믿는 사람이라는 최소한의 인식도 없다.

당시 이스라엘이 그랬다. 하나님의 징계로 곤고한 중에 있으면서도 회개할 수준이 안 되었다. 그래서 모든 일을 하나님 혼자 하실 수밖에 없었다. 이스라엘이 꾸준히 악을 행하고 있는 동안에 삼손을 준비하신 것이다. 사무엘 때는 어머니 한나가 아들을 달라고 기도라도 했지만 삼손 때는 그런 모습도 없다. 하나님을 향한 아무런 기대도 없을 때 하나님의 사자가 마노아의 아내를 찾아왔다.

소라 땅에 단 지파의 가족 중에 마노아라 이름하는 자가 있더라 그의 아내가 임신하지 못하므로 출산하지 못하더니 여호와의 사자가 그 여인에게 나타나서 그에게 이르시되 보라 네가 본래 임신하지 못하므로 출산하지 못하였으나 이제 임신하여 아들을 낳으리니 그러므로 너는 삼가 포도주와 독주를 마시지 말며 어떤 부정한 것도 먹지 말지니라(삿 13:2-4).

여인이 남편을 맞았으면 새로운 생명을 잉태해야 하는데 마노아의 아내는 그렇지 못했다. 한 남자의 아내가 되어 그 남자의 정기를 받고 있으면서도 거기에 합당한 반응을 보이지 못했다. 당시 이스라엘도 당연히 있어야 할 하나님의 선민다운 모습이 없었다. 그래서 하나님께서 직접 개입하신다는 사실이 마노아의 아내를 찾아오신 것으로 묘사된다.

마노아의 아내에게 아들을 낳을 것이라는 말과 함께 가장 먼저 포도주와 독주를 마시지 말라고 했다. 민수기 6장에 나실인에 대한 설명이 나오는데 나실인에게는 지켜야 할 몇 가지 규례가 있었다. 우선 포도나무의 소산이나 술을 마실 수 없었다. 머리를 자르면 안 되었고 또 시체를 가까이 할 수도 없었다. 심지어는 부모 형제가 죽은 경우에도 그를 가까이 할 수 없었다.

나실인은 거룩한 사람, 구별된 사람이라는 뜻인데 이스라엘이 바로 그렇다. 하나님의 사역을 위해서 구별된 민족이다. 이 의미를 지금에 되살리면 우리가 바로 나실인이다. 우리야말로 이 세상에서 구별되어 하나님의 이름으로 한 자리에 모인 사람들이다.

삼손의 어머니는 나실인이 아닌데도 자기 안에 있는 생명을 위해서 포도주를 금했다. 이런 모습은 주변에서 흔하게 볼 수 있다. 여자가 아이를 가지면 평소에 아무리 커피를 즐겼어도 커피를 마시지 않는다. 감기를 앓아도 고생을 하고 말지, 약을 먹어서 치료하지 않는다. 아내가 딸을 가졌을 적에는 과일도 모양이 예쁜 것만 골라 먹었던 것을 기억한다.

커피를 마시거나 감기약을 먹는 것이 잘못은 아니다. 하지만 생명을 잉태했으면 얘기가 다르다. 마찬가지이다. 우리 안에 예수 생명이 있다면 우리 역시 마땅히 절제해야 한다. 절제하지 않는 것이 잘못일 수는 없지만 더 큰 가치를 위해서 당연한 권리조차도 포기할 수 있어야 한다.

젊은 여자들이 몸매를 위해서 음식을 삼가는 것을 볼 수 있다. 피자를 먹고 아이스크림을 먹는 것이 무슨 잘못일까? 하지만 마치 큰 잘못이라도 되는 양 호들갑스럽게 외면한다. 이 세상을 살면서 세속적인 즐거움을 누리는 게 잘못은 아니다. 하지만 잘못이 아니라는 이유로 일일이 찾아다니면 대체 예수는 언제 믿을까? 우리 안에 있는 경건과 영성은 언제 훈련시키고, 한때 유행했던 우스갯소리로 소는 누가 키운단 말인가?

"술 취하지 말라 이는 방탕한 것이니 오직 성령으로 충만함을 받으라(엡 5:18)"라는 말씀이 있다. 상당히 자주 오용되는 말씀이다. "성경에 술 취하지 말라고 했지, 술 마시지 말라는 말씀이 어디 있느냐?"라는 얘기를 한두 번 들은 게 아니다. 그런데 "성경에 죽도록 충성하라고 했지, 언제 대충 충성하라고 했느냐?"라는 얘기는 들어본 적이 없다. 성경에 있는 다른 말씀에는 신경 쓰지 않으면서 술 마시지 말라는 직접적인 언급이 없다는 사실은 왜 그렇게 금과옥조처럼 여기는지 이해가 안 된다.

이 말씀은 그런 뜻이 아니다. "바지를 입지 말고 치마를 입어라"는 말이 되지만 "바지를 입지 말고 설거지를 해라"는 말이 되지 않는다. 바지와 치마는 둘 다 입는 것이라는 공통점이 있지만 바지와 설거지는 공통점이 없기 때문이다.

"술 취하지 말라 이는 방탕한 것이니 오직 성령으로 충만함을 받으라"도 본래 말이 되지 않는다. 그런데 성경에 이런 기록이 있다. 그러면 술 취한 것과 성령 충만한 것 사이에 공통점이 있어야 한다.

술에 취한 사람은 자기가 자기를 지배하지 못한다. 술이 그 사람을 지배한다. 성령 충만한 사람도 그렇다. 자기의 죄 된 본성이 자기를 주장하는 것이 아니라 성령의 이끌리심을 받는다. 결국 누가 그 사람을 지배하느냐하는, 장악하는 힘에 공통점이 있다.

술 취한 사람은 자기 입으로 취했다고 하지 않아도 누구나 다 안다. 걸음걸이가 다르고 목소리도 다르다. 술 취한 사람에게서 술 취한 티가 나는 것처럼 우리한테서는 신자인 티가 나야 한다. 자기 입으로 신자라고 일일이 얘기를 해서 알리는 것이 아니라 우리의 모습이 그래야 한다. 우리는 성령의 지배를 받는 사람들이다. 술에 취한 사람이 몸을 가누지 못해서 흐느적거리는 것처럼 우리 역시 제정신이 아닌 모습(?)이 있어야 한다.

노아 홍수 직전, 하나님께서 성령님을 거두어 가셨다. 성경에는 "여호와께서 이르시되 나의 영이 영원히 사람과 함께하지 아니하리니 이는 그들이 육신이 됨이라"라고 기록되어 있다. 당시 사람들이 고깃덩어리에 불과했다.

만일 하나님이 또 그렇게 하시면 어떻게 될까? 오늘 자정을 기해서 성령님께서 더 이상 활동을 안 하신다. 내일부터 모든 신자는 성령님과 관계없이 지내야 한다. 그러면 우리한테 어떤 변화가 있을까? 혹시 아무런 변화가 없지는 않을까? 성령님이 이 세상에 계실 때나 안 계실 때나 똑같다면 우리는 대체 누구란 말인가? 우리가 정말로 성령님의 감동하심에 순종하고 있을까? 진지하게 고민해 봐야 한다.

또 나실인은 머리를 자르면 안 된다.

그러나 나는 너희가 알기를 원하노니 각 남자의 머리는 그리스도요 여자의 머리는 남자요 그리스도의 머리는 하나님이시라 무릇 남자로서 머리에 무엇을 쓰고 기도나 예언을 하는 자는 그 머리를 욕되게 하는 것이요 무릇 여자로서 머리에 쓴 것을 벗고 기도나 예언을 하는 자는 그 머리를 욕되게 하는 것이니 이는 머리를 민 것과 다름이 없음이라 만일 여자가 머리를 가리지 않거든 깎을 것이요 만일 깎거나 미는 것이 여자에게 부끄러움이 되거든 가릴지니라 남자는 하나님의 형상과 영광이니 그 머리를 마땅히 가리지 않거니와 여자는 남자의 영광이니라(고전 11:3-7).

여자는 머리를 기르고 남자는 머리를 잘라야 한다. 남자가 여자를 주장하기 때문이다. 남자가 여자보다 높다는 뜻이 아니라 남자가 여자를 대표한다는 뜻이다. 집에서도 남자가 가장이다. 여자보다 우월하다는 뜻이 아니다. 단지 질서가 그렇다. 여자는 이것을 인정하는 뜻으로 머리를 기르고 남자는 그 책임을 받아들인다는 뜻으로 머리를 자른다.

그런데 나실인은 머리를 자르면 안 된다. "나 스스로 나를 대표하지 않는다. 하나님께서 나를 주장하신다."라는 뜻이다.

또 시체를 가까이 하면 안 된다. 시체는 죽은 것을 말한다. 사망에 붙잡힌 모습이다. 사람들은 보편적으로 존재하는 것은 당연한 것으로 오해하는 경향이 있다. 죽음이 단적인 예이다. 사람은 누구나 죽는다. 그렇다고 해서 죽음이 정상적인 현상은 아니다. 죽는 것은 죄의 결과이기 때문이다. 본래 안 죽어야 정상인데 죄로 인한 병리적인 현상으로 죽음이 초래되었다.

죽음은 죄의 결과인데 하나님은 죄와 관계없으신 분이다. 죄의 흔적조차도 싫어하시고 홀로 거룩하신 분이다. 그런 하나님께 복종하는 하나님의 친위대로써 나실인은 당연히 죽음의 모습인 시체에서 자신을 격리해야 한다. 심지어는 부모나 형제가 죽은 경우라도 그 시체에 가까이 할 수 없었다. 이것이 오직 하나님으로만 주인을 삼는 나실인이 지켜야 할 규례였다. 삼손에게는 이런 책임이 있었다.

사람들은 흔히 삼손만 기억한다. 그런데 성경의 관심은 다르다. 사사기 13장 한 장을 다 할애해서 삼손 부모를 얘기한다. 아이를 낳지 못하면서도 하나님께 구할 줄 모르는 삼손 부모처럼 당시 이스라엘이 그랬다는 지적이다. 블레셋의 압제에 시달리면서도 하나님께 부르짖을 줄 몰랐다.

참으로 다행인 것은 하나님께서 삼손 부모에게 아이를 허락하신 것처럼 블레셋의 압제 아래 있으면서도 도와달라고 할 줄 모르는 이스라엘을 위해서 삼손을 보내신다는 사실이다. 이렇게 해서 삼손이 태어난다.

> 삼손이 딤나에 내려가서 거기서 블레셋 사람의 딸들 중에서 한 여자를 보고 올라와서 자기 부모에게 말하여 이르되 내가 딤나에서 블레셋 사람의 딸들 중에서 한 여자를 보았사오니 이제 그를 맞이하여 내 아내로 삼게 하소서 하매(삿 14:1-2).

뭔가 잘못된 것 같다. 삼손은 평범한 사람이 아니다. 하나님께서 이스라엘을 구원하실 목적으로 태어나게 한 나실인이다. 그런 목적에 어울리게 모태에서부터 거룩하게 구별되었다. 나실인이 아닌 삼손의 어머니조차 포도주와 독주를 마시지 말아야 했다. 그런데 성경에 기록된 삼손의 첫 마디가 블레셋 여자와 결혼하겠다는 것이다.

> 그의 부모가 그에게 이르되 네 형제들의 딸들 중에나 내 백성 중에 어찌 여자가

없어서 네가 할례 받지 아니한 블레셋 사람에게 가서 아내를 맞으려 하느냐 하니 삼손이 그의 아버지에게 이르되 내가 그 여자를 좋아하오니 나를 위하여 그 여자를 데려오소서 하니라(삿 14:3).

삼손의 부모는 당연히 말렸다. 이스라엘에 여자가 없어서 할례 받지 않은 블레셋 사람에게 가서 아내를 맞으려 하느냐고 했다. 그런데 요지부동이다. 자기가 그 여자를 좋아한다는 것이 그 이유였다.

삼손의 선택 기준이 참으로 저급하다. 자기만 좋으면 그만이다. 그것이 과연 사회적으로 용인되는지 관심이 없다. 부모님은 뭐라고 하시는지도 관심이 없고 심지어 하나님은 뭐라고 하실지에도 관심이 없다. "그때에 이스라엘에 왕이 없으므로 사람이 각각 자기 소견에 옳은 대로 행하였더라"라는 사사기의 전체 주제와 무관하지 않다.

그때에 블레셋 사람이 이스라엘을 다스린 까닭에 삼손이 틈을 타서 블레셋 사람을 치려 함이었으나 그의 부모는 이 일이 여호와께로부터 나온 것인 줄은 알지 못하였더라(삿 14:4).

무슨 뜻일까? 설마 삼손이 블레셋을 공격할 단초를 얻기 위해서 결혼을 추진했는데, 그것이 하나님 주신 계책이라는 뜻일까? 그럴 수는 없다. 그러면 하나님의 도덕성에 문제가 생긴다. 이방인과의 통혼을 금지시킨 분이 하나님이다. 그런 하나님께서 블레셋을 칠 구실을 만들려고 스스로 금지시킨 일을 사주한다는 것은 말이 되지 않는다.

삼손은 하나님에 의해서 선택된 사람이다. 그가 무엇을 하든지 하나님께서는 그를 통해서 블레셋을 징벌할 경륜을 갖고 계시다. 삼손이 하나님께 순종하면 그 일이 이루어지지만 삼손이 불순종하면 이루어지지 않는 것이 아니다. 하나님의 뜻은 이뤄지게 마련이다. 삼손이 자기 임무를 망각하고 블레셋 여인과의 결혼을 추진한다고 해서 하나님의 일이 방해받지는 않는다. 뒤에 나오는 내용을 통해서도 알 수 있지만, 삼손은 여자에 약하다. 그런 약점 때문에 하나님의 일이 망치는 게 아니라 오히려 이루어진다. 결국 모든 일이 하나님께 달려 있는 셈이다.

> 삼손이 그의 부모와 함께 딤나에 내려가 딤나의 포도원에 이른즉 젊은 사자가 그를 보고 소리 지르는지라 여호와의 영이 삼손에게 강하게 임하니 그가 손에 아무것도 없이 그 사자를 염소 새끼를 찢는 것 같이 찢었으나 <u>그는 자기가 행한 일을 부모에게 알리지 아니하였더라</u>(삿 14:5-6).

삼손이 이방 여인과의 결혼을 추진할 때의 일이다. 중간에 사자를 만났는데 맨손으로 찢어 죽였다. 삼손이 사자를 만난 사실은 어떤 메시지일 수 있다. 자기 행위가 하나님 보시기에 옳지 않은 일은 아닌지 돌아보는 계기가 될 수도 있었다. 삼손이 사자에게 물려서 전치 10주 정도의 상처를 입고 입원했으면 그런 생각을 했을 것이다. 병원 침대에 누워 링거를 맞으면서 "맞아, 그러고 보니 내가 제정신이 아니었어. 하나님께서 그런 나를 막으시려고 사자를 보내신 거야…" 하는 생각을 했을 텐데, 그만 사자를 단숨에 찢어 죽이고 말았다. 하나님의 개입을 느낄 여지가 없었다. 삼손의 눈에는 마땅히 보였어야 할 하나님의 개입은 보이지 않고 보이지 않았어야 할 여인의 자태만 보였다.

얼마 후에 삼손이 그 여자를 맞이하려고 다시 가다가 돌이켜 그 사자의 주검을 본즉 사자의 몸에 벌 떼와 꿀이 있는지라 손으로 그 꿀을 떠서 걸어가며 먹고 그의 부모에게 이르러 그들에게 그것을 드려서 먹게 하였으나 <u>그 꿀을 사자의 몸에서 떠왔다고는 알리지 아니하였더라</u>(삿 14:8-9).

어느 정도의 시간이 지났다. 삼손이 여자를 데리러 가는데 도중에 자기가 죽인 사자의 주검을 보니 꿀이 고여 있었다. 삼손이 그 꿀을 먹고 또 부모에게도 드렸는데, 어디에서 난 꿀인지는 얘기하지 않았다.

삼손은 나실인이다. 시체를 가까이 하면 안 된다. 그런데 시체에 고인 것을 먹기까지 했다. 물론 부모도 먹었지만 부모는 나실인도 아닐 뿐더러 어디에서 난 꿀인지 알지도 못했다. 성경은 삼손이 사자를 찢어 죽인 일도 부모에게 알리지 않았다고 하더니 꿀이 어디서 났는지도 알리지 않았다고 한다. 삼손이 행한 일에 삼손 부모는 아는 바가 없음을 강조한 것이다. 이 말을 뒤집으면 삼손에게는 책임이 있다는 뜻이다.

삼손의 아버지가 여자에게로 내려가매 삼손이 거기서 잔치를 베풀었으니 청년들은 이렇게 행하는 풍속이 있음이더라(삿 14:10).

삼손이 처가에 가서 잔치를 배설했다. 당연한 절차인 것 같은데 그렇지 않다. 이스라엘 풍습에 맞지 않기 때문이다. 마태복음에 나오는 열 처녀 비유를 보면 알 수 있다. 신부 집에서 잔치를 하고 있으면 신랑이 와서 신부를 데려가는 것이 이스라엘 결혼 풍습이다. 그런데 삼손은 블레셋 풍습을 따라서 처가에서 잔치를 베풀었다. 삼손이 "나는 비록 택한 백성 이스라엘 사람이지만 저 블레셋 여자가 마음에 든다. 사랑에 국경이 어디 있느냐?"라는 마음으로 결혼을 추진한 것이 아니라 정신마저 블레셋에 오염되어 있었다는 뜻이다.

잔치를 즐기던 삼손이 수수께끼를 내겠다고 한다. 답을 맞히면 베옷 삼십 벌과 겉옷 삼십 벌을 줄 테니 맞히지 못하면 베옷 삼십 벌과 겉옷 삼십 벌을 달라고 하자, 블레셋 사람들이 동의했다. 그러자 먹는 자에게서 먹는 것이 나오고 강한 자에게서 단 것이 나온 것이 뭐냐고 묻는다. 자기가 찢어 죽인 사자의 몸에 생긴 꿀을 먹은 경험을 수수께끼로 만든 것이다.

블레셋 사람들은 도저히 풀 재간이 없었다. 그래서 편법을 동원한다. 삼손의 아내를 협박한 것이다. 삿 14:16에 "삼손의 아내가 그의 앞에서 울며 이르되 당신이 나를 미워할 뿐이요 사랑하지 아니하는도다 우리 민족에게 수수께끼를 말하고 그 뜻을 내게 알려 주지 아니하도다 하는지라 삼손이 그에게 이르되 보라 내가 그것을 나의 부모에게도 알려 주지 아니하였거든 어찌 그대에게 알게 하리요"라고 기록되어 있다. 이런 대화가 한 번만 오갔을 리는 없다. 삼손이 결국 답을 말하고 말았다.

삼손 아내의 얘기는 이치적으로 말이 되지 않는다. 삼손에게 투정을 부릴 것이 아니라 블레셋 사람들을 꾸짖어야 했다. "당신들, 그런 법이 어디 있어? 내기를 했으면 머리를 짜서 문제를 맞히든지 아니면 내기에 진 대가를 치르야지, 왜 이렇게 치사한 짓을 하는 거야?" 하고, 블레셋 사람들의 잘못을 지적하는 것이 맞다. 그런데 삼손한테 억지를 부렸다.

이런 억지가 의외로 흔하다. 세상을 살면서 신앙을 지키는 일은 저절로 되지 않는다. 이 세상 원칙이 죄이기 때문에 죄와 타협하지 않고 살아가려면 그만한 손해를 감수해야 한다. 그런데 이상한 일이 있다. 신앙을 지키다가 손해를 보면 무엇을 원망해야 할까? 그것은 신앙이 잘못된 때문이 아니라 세상이 잘못된 때문이다. 당연히 세상이 원망스러워야 한다. 그런데 교회를 원망하고 신앙을 원망한다. 괜히 말씀대로 살아서 손해 봤다는 푸념을 한두 번 들은 게 아니다.

결국 내기에 진 삼손이 겉옷 삼십 벌과 베옷 삼십 벌을 구해 와야 했다. 성경 시대의 옷은 지금의 옷과 개념이 달랐다. 당시 겉옷 한 벌은 가난한 사람의 전 재산이기도 했다. 보통 때는 입고 있다가 잠을 잘 때는 덮고 잤다. 전당포에서 전당 잡을 경우라도 날이 저물기 전에 돌려주곤 했다. 그런 옷을 삼십 벌이나 준비해야 했고, 그와 별도로 베옷도 삼십 벌이 필요했다.

이때 삼손은 아스글론에 가서 그곳 사람 삼십 명을 죽이고 옷을 노략했다. 원색적으로 표현하면 노름빚을 갚기 위해서 살인을 했다. 아스글론 사람이 이스라엘의 구원을 위해서 마땅히 격퇴해야 할 블레셋 족속인 것은 맞다. 가드, 가사, 아스돗, 아스글론, 에글론이 블레셋의 주요 도시이다. 우리가 잘 아는 골리앗이 가드 출신이다.

하지만 삼손이 아스글론 사람을 죽인 것은 얘기가 다르다. 삼손은 하나님께 위탁받은 성전(聖戰)을 수행한 것이 아니라 자기의 개인적인 감정을 발산했는데 공교롭게도 그 대상이 블레셋이었던 것뿐이다. 드보라가 가나안을 이긴 것이나 기드온이 미디안을 무찌른 것과는 차원이 다르다.

삼손에게는 자기가 하나님의 사람이라는 의식이 없었다. 자기 하고 싶은 대로 했는데 우연히 하나님의 뜻과 방향이 같았을 뿐이다. 만일 삼손이 내기에서 이겼다고 가정해 보자. 자기 주변에 아스글론 사람이 있거나 말거나 블레셋 여자와 결혼해서 아들, 딸 낳고 오순도순 잘 살았을 것이다.

몇 해 전, 제법 추운 겨울이었다. 청년들이 길거리에서 찬양을 하며 전도지를 나눠주고 있었다. 대견스러운 생각이 들어서 슬쩍 인사를 건넸다. "춥지 않나요?" 아마 그 청년도 내가 크리스천인 것을 알아차렸을 것이다. "마음에 기쁨이 있으니 괜찮아요." 하고 답했다.

끝난 다음 따뜻한 차라도 사 마시라고 만 원짜리 한 장 쥐어주고 가는데 그 얘기가 괜히 걸렸다. "마음이 기쁨이 없으면 어떻다는 얘기일까?" 물론 그런 뜻으로 한 말이 아닌 것은 안다. 하지만 곧이곧대로 받아들이면 뜻이 이상하게 된다. 아무리 주님이 기뻐하시는 일이라도 자기 마음에 기쁨이 없으면 안 한다는 뜻이 되기 때문이다.

어떤 사람이 교회에서 봉사를 하는데 그것이 재미있을 수 있다. 교회 봉사에서 재미를 느끼는 것이 잘못일 수는 없다. 하지만 재미있으면 봉사하고 재미없으면 봉사하지 않는 것은 잘못이다. 자기가 느끼는 재미가 마침 교회의 진행 방향과 일치하면 봉사하고 일치하지 않으면 봉사하지 않는 것은 봉사가 아니다. 우리는 우리의 기호가 아니라 하나님의 뜻을 기준으로 삼는 사람들이다.

이렇게 해서 삼손의 결혼이 실패로 돌아갔다. 약속대로 옷은 마련해줬지만 자기 아내를 협박해서 답을 알아낸 것에 노를 발하며 집으로 가버렸다. 애초부터 삼손이 이 모든 일을 기획해서 블레셋을 공격한 것이 아니라 하나님께서 여색을 밝히는 삼손의 약점까지도 도구로 쓰신 것이다. 삼손이 블레셋 여자와 결혼할 마음을 먹지 않았다고 해도 하나님께서는 얼마든지 삼손을 통해서 블레셋을 징벌하실 수 있는 분이다.

삼손이 이방 여자와 결혼을 추진하는 불미스러운 과정을 통해서도 하나님의 뜻이 이루어졌던 것처럼 하나님께서 하시고자 하는 일은 언제나 이루어지게 마련이다. 결국 남는 것은 우리의 책임이다. 우리가 욕심대로 살면 욕심은 이루어지지 않고 하나님의 뜻만 이루어질 것이다. 하지만 하나님 뜻 대로 살면 하나님의 뜻이 이루어지는 것은 물론이고 우리 이름도 같이 아름 답게 남을 것이다. 우리는 "내가 무엇을 하고 싶은가?"가 아니라 "하나님께 서 뭐라고 하셨는가?"를 물어야 하는 사람들이다.

시간이 얼마나 지났을까? 결혼이 없던 일로 돌아간 줄도 모르고 삼손이 처가로 갔다. 자기와 결혼하기로 했던 여자는 이미 다른 남자에게 시집간 다음이었다. 장인이 궁여지책으로 처제를 아내로 맞을 것을 권했는데 그 말이 삼손의 심기를 불편하게 했다. "이번은 내가 블레셋 사람들을 해할지 라도 그들에게 대하여 내게 허물이 없을 것이니라"라고 하더니, 그 분풀이 로 여우 삼백 마리를 잡아서 꼬리와 꼬리를 매고 그 사이에 홰를 달고는 블 레셋 사람들의 곡식밭을 불태웠다.

참 이해가 안 된다. 블레셋 사람들이 무슨 잘못을 했을까? 결혼식 성사 직전에 노름빚을 갚기 위해 자기 동족 삼십 명을 죽인 황당한 사위가 어디 론가 사라지자, 장인이 딸을 다른 남자에게 보냈다. 삼손한테 혹시 서운한 감정이 있다면 장인에게 있어야 한다. 그 일이 어떻게 해서 블레셋에게 보복 할 근거가 되는지 알다가도 모를 일이다.

게다가 이번에는 블레셋 사람을 해하더라도 자기한테 허물이 없을 것이 라고 했다. 예전에는 허물이 있었음을 암시한다. 노름빚 때문에 아스글론 사람을 죽인 일을 염두에 두고 하는 말이다. 삼손이 블레셋과 싸운 것은 순 전히 자기 필요에 의한 것이었음을 스스로 인정하고 있다. 블레셋이 이스라 엘을 압제하건 말건 관심이 없다. 할 수만 있으면 블레셋 여자와 결혼도 하 고, 블레셋 동무들도 사귀면서 바람에 나는 겨처럼 세상 풍조대로 살고 싶은데 곤경에 처한 자신의 입장 때문에 블레셋과 싸웠다.

그런데 일이 커진다. 진노한 블레셋 사람들이 삼손의 장인과 아내를 죽인 것이다. 삼손이 가만히 있을 리 없다. 삼손도 경우에 어긋나지만 블레셋 사람들도 마찬가지이다. 삼손의 장인과 아내가 왜 보복을 당해야 할까? 이 일이 또 삼손의 심사를 건드렸다. 삿 15:7에 "삼손이 그들에게 이르되 너희가 이같이 행하였은즉 내가 너희에게 원수를 갚고야 말리라"라고 기록되어 있다. 블레셋 사람들이 삼손의 장인과 아내에게 보복한 것도 이해가 되지 않지만 삼손이 원수를 갚겠다는 말도 이해가 되지 않는다. 삼손은 자기 아내를 다른 사람에게 주었다는 장인의 말을 듣고는 엉뚱하게 블레셋 사람들에게 화풀이를 한 사람이다. 장인이나 아내에게 애정이 있어서 복수를 다짐했다고는 생각되지 않는다. "너희들이 감히 나와 관계 된 사람을 건드렸어? 내가 누구인줄 알고!" 하고 혈기를 부린 것에 불과하다.

이렇게 해서 다시 한 번 일을 저지른 삼손이 에담 바위 틈에 머무른다. 그러자 당시 이스라엘 사람들의 의식 수준을 보여주는 일이 벌어진다.

> 이에 블레셋 사람들이 올라와 유다에 진을 치고 레히에 가득한지라 유다 사람들이 이르되 너희가 어찌하여 올라와서 우리를 치느냐 그들이 대답하되 우리가 올라온 것은 삼손을 결박하여 그가 우리에게 행한 대로 그에게 행하려 함이로라 하는지라(삿 15:9-10).

삼손이 머문 에담 바위틈은 유다 지파가 거주하는 지역이었다. 블레셋 사람들이 몰려들자, 유다 지파 사람들이 무슨 영문인지 묻는다. 자기들은 블레셋 사람들에게 적대 반응을 보인 적 없이 얌전하게 살고 있는데 왜 까닭 없이 자기들을 공박하느냐는 것이다.

유다 지파는 한때 막강한 왕 아도니 베섹을 굴복시키기도 했다. 그런 유다 지파가 블레셋 사람들을 대하는 모습이 애처롭기 그지없다. 성경에는 "너희가 어찌하여 올라와서 우리를 치느냐?" 하고, 마치 추궁하는 것처럼 기록되었지만 문맥을 보면 그렇지 않다. 아마 "나리들! 웬일이십니까? 어인 일로 여기까지 왕림하셨습니까?" 하고, 연신 허리를 굽실거리고 손바닥까지 비비면서 말했을 것이다.

블레셋 사람들은 삼손을 잡으러 왔다고 용건을 얘기했고, 그 말을 들은 유다 지파는 다행이라고 안도의 한숨을 쉬었을 것이다.

> 유다 사람 삼천 명이 에담 바위틈에 내려가서 삼손에게 이르되 너는 블레셋 사람이 우리를 다스리는 줄을 알지 못하느냐 네가 어찌하여 우리에게 이같이 행하였느냐 하니 삼손이 그들에게 이르되 <u>그들이 내게 행한 대로 나도 그들에게 행하였노라</u> 하니라(삿 15:11).

유다 사람들이 무려 삼천 명이나 몰려가서 삼손에게 항의했다. 블레셋이 자기들을 다스리고 있는 것을 뻔히 알면서 왜 비위를 건드렸느냐는 것이다. 철저하게 노예근성에 찌든 모습이다. 뒤에 나오지만 이때 블레셋은 천 명이었다. 도무지 말이 되지 않는다. 천 명 앞에서는 쩔쩔매면서 삼손을 대적하기 위해서는 삼천 명씩이나 동원되었다.

성경에서 삼손은 두 가지 배역을 보여준다. 하나님에 대해서는 이스라엘의 죄악을 상징하고 이스라엘에 대해서는 하나님의 구원을 상징한다. 그의 출생 배경부터 모든 사역을 이런 관점에서 보면 거의 틀림없다. 하나님께 구원을 바라지도 않았는데 하나님께서 구원의 도구로 보낸 사사가 바로 삼손이었다. 그런 사실에서 삼손은 하나님의 손길이었다. 그런데 정작 삼손은 어떤가? 하나님의 은혜를 혼자 입고 있으면서도 하나님의 뜻과 전혀 관계없이 행동했다. 그런 점에서는 이스라엘의 대표이다.

> 우리가 애굽에서 당신에게 이른 말이 이것이 아니냐 이르기를 우리를 내버려 두라 우리가 애굽 사람을 섬길 것이라 하지 아니하더냐 애굽 사람을 섬기는 것이 광야에서 죽는 것보다 낫겠노라(출 14:12).

앞에는 홍해가 막혀 있고 뒤에는 애굽 군대가 추격해 온다. 그러자 이스라엘이 모세를 원망한다. 자기들은 애굽 땅에서 종으로 행복하게(?) 살고 있었는데 괜히 들쑤시는 바람에 전부 죽게 되었다는 것이다.

출애굽 당시의 이 얘기나 지금 유다 지파가 하는 얘기나 별 차이가 없다. 애굽에서 갓 나올 때의 신앙이나 젖과 꿀이 흐르는 땅에 들어온 다음의 신앙이나 똑같다. 예전에 걱정하던 문제는 지금도 걱정이고 예전에 불평하던 문제는 지금도 불평이다. 교회를 10년 다니고, 20년 다녀도 전혀 신앙 진전이 없는 모습을 그대로 보는 듯하다.

유다 지파는 삼손을 자기들을 위한 구원의 통로로 본 것이 아니라 자기들에게 해를 끼치는 선동자로 보았다. 그렇다고 해서 유다 지파만 한심하고 삼손은 때를 잘못 만난 고독한 영웅이었다는 얘기가 아니다. 삼손도 나은 것이 없다. 왜 자기들을 번거롭게 하느냐는 유다 지파의 질책에 "그들이 내게 행한 대로 나도 그들에게 행하였노라"라고 대답했다. 삼손이 알고 있는 블레셋은 하나님의 나라 이스라엘의 원수가 아니라 자기의 개인적인 원수였다. 블레셋이 이스라엘을 해롭게 하건 말건 자기를 해롭게 하지만 않았으면 삼손도 신경 쓰지 않았을 것이다. 삼손의 전 인생은 언제나 이렇게 개인적이었다. 하나님의 나라와 하나님의 사역을 위해서 부름받은 모습이 없었다.

설령 삼손이 하나님의 구원 사역에 관계없는 평범한 사람이었다고 해도 그렇다. 유다 지파에 대한 삼손의 대답에 주목해 보자. 삼손은 블레셋 사람들이 자기에게 행한 대로 자기도 행한 것뿐이라고 했다. 블레셋 사람들이 먼저 자기에게 그렇게 하지 않았으면 자기도 가만히 있었을 것이라는 뜻이다.

블레셋 사람들이 삼손에게 어떤 해로운 일을 했을까? 삼손의 속마음은 알 수 없지만 장인과 아내를 죽였다는 것이 겉으로 나타난 이유이다. 그러면 장인과 아내를 죽인 책임으로 블레셋 사람 몇 명까지 죽일 수 있을까? 삼손은 그의 대답처럼 블레셋 사람들이 자기에게 행한 대로 갚는 것이 아니라 자기 기분이 풀릴 때까지 분풀이를 하고 있다. 하나님의 사역에 동참하는 것은 고사하고 저잣거리의 왈패만도 못한 모습이다.

이런 삼손에게는 따르는 사람이 없었다. 기드온이 나팔을 불었을 때는 삼만 이천 명이 모였다. 실제로 전투에 참가한 사람은 삼백 명이었지만 모인 인원은 삼만 이천 명이었다. 에훗도 암살은 혼자 했지만 본격적인 모압 소탕 작전은 군사를 일으켜서 했고, 입다에게도 따르는 군사가 있었다. 그런데 삼손은 혼자였다. 이 사실만으로 충분한 메시지가 된다.

당시 이스라엘에는 하나님께서 세우신 구원자가 있었음에도 불구하고 아무도 관심이 없었다. 물론 그 구원자조차 함량 미달이었지만 이스라엘도 포장까지 완전하게 된 '완제품 구원'을 안겨주기 전에는 그것을 받을 마음이 없었다. 블레셋의 노예로 지내는 손바닥만한 평온을 유지하기 위해서는 삼천 명씩이나 동원하면서 하나님 나라를 지키는 일에는 관심이 없었다. 왠지 거울을 보는 느낌이다. 교회의 유익을 도모하는 일에는 관심이 없다가도 자신의 기득권을 챙기는 일에는 벌 떼 같이 일어나는 모습이 낯설지 않다.

어쨌든 이렇게 해서 삼손이 블레셋 사람에게 넘겨진다. 순순히 결박을 받은 것이다. 밧줄에 묶인 삼손을 보고 블레셋 사람들은 잠시 환호했지만 그것이 전부였다. 여호와의 영이 삼손에게 임했고, 밧줄은 불 탄 삼과 같이 끊어졌다.

마침 나귀 턱뼈가 있었다. 삼손이 그것으로 블레셋 사람 일천 명을 쳐서 죽였다. "나귀 턱뼈는 엄청난 살상 무기다. 앞으로 모든 군인이 창이나 칼 대신 나귀 턱뼈로 무장하면 천하무적이겠다!"라는 뜻이 아니다. "삼손은 일천 명과 싸워서도 이길 만큼 힘이 장사였다."라는 뜻도 아니다. 나귀 턱뼈로 열 명을 상대해서 이겼으면 장사라고 할 수 있을지 몰라도 일천 명을 죽였다는 것은 사람이 한 일이 아니라는 뜻이다.

누군가 이 내용을 설교하면서, 보잘것없는 나귀 턱뼈였지만 삼손의 손에 들린 다음에는 엄청난 위력을 발휘했다고 하는 것을 들은 적이 있다. 물론 맞는 말이다. 하지만 그것으로는 모자라다. 그 삼손을 붙드신 분은 하나님이셨다. "나귀 턱뼈를 사용하는 삼손"에 주목하느라고 "삼손을 사용하시는 하나님"을 놓치면 곤란하다. 나귀 턱뼈가 혼자서 움직일 수 없는 것처럼 삼손 역시 그렇다.

그 삼손이 "나귀의 턱뼈로 한 더미, 두 더미를 쌓았음이여 나귀의 턱뼈로 내가 천 명을 죽였도다(삿 15:16)"라고 했는데, 말을 마친 다음에 턱뼈를 내던지고는 그곳 이름을 "라맛 레히"라고 했다. "턱뼈의 산"이라는 뜻이다.

삼손은 자기한테 승리를 주신 분이 하나님이라는 사실을 모르는 것 같다. 승리의 영광을 하나님께 돌리는 대신 자기의 전공을 기념하는 탑을 세웠다. "하나님께서 승리를 주셨습니다"라는 뜻의 제단을 쌓은 것이 아니라 "내가 이만한 공을 세웠노라"라는 전공비를 세웠다.

성경은 이런 삼손의 인생을 "블레셋 사람의 때에 삼손이 이스라엘의 사사로 이십 년 동안 지냈더라(삿 15:20)"라고 평한다. 참으로 암울한 평가다. 왜 "삼손이 이스라엘의 사사로 있던 때에"라고 하지 않고 "블레셋 사람의 때에"라고 할까? 삼손이 사사로 있던 시대에 블레셋 사람들이 있었던 것이 아니라 삼손이 사사로 있었음에도 불구하고 그 시대는 블레셋의 시대였다. 그 시대의 주인공이 블레셋이었다.

별 수 없다. 그것이 삼손의 수준이었다. 삼손은 자기가 살고 있는 시대가 어떤 시대인지 관심이 없었다. 단지 사사 명함만 갖고 있었다.

사사기에 나오는 수두룩한 사사 중에 우리와 가장 닮은 사사를 꼽으라면 단연 삼손을 꼽을 수 있다. "나는 신자다. 이럴 때는 이렇게 해야 한다."라는 판단에 따라 처신하는 것이 아니라 자기 기분 내키는 대로 처신한다. 주변 환경이 어떻게 되든 말든 아무런 관심도 없는 채 혹시 교회 다니느냐는 질문을 받으면 예수 믿은 지 20년이라고 대답은 잘한다. 그래서 우리가 사는 시대도 언제나 블레셋의 시대일 수밖에 없다. 우리는 "교회 다닌 지 10년이다.", "교회 다닌 지 20년이다." 하고 햇수만 채우면 되는 사람들이 아니라 하나님께서 왜 우리를 세상에 보내셨는지를 알아서 그에 합당하게 살아야 하는 사람들이다.

그나저나 삼손이 걱정이다. 사사기 16장은 "삼손이 가사에 가서 거기서 한 기생을 보고 그에게로 들어갔더니…"로 시작한다. 삼손은 이방 여인과 결혼을 고집하다 사고를 친 적이 있다. 그런데 이번에는 한 술 더 떠서 창녀를 가까이 하고 있다. 삼손은 이스라엘의 사사이다. 보통 이스라엘 사람이라도 이방의 창기를 가까이 하는 것은 추잡스런 일인데 하물며 삼손이 그러고 있다.

> 가사 사람들에게 삼손이 왔다고 알려지매 그들이 곧 그를 에워싸고 밤새도록 성문에 매복하고 밤새도록 조용히 하며 이르기를 새벽이 되거든 그를 죽이리라 하였더라(삿 16:2).

가사 사람들이 삼손이 기생집에 들어간 것을 알았다. 원수를 갚을 기회가 온 셈이다. 삼손이 밤새도록 분탕질을 치다가 곤히 잠들면 공격할 심산으로 공격 개시 시점을 새벽으로 정하고는 '밤새도록 성문에 매복했고' 또 자기들이 매복했다는 사실을 알아차리지 못하게 '밤새도록 조용히' 했다. 그들의 모든 신경을 삼손한테 집중했다.

삼손은 어떤가? 삼손을 없애기 위한 이방 족속의 열심이 이 정도인데 정작 삼손은 하나님의 나라를 세우는 것에 관심이 없었다. 삼손은 자기를 해치려는 가사 사람들의 노력보다 더 큰 노력으로 하나님 나라 회복에 전념했어야 하는 사람인데 쾌락만 탐했다.

> 삼손이 밤중까지 누워 있다가 그 밤중에 일어나 성 문짝들과 두 문설주와 문 빗장을 빼어 가지고 그것을 모두 어깨에 메고 헤브론 앞산 꼭대기로 가니라(삿 16:3).

그렇다고 해서 가사 사람들의 계획이 성공한 것은 아니다. 삼손이 가사 사람들이 매복한 것을 알아차리고는 자기의 힘을 과시했다. 성 문짝과 두 문설주와 문빗장을 빼어 어깨에 메고 유유히 산으로 간 것이다. 가사 사람들이 가소롭게 보인 모양이다.

아파트 출입문을 들어서 옮기는 것도 보통 일이 아니다. 하물며 성문은 얘기가 다르다. 어떤 성이든지 공격에 가장 취약한 곳이 성문이기 때문에 성문은 웅장하게 마련이다. 삼손이 그런 성문을 문설주와 빗장까지 한꺼번에 어깨에 메고 유유히 사라졌다. 그 엄청난 힘 앞에 가사 사람들은 공격할 엄두도 못 내고 속수무책으로 바라보기만 했다.

그런 삼손이 블레셋 여인 들릴라를 사랑하게 된다. 그렇다고 해서 들릴라도 삼손을 사랑했느냐 하면 그렇지 않다. 오히려 팔아 넘겼다. 돈이나 권세처럼 세상에 있는 것을 사랑하는 것이 그렇다. 사람이 아무리 돈을 사랑하고 권세를 사랑해도 돈이나 권세는 사람을 사랑하지 않는다. 도리어 파멸로 이끌 뿐이다. 삼손은 나실인이었음에도 불구하고 들릴라를 사랑했다가 자기 인생을 스스로 파멸에 몰아넣고 말았다.

삼손이 들릴라의 꼬임에 넘어가서 자기 힘의 비밀을 털어놓는 장면은 성경을 읽을 때마다 짜증스럽다. 들릴라는 계속 힘의 비밀을 물어 보고 삼손은 이리저리 말을 돌리다가 결국 실토하는데, 옆에서 보기에는 답답하기 그지없다. 자기를 약하게 만들 수 있는 비결을 왜 묻는다는 말인가? 그런 질문을 받으면 이상하다는 생각을 해야 할 텐데, 삼손은 그런 생각도 못했다. 자기가 낸 수수께끼의 답을 아내한테 얘기했다가 어떻게 되었는지 그새 까먹었을까?

그렇다고 해서 삼손 머리가 나쁜 것은 아니다. 사자 시체에 고인 꿀을 보고 수수께끼를 만드는 것이나 여우를 산 채로 삼백 마리나 잡는 것을 보면 머리 회전은 제법 빠른 사람이다. 욕정에 눈이 멀면 별 수 없는 모양이다.

당시 삼손은 정상적인 사고가 마비된 정욕의 포로였다. 하지만 남이 보기에만 그렇다. 아마 삼손은 '사랑의 포로'라고 생각했을 것이다. 입에 담기에는 민망하지만 바람을 피우는 남자가 있다고 가정해 보자. 왜곡된 사랑에 눈먼 그 남자는 자기가 결혼한 것을 후회할 것이다. 아내를 보면서 "맞아, 사실 난 이 여자를 진심으로 사랑하는 것이 아니었어. 이 결혼은 처음부터 잘못된 결혼이야." 하는 생각을 할 것이다. 가치 기준이 굽어져서 정상적인 사고 기능이 마비된 탓이다.

들릴라가 힘의 비밀을 물어보았을 때 삼손이 기다렸다는 듯이 대답하지는 않았다. 삼손도 어지간하면 그냥 넘어가려고 둘러대기도 했다. 그 일이 삼손에게 얼마나 스트레스가 되었는지 성경은 "날마다 그 말로 그를 재촉하여 조르매 삼손의 마음이 번뇌하여 죽을 지경이라"라고 얘기한다. 삼손이 그 일 때문에 '죽을 지경'이 되도록 고민을 했다.

예전에 어떤 청년을 나무란 적이 있다. 그랬더니 "저도 고민 많이 했어요."라는 답이 돌아왔다. 풀어서 얘기하면 "저도 잘못인 줄은 압니다. 하지만 흔쾌히 내린 결정이 아닙니다. 고민 끝에 내린 결정이니 이해해주세요."라는 뜻이다. 당연히 고민해야 한다. 잘못된 결정을 하면서 고민도 안 하면 말이 안된다. 그렇다고 고민한 것 자체가 책임일 수는 없다. 성경에 나온 사람 중에 빌라도만큼 고민을 많이 한 사람이 있을까? 어느 만큼 고민했는지가 문제가 아니라 결론이 하나님 보시기에 옳아야 한다.

그런데 삼손은 들릴라를 포기하는 쪽으로 결론을 내린 것이 아니라 자기 본분을 포기하는 쪽으로 결론을 내렸다. 이때 삼손이 고민한 동안이 회개할 수 있는 마지막 기회였다. 삼손에게도 소명을 회복할 수 있는 기회가 있었던 셈이다. 하지만 고민만 하다가 파멸을 택하고 말았다.

사람들은 들릴라를 돈에 눈이 어두워 사랑을 배신한 여인이라고 지탄한다. 들릴라가 그런 일을 한 것은 맞다. 하지만 이 문제는 그리 단순하지 않다. 들릴라를 욕한다고 해서 삼손의 책임이 경감되지도 않고, 무엇보다도 이것이 세상 사람들이 세상을 살아가는 원칙이기 때문이다. 들릴라가 특별히 악하게 처신한 것이 아니라 평소대로 처신한 것에 불과하다.

삼손은 경우가 다르다. 삼손은 진정으로 추구해야 할 것을 놓쳤다. 하나님을 모르는 사람들은 자기 욕심을 좇아 방탕에 방임하다가 멸망으로 치닫는다. 하지만 우리는 다르다. 우리를 위해서 예비된 곳과 저들을 위해서 예비된 곳이 다르기 때문이다. 이 사실을 알면 세상을 살아가는 모습도 달라야 하고 이 세상에서 추구하는 내용도 달라야 한다.

예전에 이런 얘기를 했더니 누군가 물었다. 신자가 신자다워야 하는 것은 알겠는데, 어느 만큼 신자다우면 되느냐는 것이었다. 그때 이렇게 대답했다. "불신자 때 불신자다웠던 만큼 신자다우면 됩니다." 혹시 불신자 때 신자 흉내를 낸 사람이 있을까? 그렇지 않다면 신자가 된 마당에 불신자 흉내를 낼 이유는 없다. 우리는 불신자 때 불신자다웠던 것만큼 신자다워야 하는 사람들이다.

> 삼손이 진심을 드러내어 그에게 이르되 내 머리 위에는 삭도를 대지 아니하였나니 이는 내가 모태에서부터 하나님의 나실인이 되었음이라 만일 내 머리가 밀리면 내 힘이 내게서 떠나고 나는 약해져서 다른 사람과 같으리라 하니라(삿 16:17).

들릴라의 채근을 견디지 못한 삼손이 결국 힘의 비밀을 실토하고 만다. 그런데 실토 내용이 경악스럽다. 우리가 삼손을 통해서 얻어야 할 교훈은 여자를 조심해야 한다는 정도가 아니다. 삼손이 자기 스스로 나실인으로 살았다고 생각한다는 사실에 놀라야 한다. "나는 머리를 자르지 않았다. 왜냐하면 나는 나실인이기 때문이다. 만일 내가 머리를 자르면 그것은 나실인임을 포기하는 행위가 된다."라는 것이 삼손의 얘기였다.

예수님의 열두 제자 중에 베드로 얘기가 가장 많다. 베드로가 훌륭해서가 아니다. 우리를 교훈하기에 알맞은 내용이 많기 때문이다. 우리 역시 기도해야 할 때는 졸고 잠잠해야 할 때는 나서서 설치고 조금만 은혜를 받으면 물 위를 걸을 것처럼 호들갑스럽게 굴다가 마땅히 입을 열어서 주님을 증거해야 할 때는 입을 다문다.

삼손 역시 그렇다. 우리에게 주는 메시지가 그만큼 많다. 우리 신앙 현실을 가장 잘 보여주는 사사가 바로 삼손이다.

삼손은 자기가 여태까지 하나님 보시기에 얼마나 한심하게 살았는지를 모른다. 자기 스스로 나실인으로 살아온 줄 안다. 그런 착각을 할 수 있는 근거가 있다. 머리카락을 길게 보존했기 때문이다. 나실인이 지켜야 할 규례는 그것만이 아니다. 술을 마시면 안 되고 시체를 가까이하면 안 된다. 물론 머리카락도 자르면 안 된다. 삼손이 술을 마셨다는 직접적인 기록은 없지만 블레셋 풍습대로 결혼을 추진한 그가 과연 술을 마시지 않았을까? 게다가 사자 시체에 고인 꿀을 먹기도 했다.

사실 삼손은 나실인 규례가 오히려 무색한 사람이다. 이방 여인과 결혼하려고도 했고, 심지어는 이방 창기를 가까이 하기도 했다. 나실인으로 함량 미달이 아니라 이스라엘 사람으로 함량 미달이었다. 그러면서도 자기가 무엇을 잘못했는지 모른다.

대체 신앙생활을 어떻게 하면 이럴 수 있을까? 자기가 틀린 것을 알면 당장 고치지는 못한다고 해도 최소한 자책은 있게 된다. 그런데 틀린 것을 모르면 아예 개선의 여지가 없다. 신자가 어떤 사람인지 스스로 정한 사람이 바로 그렇다. 자기가 정해 놓은 것 말고 다른 것이 있는 줄 모른다. 다른 것은 아무것도 안하고 있으면서 일주일에 한 번 예배에 참석하는 것으로 자기가 신자라고 생각할 수도 있고, 십일조를 하고 있는 것으로 자기가 신자라고 생각할 수도 있고, 특정한 봉사를 하고 있는 것으로 자기가 신자라고 생각할 수도 있다.

에이든 토저 목사가 그의 책 〈인간을 추구하시는 하나님〉에서 많은 사람들이 운동경기 하듯 종교생활을 한다고 꼬집었다. 운동경기의 가장 좋은 점은 스스로 부과한 수고만 하면 된다는 것이다. 자기들이 정한 규칙에 따라 자기들이 즐길 뿐이다. 달라지는 것은 아무것도 없다.

신앙은 그런 것이 아니다. 신앙은 주님의 성품에 동참하는 것이다. 주님의 마음을 닮아 가는 것이다. 주님 계신 쪽으로 한없이 가까이 다가가는 것이다. 하나님께서 기뻐하시는 일을 하는 것이 자기의 간절한 소원이어야 하고 하나님께서 싫어하시는 일을 안 하는 것이 자기의 처절한 몸부림이어야 한다.

꼭 종교적인 형태로 국한되는 것이 아니다. 주일에 예배드리는 것, 가끔 성경 읽는 것, 밥 먹을 때 기도하는 것만이 신앙이 아니다. 그 사람의 가치관과 사고 판단의 기준이 하나님으로 바뀌어야 한다.

적어도 예수를 주로 고백한다면 신앙에 대한 눈높이를 높일 필요가 있다. 하나님께서 어떤 것을 요구하시는가 하는 문제 정도는 정리가 되어 있어야 한다. "신앙생활은 이렇게 하는 것이다." 하는 것을 자기 맘대로 정하고 있으면, 자기가 정한 것을 다해도 수준 미달일 수밖에 없다. 더욱 안타까운 것은 수준 미달인데도 오히려 잘하는 줄 알게 된다.

삼손이 그런 사람이었다. 자기가 어느 만큼 고귀한 신분이고, 자기의 출생에 하나님께서 어떻게 은총을 베푸셨고, 자기가 받은 은혜가 어느 만큼 크며, 자기가 감당해야 할 소명이 어느 만큼 귀한 것인지 아무런 인식도 없이 그저 머리카락만 길게 늘어뜨리고 있으면 그것으로 할 일을 다한 줄 알았다. 블레셋 여인과 결혼을 추진하기도 하고, 사자 시체에 고인 꿀을 떠먹기도 하고, 심지어는 이방 창기를 가까이 했으면서도 아무런 자책이 없다. 삼손이 알고 있는 것은 딱 하나, 머리를 자르면 안 된다는 것뿐이었다. 다른 것은 다 자기 마음대로 하면서 일주일에 한 번 교회에 나오는 것으로 자기가 신자인 줄 아는 사람과 너무도 흡사하다.

이렇게 해서 삼손이 블레셋의 포로가 된다. 애초에 정욕의 포로였으니까 그 육신이 다시 포로가 된다고 해서 새삼스러울 것은 없다. 그 몸뚱이가 블레셋에게 유린당할 만한 일을 이미 예전에 범했다. 깜빡 실수로 잠이 들어서 머리카락이 잘린 것이 아니라 어차피 잘릴 만한 수준이었다. 그 내용을 놓고 성경은 "여호와께서 이미 자기를 떠나신 줄을 깨닫지 못하였더라"라고 한다.

삼손은 방금 전에 자기 욕정을 베고 잠을 청했다. 그런데 잠에서 깨었을 적에는 하나님과 관계없는 사람이 되고 말았다. 잠을 청할 때는 하나님께 택함 받은 사람이었는데 잠에서 깨었을 적에는 블레셋의 포로였다.

결국 눈이 뽑히고 놋 줄에 묶여서 맷돌을 돌리는 신세가 되었다. 삼손이 그런 수모를 당한 장소가 가사였다. 한때 창기와 더불어 하룻밤 풋사랑을 나눴던 곳이다. 무릇 사람이 무엇으로 심든지 그대로 거두는 법이다. 창기를 옆에 끼고 시시덕거렸던 바로 그곳에서 노예가 되었으니 입이 열 개라도 할 말이 없었을 것이다. 그 이름만 들어도 블레셋 사람들이 벌벌 떨던 삼손의 모습이 초라하기 그지없다.

정작 답답한 것은 그다음이다. 눈알을 뽑힌 채 맷돌을 돌려야 하는 삼손의 마음이 어땠어야 할까? 당연히 회개해야 했다. 나실인답게 살지 못했다는 사실에 대한 처절한 깨달음이 있어야 했다. 하지만 성경을 아무리 읽어도 그런 내용은 없고 부득부득 이를 가는 분노만 있다.

참으로 다행인 것은 삿 16:22에 "그의 머리털이 밀린 후에 다시 자라기 시작하니라"라고 기록되어 있다는 사실이다. 삼손은 하나님을 버렸다. 삼손 생각에는 버린 적이 없겠지만 들릴라의 무릎을 베고 누워서 자기 힘의 비밀을 공개하는 순간 정면으로 하나님을 외면한 것이다. 물론 그 이전에도 계속 하나님을 외면한 채 살아왔다. 하지만 하나님은 삼손을 버리지 않으셨다. 비록 삼손의 우매함 때문에 머리카락이 밀렸지만 하나님의 은혜로 다시 자라기 시작했다.

삼손에게 머리카락은 특별한 의미가 있는 매개체이다. 나실인이라는 정체성을 느낄 수 있는 유일한 통로이기 때문이다. 하나님께서 그것을 다시 허락하셨다. "너는 나실인이다.", "너는 나실인이다.", "너는 나실인이다." 하고 계속 말씀하신 것이다.

우리가 하나님을 외면했다고 해서 하나님도 우리를 버리시지는 않는다. 하나님은 끊임없이 우리에게 말씀하신다. 삼손에게는 머리카락으로 말씀하셨지만 우리에게는 예수님을 보내셔서 십자가에 죽게 하는 것으로 말씀하셨다. 하나님은 우리가 알아들을 때까지 계속 말씀하신다. 우리는 결국 하나님의 사람으로 완성될 수밖에 없다. 하나님의 은혜가 우리의 우매함을 채우고도 남기 때문이다.

어쨌든 블레셋은 신이 났다. 자기들이 섬기는 신 다곤이 이스라엘의 신을 이겼다고 좋아했다. 삼손이 그런 신세가 된 것은 하나님이 다곤보다 능력이 부족하기 때문이 아니다. 그런데 삼손의 우매함 때문에 하나님의 권위가 손상받는 일이 벌어지고 말았다.

삼손의 처지가 비참하기 그지없다. 하나님을 위해서 살아야 할 삼손이 블레셋을 위한 어릿광대가 되었다. 이것이 잉태될 때부터 하나님의 영광을 위해서 택함 받은 나실인의 현주소이다.

어느 날 갑자기 이렇게 된 것이 아니다. 이런 신세가 될 만한 일을 꾸준히 자행하더니 결국 이렇게 귀결되었다. 어떤 학생의 성적이 떨어진 것은 시험 당일 컨디션이 좋지 않았기 때문이 아니라 평소에 공부를 하지 않은 탓인 것과 마찬가지이다. 이방 여인과 결혼하겠다고 우기고, 노름빚 갚으려고 사람을 죽이고, 창기와의 하룻밤 풋사랑을 탐닉하고, 하나님의 언약을 언어유희의 소재로 삼더니 급기야 여기까지 이르렀다. 하나님의 이름을 걸고 자기가 멸해야 할 사람들을 도리어 즐겁게 해주는 신세가 되고 말았다.

사실 이것은 삼손 개인의 문제가 아니라 이스라엘 전체의 문제이다. 사사 시대의 이스라엘이 바로 그랬다. 본래 이스라엘 주변의 이방 민족은 이스라엘의 경쟁 상대가 아니었다. 그런데 언제부터인지 이스라엘이 그들의 압제를 받기 시작했다. 마땅히 축출해야 할 이방 민족에게 도리어 압제를 받는 이스라엘이나 마땅히 물리쳐야 할 대적들의 노리개가 된 삼손이나 결국 똑같다. 더 얘기하면 예수 이름으로 마땅히 제압해야 할 육신의 소욕을 제대로 제압하지 못하고 도리어 질질 끌려다니는 것과 별반 차이가 없다.

삼손 이야기가 이것으로 끝나지는 않는다. 삼손이 "주 여호와여 구하옵 나니 나를 생각하옵소서 하나님이여 구하옵나니 이번만 나를 강하게 하사 나의 두 눈을 뺀 블레셋 사람에게 원수를 단번에 갚게 하옵소서" 하고, 마 지막으로 기도한다. 그리고 "블레셋 사람과 함께 죽기를 원하노라"라는 말 과 함께 힘을 다하여 몸을 굽히자, 집이 무너졌다. 지붕에만도 삼천 명이 앉아서 삼손이 재주 부리는 것을 보던 블레셋 사람들이 몰살한 것이다. 성 경은 그 사실을 놓고 "삼손이 죽을 때에 죽인 자가 살았을 때에 죽인 자보 다 더욱 많았더라"라고 평한다. 이것이 삼손의 마지막이다.

많은 사람들이 삼손을 오해한다. 잠간 실수해서 머리카락을 잘리는 바람 에 힘을 상실했지만 마지막 순간에 회개해서 힘을 회복했고, 죽는 순간에 살아생전에 했던 모든 일보다 더 큰일을 했다는 것이다. 하지만 성경에는 그런 얘기가 없다.

삼손의 마지막 기도 내용을 보자. 삼손의 기도 제목이 대체 무엇인가? 하 나님의 영광을 위한 기도도 아니고 이스라엘을 위한 기도도 아니다. 개인적 인 원한을 놓고 기도했다. 삼손은 마지막 순간까지 하나님의 나라와 하나 님의 의에는 관심이 없었고 자기의 개인감정에만 사로잡혔던 사람이다.

블레셋 사람들이 어떻게 해서 삼손의 두 눈을 뺀 원수인가? 블레셋은 이 스라엘의 원수이고, 하나님 나라의 원수이다. 하지만 삼손에게는 그것이 문 제가 아니었다. 자기의 두 눈을 뺀 자기의 원수였다.

그런 삼손의 마지막 소원은 고작해야 블레셋 사람과 함께 죽는 것이었 다. 이스라엘을 대표해서 블레셋과 싸워야 할 삼손이 자기 개인의 원수와 함께 죽기를 소원했다. 일평생 하나님과 함께 살아야 할 삼손이 블레셋과 동반 자살하는 것을 소원으로 삼았다. 그는 일생을 통해서 배운 것이 아무것도 없는 사람이다.

삼손이 어느 만큼 복된 모습으로 인생을 시작했는가? 하나님의 사자가 직접 그의 출생을 예고했다. 그의 힘은 이 세상 누구보다도 강했고, 지혜도 상당히 뛰어났다. 삼백 마리나 되는 여우를 산 채로 잡는 것은 아무나 할 수 있는 일이 아니다. 하나님께서 그에게 주시지 않은 것은 아무것도 없었다.

예수의 보혈로 구원을 얻은 우리의 모습을 그대로 암시한다. 하나님께서 우리의 인생에 어떻게 복을 주셨나? 우리가 땅에서 무엇이든지 매면 하늘에서도 매이고 우리가 땅에서 무엇이든지 풀면 하늘에서도 풀린다. 우리가 입을 열어 복음을 전하면 죽었던 영혼이 살아난다. 이 세상에서 오직 우리만 하나님의 아들이고 오직 우리만 하나님의 딸이다.

> 찬송하리로다 하나님 곧 우리 주 예수 그리스도의 아버지께서 그리스도 안에서 하늘에 속한 모든 신령한 복을 우리에게 주시되 곧 창세 전에 그리스도 안에서 우리를 택하사 우리로 사랑 안에서 그 앞에 거룩하고 흠이 없게 하시려고 (엡 1:3-4).

하나님께서는 하늘에 속한 모든 신령한 복을 우리에게 주셨다. 그런 복을 주시기 위해서 창세 전에 그리스도 안에서 우리를 택하셨다. 우리 생각에는 어느 날 친구 따라서 우연히 교회에 온 것 같은데 그게 아니라 하나님의 경륜이 창세 전부터 작용해서 우리가 구원을 얻은 것이다. 사람들은 어떤 일을 계획하면서 1년 전에만 계획을 세워도 치밀하게 준비했다고 한다. 10년 전에 계획을 세웠으면 그야말로 대단한 것이다. 하물며 하나님께서는 우리 한 영혼을 부르시기 위해서 창세 전부터 준비하셨고, 천지를 창조하신 능력과 동일한 능력으로 우리를 구원하셨다. 그래서 우리가 하나님의 자녀가 되었다.

이런 복과 은혜 속에 지내면서도 자기 인생이 무엇을 위해서 존재하는지에 전혀 무지한 채 내키는 대로 신앙생활을 하는 모습이나 나실인으로 부름 받았으면서도 하나님께 받은 소명에 대해서는 아무런 자각도 없이 제멋대로 살다가 인생을 마친 삼손이나 결국 같은 모습이다.

삼손이 받은 은사만 특별하고 놀라운 것이 아니다. 우리도 삼손 못지않다. 삼손의 출생을 하나님의 사자가 예언한 것처럼 우리를 하나님의 자녀로 부르신 부르심도 하나님께서 친히 예정하셨다. 이 세상에서 오직 우리만 하나님의 소유로 인침 받은 존재들이다. 우리는 당연히 우리의 삶이 하나님 보시기에 어떠해야 하는지, 하나님께서 우리를 통해서 어떤 일을 하시고자 하는지에 가장 큰 관심이 있어야 한다.

그런데 실제 우리 관심은 그렇지 않다. 언제나 자기 하고 싶은 대로 한다. 자기가 기준이다. 자기가 무엇을 하고 싶은지가 가장 중요하다. 이런 사실 때문에 성경은 삼손의 행적을 상세하게 다룬다.

> 그의 형제와 아버지의 온 집이 다 내려가서 그의 시체를 가지고 올라가서 소라와 에스다올 사이 그의 아버지 마노아의 장지에 장사하니라 삼손이 이스라엘의 사사로 이십 년 동안 지냈더라(삿 16:31)

삼손의 종말에 대한 기록인데 지금까지 등장한 다른 사사들과는 뚜렷한 차이가 있다.

그 땅이 평온한 지 사십 년에 그나스의 아들 옷니엘이 죽었더라(삿 3:11).

에훗 후에는 아낫의 아들 삼갈이 있어 소 모는 막대기로 블레셋 사람 육백 명
을 죽였고 그도 이스라엘을 구원하였더라(삿 3:31).

미디안이 이스라엘 자손 앞에 복종하여 다시는 그 머리를 들지 못하였으므로
기드온이 사는 사십 년 동안 그 땅이 평온하였더라(삿 8:28).

아비멜렉의 뒤를 이어서 잇사갈 사람 도도의 손자 부아의 아들 돌라가 일어나
서 이스라엘을 구원하니라(삿 10:1).

다른 사사들은 "…그가 이스라엘을 구원하였더라", "…그가 사사로 있
는 동안에 이스라엘이 평온하였더라" 같은 기록이 있다. 삼갈이나 돌라는
행적에 대한 얘기는 없어도 구원했다는 기록은 있다.

삼갈을 예로 들어 보자. 삼갈이 죽인 블레셋 사람은 육백 명이다. 그런데
도 성경은 그도 이스라엘을 구원했다고 한다. 하물며 삼손은 나귀 턱뼈를
가지고서도 일천 명을 죽였다. 죽는 순간에는 그의 평생을 통하여 죽인 숫
자보다 더 많은 숫자를 죽였다. 그가 무너뜨린 다곤 신전의 지붕에만 삼천
명이 있었으니까 신전 밑에는 얼마나 많은 사람이 있었는지 모른다. 그런데
도 그가 있는 동안에 나라가 평온한 것도 아니고 이스라엘을 구원하지도
못했다. 이십 년 동안 사사로 지내기만 했다. 이 말을 우리에게 옮기면 "아
무개가 예수 믿은 지 이십 년에 그저 교회만 왔다 갔다 하였더라."가 될 것
이다.

구약에 나오는 이스라엘은 신약으로 하면 교회이다. 예수를 주로 고백하는 우리를 말한다. 우리는 언제나 하나님의 백성이라는 차원에서 신앙생활을 해야 한다. 그런데 실상 우리의 신앙생활은 다분히 개인적이다. 하나님의 통치, 하나님의 사역에는 별로 관심이 없다. 언제나 자신의 개인적인 입장만 문제가 된다. "나의 두 눈 뺀 원수를 단번에 갚게 하옵소서"라고 한 삼손이 바로 그렇게 했다.

그리고 성경은 삼손을 통해서 우리를 고발한다. 이런 삼손의 모습이 우리들의 모습은 아닌지 스스로를 돌아보라는 뜻이다. 그런데 삼손을 이렇게 이해하면 의아한 기록이 있다.

> 내가 무슨 말을 더 하리요 기드온, 바락, 삼손, 입다, 다윗 및 사무엘과 선지자들의 일을 말하려면 내게 시간이 부족하리로다(히 11:32).

믿음장이라고 하는 히브리서 11장에 이스라엘을 구원하지도 못하고 평온하게도 못한 삼손이 다윗이나 사무엘과 나란히 기록되어 있다. 입다도 그렇지만 삼손이 어떻게 해서 신앙 영웅이 될까? 삼손은 결코 신앙 영웅이 아니다. 그는 도무지 잘한 일이 없는 사람이다.

어떤 집에 대단한 개구쟁이가 있었다. 날이면 날마다 동네 유리창을 깨고 다니는 바람에 어머니는 늘 변상하기에 바빴다. 그러던 아이가 고등학교를 졸업하고 대학생이 되었다. 부모 품을 떠나 기숙사 생활을 한다. 부모가 그 아이를 어떻게 얘기할까? "걔는 어려서부터 사고뭉치였다. 대단한 꼴통이었다." 설마 이런 얘기를 할까? 그렇지 않다. "그 아이는 어려서부터 노는 것이 달랐다. 굉장히 씩씩했다. 아마 이다음에 한자리할 것이다."라고 할 것이다.

뭐든지 지나간 다음에는 좋은 것만 기억에 남는 법이다. 특히 부모는 자식의 좋은 점만 기억한다. 아들 때문에 아무리 속을 썩였어도 그때만 지나면 효자라고 한다. 그 무수한 말썽들은 기억하지 않고 어쩌다 한번 잘한 것만 기억하기 때문이다.

하나님도 그렇다. 하나님도 우리가 잘한 것만 기억하신다. 아마 자기 신앙에 대해서 "나는 이만하면 괜찮다." 하고 스스로 자신하는 사람은 없을 것이다. 만일 누군가 내일 당장 세상을 하직한다고 가정해 보자. 그러면 하나님께서 뭐라고 하실까? "야! 이놈아, 너는 신앙생활을 그따위로 하다 왔느냐?" 하고 꾸짖으실까? 절대 그렇지 않다. 하나님께서는 우리가 잘못한 것은 기억하지 않으시고 어쩌다 한 번 잘한 것만 기억하시면서 우리를 칭찬하실 것이다. 찬양대원으로 봉사한답시고 이 주 걸러 한 번씩 빼먹었어도 하나님께서는 빼먹은 주는 말씀하지 않으시고 봉사한 주만 말씀하실 것이다.

그러니까 마음 놓고 땡땡이를 쳐도 된다는 뜻이 아니다. 하나님은 사랑에 눈이 머신 분이기 때문에 그렇다 하더라도, 지금 천국에 있는 삼손은 성경에 기록된 내용을 보면서 얼마나 뒤통수가 근질거릴까? 사사기에 기록된 자기 행적을 잘 아는데, 히브리서에서 너무도 과분하게 평가되어 있는 것을 보고 얼굴을 들지 못할 것이다.

삼손은 이십 년 동안 사사로 있었다. 그러면서도 그가 사사라는 사실이 이스라엘에 도움이 되었던 적은 단 한 번도 없다. 그는 자기 성질대로 산 사람이다. 그렇다고 해서 삼손을 통하여 하시려는 하나님의 일이 이루어지지 않았느냐 하면 그렇지 않다. 삼손은 하나님의 사람답게 살아본 적이 없지만 삼손을 통해서 이스라엘을 구원하시려는 하나님의 계획은 이루어졌다. 결국 남는 것은 삼손의 책임이다.

우리가 하나님의 일을 하면 하나님의 일이 이루어지고, 하나님의 일을 하지 않으면 하나님의 일이 이루어지지 않는 것이 아니다. 하나님의 뜻은 어차피 이루어지게 마련이고, 남는 것은 우리의 책임이다. 우리가 즐겨 순종하면 우리는 하나님께서 우리를 통해서 하신 일을 보면서 스스로 뿌듯해 할 수 있다. 하지만 더디 순종하면 우리는 우리의 이름을 보면서 겸연쩍어 할 수밖에 없다.

신앙이 무엇일까? 삼손을 홍보하는 것이 신앙이 아니다. 우리에게 삼손과 같은 모습이 있는 줄 알아서 같은 실수를 반복하지 않는 것이 신앙이다. 하나님께서 자기 이름을 부를 때 부끄러워하는 것은 삼손 한 사람으로 족하다. 먼 훗날 주님께서 우리 이름을 부를 때 우리는 자랑스럽게 대답할 수 있어야 한다.

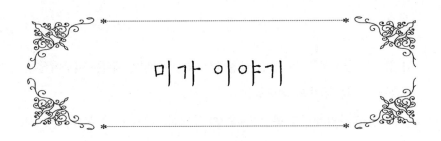

미가 이야기

에브라임 산지에 미가라는 사람이 있었다. 그런데 이상한 일이 한두 가지가 아니다. 온통 이상하다. 그가 어머니의 은을 훔쳤다가 어머니가 하도 저주를 퍼부어대자, 도로 돌려주었다. 어머니도 아들이 훔친 것을 몰랐을 적에는 저주를 퍼부었지만 아들인 것을 알았으니 생각이 달라진다. "내 아들이 하나님께 복 받기를 원한다."라고 하면서, 그 은을 하나님께 드리겠다고 한다.

그런데 하나님께 드리는 방법이 이상하다. 그 은으로 신상을 만들었다. 마침 미가의 집에는 신당도 있었다. 그 신당에 신상을 모셔놓고 자기 아들 중에 한 사람으로 제사장을 삼았다.

그러던 중에 어떤 레위인을 만난다. 아들을 제사장으로 삼았던 미가는 반색을 하면서 자기 제사장이 되어달라고 요청했고, 그 레위인도 마침 거주할 곳을 찾는 중이었으므로 흔쾌히 승낙했다. 그러자 미가는 레위인이 자기 제사장이 되었으니 하나님께서 자기한테 복을 주실 것이라며 아주 흡족해 한다. 대체 무슨 얘기이지 모르겠다.

어머니 지갑에서 돈을 슬쩍하는 일은 어느 집에서나 있을 수 있다. 하지만 철부지 시절 얘기다. 미가는 제사장을 삼을 만한 나이의 아들이 있었다. 게다가 무려 은 일천 일백이었다. 미가가 레위인을 제사장으로 고용하면서 얘기한 연봉이 은 열과 의복 한 벌, 그리고 먹을 것이었는데 편의상 은 열만 계산하면 제사장 연봉의 백십 배에 해당한다. 미가가 얘기한 연봉이 삼천만 원이면 삼십삼 억이고, 혹시 사천만 원이면 사십사 억이다.

나잇살깨나 먹은 사람이 어머니 소유에 손대는 것도 이상하고, 훔친 은의 양이 어마어마한 것도 이상한데 더 이상한 점이 따로 있다. 입으로는 여호와를 얘기하는데, 하는 일은 하나님과 전혀 관계가 없다. 과연 제정신으로 여호와를 말하는 것인지 분간이 안 된다.

이런 어처구니없는 일이 왜 있을까? 그 이유를 알려면 당시 시대 상황을 알아야 한다. 다른 사람들은 정상적으로 살고 있는데 유독 미가만 이런 것이면 별 문제가 안 된다. "옛날에는 그런 희한한 사람도 있었다고 하더라." 하고 넘어가면 된다. 그런데 그 시대 사람들의 전반적인 수준이 이 모양이었으면 심각해진다. "그 시대는 참 한심했구나."가 전부가 아니다. 그 시대 사람들만 그런 것이 아니라 지금 우리에게도 같은 문제가 있을 것이기 때문이다.

미가가 신상을 만들어서 신당에 안치하고 에봇, 드라빔도 만들었다. 아들을 제사장으로 삼기도 했다. 그러던 차에 레위인을 만났다. 유다 베들레헴 출신인데 거주할 곳을 찾아 에브라임까지 온 것이다. 그 레위인을 자기를 위한 개인 제사장으로 삼는다.

이상의 내용에서 우리가 알 수 있는 사실이 있다. 당시는 레위인이 거주할 곳을 찾아 방황해야 하는 시대였다는 사실이다.

이스라엘이 가나안에 입성할 때 하나님께서 이스라엘 열두 지파에게 땅을 제비 뽑아 나누게 하셨다. 하지만 레위 지파는 땅을 나누는 대신 성막에서 하나님을 섬기는 일을 하게 했다. 하나님의 뜻을 백성들에게 가르치고 또 제사장을 돕는 것이 레위인의 임무였다.

그러면 레위인들은 어떻게 생활하란 얘기일까? 그래서 십일조를 말씀하셨다. 이스라엘 열두 지파의 십일조가 레위인들의 생활 대책이었다. 레위인들은 성막에서 맡은 일만 열심히 하면 그것으로 족했다. 무엇을 먹을까 무엇을 입을까 염려할 이유가 없었다.

그러면 얘기가 이상하게 된다. 레위인이 왜 직업을 찾아 방황한단 말인가? 뻔하다. 당시 이스라엘이 십일조를 하지 않아서 그렇다. 십일조를 제대로 했으면 레위인은 아무 걱정 없이 하나님의 일에 전념할 수 있었다. 그런데 당시는 왕이 없는 시대였다. 오죽했으면 레위인이 먹고살 방편을 찾아서 여기저기 기웃거려야 했다. 레위인이라고 해서 레위인 고유의 일만 고집하다가는 굶어죽기 십상인 것이 당시 형편이었다.

잠깐 레위인과 제사장을 구별해 보자. 이스라엘 열두 지파는 야곱의 열두 아들에서 유래했다. 야곱의 세 번째 아들인 레위의 후손이 레위 지파에 속한다. 레위에게는 게르손, 고핫, 므라리 세 아들이 있었다. 또 고핫에게는 아므람, 이스할, 헤브론, 웃시엘 네 아들이 있었다. 아므람에게서 아론과 모세가 나왔는데 아론의 후손이 제사장이 되었다. 즉 레위 지파 중에서도 고핫 - 아므람 - 아론으로 이어지는 계보를 갖는 사람은 제사장이고 그렇지 않은 사람은 레위인이다.

자기 아들로 제사장을 삼았던 미가가 레위인을 보고 반색하여 제사장을 삼았다. 억지로 비유하면, 아무런 신학 교육도 받지 않은 아들을 자기의 사설 목사로 삼았다가 마침 교회에서 사무를 본 적이 있다는 사람을 만나자 그 사람을 사설 목사로 고용한 격이다. 일반 교인이 목사 노릇을 하는 것보다는 교회 사무원 경험이 있는 사람이 목사 노릇을 하는 것이 더 어울린다는 발상이다.

이것이 억지 비유인 이유는 목사가 제사장이 아니기 때문이다. 예수님께서 십자가에 달려 돌아가실 때 지성소 휘장이 위에서 아래로 찢어졌다. 누구든지 하나님께 직접 나아갈 수 있는 길이 열린 것이다. 다른 사람을 경유할 이유가 없다. 간혹 목사를 제사장으로 오해하는 사람이 있는데 절대 그렇지 않다. 예수를 그리스도로 고백하는 사람은 누구나 왕 같은 제사장이다.

하지만 구약시대에는 제사장이 있었다. 하나님께 나아가려면 제사장을 경유해야 했다. 이런 제사장은 혈통이 기준이다. 아론 가문에서 태어나야 한다. 그런데 미가는 자기 마음대로 임명했다. 하나님의 성전에서 하나님과 사람 사이를 연결하는 일에 종사해야 할 제사장을 굳이 자기 집에 둬서 하나님과 자기만을 위해 일해 달라는 것은 무슨 경우일까? 하나님 주시는 복을 혼자 받고 싶은 것일까?

이상한 점은 또 있다.

> 미가가 그에게 이르되 네가 나와 함께 거주하며 <u>나를 위하여 아버지와 제사장이 되라</u> 내가 해마다 은 열과 의복 한 벌과 먹을 것을 주리라 하므로 그 레위인이 들어갔더라 그 레위인이 그 사람과 함께 거주하기를 만족하게 생각했으니

이는 <u>그 청년이 미가의 아들 중 하나 같이 됨이라</u>(삿 17:10-11).

미가가 레위인한테 자기를 위하여 아버지와 제사장이 되어 달라고 했다. 자기를 잘 지도해달라는 뜻일 게다. 그런데 그다음에 나오는 얘기가 엉뚱하다. 그 레위인은 미가의 아들 중 하나같이 되었다.

결국 아버지와 제사장이 되어 달라는 얘기는, 자기를 잘 가르쳐달라는 겸허한 마음의 표현이 아니라 입에 발린 말이었다. 말로는 자기를 가르쳐달라고 했으면서 실제로는 자기가 무슨 일을 하든지 그 일이 잘되게 축복해달라는 것이다.

목회자가 어떤 사람일까?

① 교인들이 세상을 잘살 수 있도록 지원하는 사람이다.

② 교인들이 하나님 뜻대로 세상을 살게 지도하는 사람이다.

이렇게 물으면 꼭 '둘 다'라고 하는 사람이 있다. 둘 중에 하나만 택해야 한다면 어떻게 될까? 한 걸음 더 나아가서, 둘 중 어느 한 쪽을 택하는 조건으로 다른 하나를 포기해야 한다면 무엇을 택하고 무엇을 포기해야 할까?

부교역자 시절, 교인 한 분이 기부금납입증명서를 해달라고 했다. 그런데 헌금을 한 기록이 없어서 어떻게 된 영문인지를 여쭸더니 그 분이 답했다. "헌금이야 안 했지만 그거 하나 해주면 그만큼 도움이 되는데 교회에서 그 정도 편의는 봐줄 수 있는 것 아닙니까?" 참으로 어처구니없는 발상이다. 그 분은 대체 교회를 어떤 곳으로 알고 목회자를 어떤 사람으로 알았을까?

극단적인 경우이기는 하지만 그런 식의 오해가 있는 게 현실이다. 목회자는 무조건 교인을 편들어주는 사람이 아니다. 바른 신앙을 가르치는 사람이다. 가능한 모든 방법으로 일이 잘되게 지원하는 사람이 아니라 세상을 살아가는 것이 아무리 힘들고 어려워도 신앙 원칙만큼은 흐트러뜨리지 않도록 지도하는 사람이다.

그런데 아무도 신앙생활을 그렇게 안 한다. 신앙까지도 세상을 살아가는 방법으로 쓰지, 세상을 살아가는 원칙으로 쓰지 않는다. 목회자한테서도 무조건 듣기에 달콤한 얘기, 복 받으라는 얘기만을 원하지 "그렇게 하면 하나님이 싫어하십니다." 하는 얘기는 들으려 하지 않는다.

미가 역시 그랬다. 말로는 자기를 위하여 아버지와 제사장이 되어 달라고 했으면서, 실제로는 아들처럼 대했다. 미가 생각에는 자기가 무슨 일을 하든지 하나님의 이름으로 축복해주는 사람이 제사장이었다. 제사장을 통해서 하나님께 나아갈 마음은 없었다.

사사기 시대가 바로 그런 시대였다. 어떻게 하는 것이 하나님의 뜻인지 관심 있는 사람이 아무도 없었다. 하나님의 뜻을 묻는 사람도 없고 가르쳐주는 사람도 없었다. 그러면서 하나님의 이름으로 복은 받고 싶어 했다.

왜 이스라엘이 젖과 꿀이 흐르는 땅에 살면서도 애굽에 있을 때보다 형편이 악해졌을까? 하나님을 왕으로 삼지 않고 자기들 편한 대로 살았기 때문이다. 왜 교회에 다니면서도 여기저기에서 시달리며 살아야 할까?

하나님과 관계없이 자기 마음대로 살기 때문이다. 하나님께서 예비하신 복된 길에서 스스로 이탈한 채 엉뚱한 복을 찾기 때문이다. 자기가 하나님 뜻대로 살아야 하는 줄은 모르고 하나님이 자기 기도를 안 들어준다고 앙탈부리기 때문이다. 각자 자신의 신앙을 점검해 보자. 우리 왕은 누구일까? 예수를 믿는다고 하면서도 여전히 자기가 왕인 것은 아닐까?

그나저나 이스라엘은 왜 이 지경이 되었을까? 어느 날 갑자기 이렇게 되었을 리는 없다. 뭔가 누적된 이유가 있을 것이다.

나는 불신 가정에서 자랐다. 목사가 된다고 했을 때, 부모님께서 반대하셨다. 목사가 되면 처자식을 굶긴다는 것이었다. 어느 집이나 살림을 해보면 한 달 생활비가 얼마쯤 들어가는지 계산이 나온다. 그런데 목회자에게 한 가정이 한 달 살아가는데 필요한 최저생계비를 지급해주지 않는 교회가 너무도 많다.

물론 교회에도 사정이 있다. 기왕이면 잘해주고 싶은 마음은 있을 것이다. 할 수만 있으면 집이나 차는 물론이고 사례비도 넉넉하게 책정하고 싶은데 재정이 허락하지 않는 것을 어떻게 하란 말인가? 비단 목회자 사례 문제만 그런 것이 아니다. 교회 행사 때마다 항상 돈이 걸린다. "예산이 어떻게 되느냐?"라는 질문이 늘 따라다닌다. 하나님 뜻에 맞는지를 검토하는 것이 아니라 예산이 있는지를 검토해야 한다.

이런 일이 왜 있을까? 왜 교회에서 일만 하려고 하면 재정 문제가 걸릴까? 간단하다. 헌금을 제대로 하지 않아서 그렇다. 열 가정이 십일조를 하면 한 가정 생활비가 나온다. 백 가정으로 구성된 교회라면 전임 사역자 열 명을 둘 수 있다. 그런데 실제로 그렇게 많은 사역자는 필요 없다. 교인들이 헌금을 정상적으로 하는 한, 교회 재정은 늘 풍족해야 한다. 괜히 금이빨까지 빼면서 힘에 지나는 헌금을 할 이유가 없다. 그런데 현실은 그렇지 않다. 어느 교회나 다 쪼들린다.

십일조는 소득의 십분의 일을 드리는 헌금이다. 그런데 이상한 십일조가 있다. 자기가 정한 액수를 십일조 봉투에 넣어서 헌금하는 것이다. 월급을 300만 원 받아도 십일조 액수는 10만 원이고, 500만 원을 받아도 10만 원이다. 상여금이 나와도 10만 원이고 안 나와도 10만 원이다. 이런 경우에 십일조 봉투는 사용했을는지 몰라도 십일조가 아니다.

절기헌금은 어떨까? 우선 성경을 확인해 보자. 민수기 28장에 절기에 드리는 제물이 설명되어 있다. 안식일에는 어떤 제물을 드리고 월삭에는 어떤 제물을 드리고 유월절, 무교절, 칠칠절에는 어떤 제물을 드리는지를 세세하게 설명한다. 마침 월삭과 안식일이 겹치면 어떻게 될까? 안식일은 안식일이고 월삭은 월삭이다. 안식일에 드리는 제물 드리고, 월삭 때 드리는 제물을 드리면 된다. 무교절은 칠 일간 지키게 된다. 그동안 안식일이 포함되게 마련인데, 이 경우도 그렇다. 무교절을 지키는 중이라고 해서 안식일 제물을 생략하는 것이 아니다.

그런데 어떻게 된 영문인지 절기가 되면 주일헌금 액수가 평소의 절반으로 줄어든다. 절기헌금을 한다는 이유로 주일헌금을 하지 않는 사람이 그만큼 많다는 뜻이다. 절기헌금은 절기여서 드리는 헌금이고 주일헌금은 주일이어서 드리는 헌금인데 왜 이런 일이 있을까?

이 얘기는 제법 심각하다. 절기라고 해서 모든 교인이 절기헌금을 하는 것이 아니기 때문이다. 절기헌금에 참여하는 교인은 그렇지 않은 교인에 비해서 신앙 열심이 있을 확률이 많다. 그런데도 그렇다.

부교역자 시절, 휴가 나온 청년한테 들은 얘기가 있다. 발렌타인데이나 빼빼로 데이가 되면 여자 친구가 있는 사람과 없는 사람이 확연히 구분된다고 한다. 그러면서 한 마디 보냈다.

"진짜 불쌍한 사람이 어떤 사람인지 아세요?"

"어떤 사람?"

"있는데 못 받은 사람이요."

여자 친구가 있는데 발렌타인데이 때 초콜릿을 못 받은 것은 단지 초콜릿의 문제가 아니다. 절기 때 주일헌금을 빼먹는 경우가 그렇다. 주일헌금의 문제가 아니다. 나는 지금 "절기헌금을 한다고 해서 주일헌금을 빼먹으면 안 된다."라는 정도의 말을 하는 것이 아니다. 우리가 고쳐야 할 것이 그것만이 아니기 때문이다. 하나님을 향한 우리의 기본 정서가 인색함이라는 사실을 바로 알아야 한다는 말을 하고 있다. 핑계만 있으면 덜 드리고 싶어 한다.

언젠가 이 얘기를 했더니 한 분이 그랬다. "둘 다 하면 부담되잖아요." 그 얘기가 참 속상했다. 평소 주일헌금을 얼마나 하기에 부담된다고 할까? 평소 주일헌금 액수가 과연 부담되는 액수일까? 인색한 마음을 부담이라는 단어로 숨기는 것은 아닐까? 하나님은 우리를 구원하시는 일을 전혀 부담스럽게 여기지 않으셨는데 우리는 하나님 섬기는 일을 늘 부담스러워 한다. 하지 않아도 되는 일을 한다고 생각하는 탓이다.

영국 캠브리지 대학에 스터드(C. T. Studd)라는 학생이 있었다. 학업 성적도 뛰어났고 집은 부유했으며 크리켓 선수로 전국 대회 우승 경력도 있는, 시쳇말로 전형적인 '엄친아'였다. 그가 아프리카 선교를 자원하자, 주변에서 다 만류했다. 한 사람이 말했다. "그건 너무 지나친 헌신이다. 꼭 그렇게까지 해야 하는 것은 아니다." 스터드가 답했다. "하나님이 나를 위해 예수님을 보내셨고 예수님이 나를 위해 돌아가신 것이 사실이라면 그 어떤 헌신도 헌신일 수 없다."

우리는 예수님이 우리 대신 돌아가셨다 치고 신앙생활을 하는 사람들이 아니다. 예수님이 정말로 우리 대신 돌아가셨다. 그러면 적어도 교회에서 부담된다는 표현은 쓰지 말아야 한다. 부담되는 것이 문제가 아니라 오히려 아무런 부담도 안 되는 것이 문제이다.

요즘은 다쳤을 때 바르는 연고 종류가 많다. 내가 자라던 시절에는 머큐

로크롬이라고 하는 빨간 약이 거의 만병통치약이었다. 어른들은 그 약을 '아까징끼'라고 했다. 그 약을 바르면 핏자국이 안 보인다. 약 색깔이나 피 색깔이나 똑같이 붉다. 밖에서 놀다가 다쳐서 들어오면 어머니가 아까징끼를 발라주셨다. 무릎이 깨져도 아까징끼를 발라주셨고, 팔뚝이 긁혀도 아까징끼를 발라주셨다. 그 시절에는 머리가 아프면 머리에 아까징끼를 바르고, 배탈 나면 배꼽에 아까징끼를 바르면 되는 줄 알았다.

우리가 그리스도의 피로 구원 얻은 것이 맞을까? 혹시 아까징끼 한 번 찍어 바르고는 구원 얻었다고 우기는 것은 아닐까? 교회에서 걸핏하면 부담된다고 하는 사람은 어쩌면 그리스도의 피로 구원 얻은 사람이 아니라 자기 스스로 아까징끼 찍어 발라서 구원 얻었다고 하는 사람일 것이다.

각설하고, 하나님께서 우리에게 주신 것은 한두 가지가 아니다. 그중의 하나가 교회다. 교회를 통해서 우리는 하나님 말씀을 들을 수 있다. 어떻게 세상을 사는 것이 천국 백성답게 사는 것인지를 배울 수 있다.

마찬가지로 구약 시대에는 성전이 있었다. 성전이 있다는 사실은 이스라엘에게 커다란 복이었다. 성전을 통해서 하나님의 백성이라고 하는 정체성을 간직할 수 있었다. 그런데 그 제도는 저절로 유지되는 것이 아니다. 그 제도를 유지하기 위해서는 개별적인 노력이 들어가야 한다. 시간을 희생해야 하고 물질을 희생해야 한다. 자기의 정성과 헌신이 들어가야 한다.

성경에는 세 가지 십일조가 나온다. 우선 레위인의 생활을 위한 십일조가 있다(민 18:21-24). 그다음에 토지소산에 대한 감사의 의미로 드리는 십일조가 있다(신12:5-19). 지금의 감사헌금과 성격이 유사하다. 이 두 번째 십일조로 성전에 모여서 축제를 즐겼다. 그리고 3년마다 하는 십일조가 있다(신 14:28-29, 26:12). 이것으로 나그네나 고아, 과부를 구제했다. 구제헌금인 셈이다. 전에 이 내용을 읽으면서, "일단 월 소득의 십일조를 하고 또 감사헌금을 비롯한 다른 헌금을 십일조만큼 하고, 가끔 돌아오는 절기 때 절기헌금을 십일조만큼 하면 성경의 요구와 비슷하게 되는구나."라는 생각을 한 적이 있다.

그런데 당시는 레위인이 일자리를 찾아 기웃거려야 하는 시대였다. 성전 제도가 무너진 것이다. 하나님께서 약속하신 복의 통로가 무너졌다. 그러면서도 복은 받고 싶어 했다. 미가와 미가 어머니의 대화를 보면 '여호와'라는 말도 나오고 '복'이라는 말도 나온다. 미가 어머니는 "내 아들이 여호와께 복 받기를 원하노라"라고 했고, 미가는 레위인을 제사장으로 삼은 다음 "레위인이 내 제사장이 되었으니 이제 여호와께서 내게 복 주실 줄을 아노라"라고 했다. 자기가 무엇을 잘못했는지 모르는 정도가 아니라 오히려 잘한 줄 안다.

미가는 참 이상한 사람이다. 복에는 관심이 있다. 하지만 하나님께서 정하신 복의 통로에는 관심이 없다. 찬송가 가사에 빗대면 "만복 근원 주 하나님"에는 관심이 없고 "주 하나님이 주실 수 있는 만복"에만 관심이 있었다. 하나님의 백성으로 살 마음은 없으면서 복은 받고 싶어 하니, 대체 이 노릇을 어떻게 하면 좋을까?

별로 멀리 있는 얘기가 아니다. 주님 몸 된 교회에서 자기 책임을 성실하게 감당함으로써 자기가 더욱 하나님의 백성다워지는 것에 관심 있는 사람이 얼마나 될까? 교회야 어떻게 되건 말건 그저 자기 한 몸과 자기 집 식구가 잘 먹고 잘사는 것이 복인 줄 알아서 그것에만 관심을 두는 사람이 훨씬 많지 않을까?

아이들로 치면, 아이들은 집에서 부모님 말씀 잘 듣고 학교에서 선생님 말씀 잘 듣는 것이 최고다. 자기가 할 수 있는 일 중에서 그보다 더 중요한 일은 없다. 그런데 공부와는 담 쌓고 한사코 놀러만 다니면 어떻게 해야 할까? 부모에게 바라는 것이라고는 용돈 한 가지 말고는 없으면 정말 골치 아픈 일이다.

신앙이 그럴 수 있다. 하나님은 하늘에 속한 모든 신령한 복을 주시려고 우리를 부르셨다. 우리로 그리스도의 몸 된 교회를 이루게 하셨다. 우리의 진정한 복은 교회에서 맡은 책임을 성실히 수행하는 것이다. 그 일을 통해서 우리가 그리스도의 장성한 분량이 충만한 데까지 이르게 자랄 것이다. 그런데 하나님께서 예비하신 복은 마다하고 자기 인생에서 무엇이 복인지를 스스로 정하고는 그것을 얻어내는 수단으로만 신앙을 알고 있으면 어떡하자는 얘기일까? 미가가 그런 사람이었다. 미가로 대표되는 당시 이스라엘이 그랬고, 그런 내용이 기록된 성경을 보고 있는 우리가 또한 그렇다.

> 그때에 이스라엘에 왕이 없었고 단 지파는 그때에 거주할 기업의 땅을 구하는 중이었으니 이는 그들이 이스라엘 지파 중에서 그때까지 기업을 분배 받지 못하였음이라(삿 18:1).

장면이 바뀌고 단 지파가 등장한다. 미가가 하나님을 왕으로 인정하지 않는 한 개인의 모습을 보여 주었다면 단 지파는 하나님을 왕으로 인정하지 않는 한 지파의 모습을 보여 준다. 당시 이스라엘은 총체적인 난국이었다. 미가가 별난 사람이 아니라 이스라엘의 전반적인 풍조가 그랬다.

이스라엘이 가나안 정복을 다 마친 다음에 땅을 나눈 것이 아니다. 일단 땅부터 나눴다. 가나안 원주민이 멀쩡하게 살고 있는데도 자기들끼리 제비를 뽑았다. 단 지파도 물론 제비 뽑은 땅이 있었다. 그런 땅을 얻기 위해서는 전쟁이 필요하다. 가나안 원주민을 몰아내야 한다. 그렇다고 해서 상대방보다 월등한 전력이 있어야 얻을 수 있는 땅은 아니었다. 싸우기만 하면 승리가 약속되어 있었다. 열심히 싸워서 승리를 쟁취해야 영토를 얻는 것이 아니라 싸우기만 하면 승리는 약속되어 있었다.

달란트 비유, 므나 비유가 이것과 유사하다. 다섯 달란트 맡았던 사람은 다섯 달란트를 남겼고 두 달란트를 맡았던 사람은 두 달란트를 남겼다. 그런데 한 달란트를 맡았던 사람은 그냥 한 달란트 그대로 갖고 있었다는 얘기가 달란트 비유에 나온다. 므나 비유는 어떤가? 각기 한 므나씩을 맡았는데 어떤 사람은 열 므나를 남겼고 어떤 사람은 다섯 므나를 남겼다. 그런데 어떤 사람은 자기가 맡은 한 므나를 그대로 땅에 묻어 두었다.

두 비유에는 공통점이 있다. 맡은 것으로 무엇을 하든지 간에 이익이 남았다. 우산 장사를 하면 이익이 남았을 텐데 신발 장사를 하는 바람에 이익이 남지 않는 것이 아니다. 장사 수완도 관계없다. 과연 장사를 했는지 여부만 문제였다.

이스라엘이 얻은 땅도 그렇다. 싸움만 하면 얻도록 되어 있었다. 그런데 단 지파는 그 싸움을 외면했다. 이미 땅은 제비 뽑았고, 싸움만 하면 이기기로 되어 있었는데 말이다.

"그때에 이스라엘에 왕이 없었다"는 사실이 얘기의 시작이다. 단 지파가 거주할 기업의 땅을 구한 이유가 무엇이었느냐 하면, 왕이 없었기 때문이다. 하나님이 자기들의 왕이 아니니 굳이 제비 뽑은 땅에 구애될 이유가 없다. 자기들 입맛에 맞는 땅을 찾으면 된다. 단 지파는 하나님께서 주신 땅을 마다하고 자기들 입맛에 맞는 땅을 찾아 나선 것이다.

그런 단 지파가 소라와 에스다올에 베이스캠프를 차리고는 정탐꾼 다섯 명을 보낸다. 어디에 가면 자기들 입맛에 맞는 땅이 있는지 알아 오라고 한 것인데, 마침 미가의 집에서 유숙하게 된다. 그들이 집에 레위인이 있는 것을 보고는 영문을 물었고, 레위인은 자초지종을 얘기했다.

그런 말을 들었으면 "이보시오, 당신은 레위인이오. 성막에서 하나님을 섬겨야 할 사람이 아무리 목구멍이 포도청이라도 그렇지, 어떻게 개인한테 귀속된단 말이오? 게다가 당신은 제사장이 아니지 않소? 얼른 회개하고 돌아가시오."라고 하는 것이 정상이다. 하지만 하나님을 왕으로 인정하지 않기는 그들도 마찬가지였다. 삿 18:5에 "그들이 그에게 이르되 청하건대 우리를 위하여 하나님께 물어 보아서 우리가 가는 길이 형통할는지 우리에게 알게 하라"라고 기록되어 있다.

그들은 하나님께서 주신 땅을 마다하고 자기들 멋대로 다른 땅을 찾아 나선 사람들이다. 그러면서도 자기들의 앞길이 형통할지 하나님께 물어달라는 것은 무슨 경우일까? 당연히 이상해야 한다. 그런데 별로 이상하지 않고 오히려 낯익다. 하나님 뜻대로 살 마음은 없으면서 복은 받고 싶어 하는 사람이 설마 옛날 가나안 땅에만 있었을까?

신자가 되었다는 말이 무슨 뜻일까? 신자가 되었으면 그다음에는 자기가 예수님 뜻대로 살아야 할까, 예수님이 자기 인생을 도와줘야 할까? 신자가 되었으니까 앞으로는 예수님 말씀대로 살아야 한다고 생각하면 목사는 성경을 제대로 가르쳐주는 사람이어야 한다. 경우에 따라서는 꾸중도 하고 싫은 소리도 할 수 있다. 하지만 신자가 되었으니까 앞으로 예수님이 자기를 도와줘야 한다고 생각하면 그때의 목사는 무조건 자기를 위해서 기도하는 사람이어야 한다. 자기가 무슨 일을 하든지 늘 좋은 말만 해줘야 한다.

그런 단 지파 사람들이 자기들 앞길을 물었다. 초록은 동색이니 레위인이 대답할 말은 뻔하다. 정신이 온전히 박힌 레위인이었으면 "애초에 제비 뽑은 땅은 어떻게 하고 엉뚱한 땅을 찾는단 말이오? 당장 본래 기업으로 돌아가시오!" 하고 따끔하게 야단쳐야 맞다. 하지만 그처럼 옳은 소리를 할 사람이었으면 애초에 미가의 개인 제사장으로 취직하지도 않았을 것이다.

만일 "당신들은 하나님께서 싫어하시는 길을 가고 있습니다. 속히 돌이켜야 합니다."라고 했으면 그다음에는 어떻게 되었을까? 단 지파 정탐꾼들이 잘못을 회개하며 돌아갔을 것이라고는 생각되지 않는다. 보나마나 재수 없는 소리한다고, 봉변을 당했을 것이다. 애초에 그들은 형통하다는 말을 듣고 싶어서 물은 것이지, 정말로 하나님의 뜻이 궁금해서 물은 것이 아니었다.

이스라엘이 남 왕국 유다와 북 왕국 이스라엘로 갈라진 다음의 일이다. 북 왕국의 아합과 남 왕국의 여호사밧이 연합해서 아람과 싸운 적이 있다. 전쟁을 앞두고 여호사밧이 하나님께서 이 전쟁을 원하시는지 선지자를 불러서 물어보자고 했다. 그 말을 들은 아합이 왕궁에 있는 선지자를 불렀는데 모두 사백 명이었다. 사백 명의 선지자가 이구동성으로 승리를 장담하며 전쟁을 부추겼다.

여호사밧이 묻는다.

"혹시 이들 말고 다른 선지자는 없습니까?"

아합이 대답했다.

"미가야라는 선지자가 있는데, 항상 불길한 얘기만 하기 때문에 일부러 부르지 않았습니다."

아합이 선지자를 부른 것은 하나님 말씀을 듣기 위한 것이 아니었다. 자기가 하는 일이 하나님 보시기에 옳은 일이라고 얘기해 줄 사람들을 부른 것이었다.

아합은 악한 왕의 대명사로 꼽히는 사람이다. 그런 아합의 궁에 웬 선지자가 사백 명씩이나 있었을까? 죄다 어용 선지자였다는 뜻이다. 하나님의 뜻을 전달하는 선지자가 아니라 아합이 하는 일에 하나님의 이름으로 결재 도장을 찍어주는 사람들이었다. 아합은 하나님의 뜻에는 관심 없으면서 자기가 하는 일이 하나님 보시기에 옳은 일이라는 말은 듣고 싶어 했다. 아합이 특별히 악한 사람이어서가 아니다. 사람의 심리가 그렇다. 하나님의 뜻을 행하는 일에는 관심이 없으면서 자기가 하는 일이 하나님 보시기에 옳다는 말은 듣고 싶어 한다.

단 지파 정탐꾼 다섯 명이 레위인의 말을 듣고는 자기들의 길을 갔다. 그러다가 정말로 입맛에 맞는 땅을 만났다. 팔레스타인 최북단에 있는 라이스라는 곳인데 명목상 시돈의 영토였지만 레바논산맥으로 인해 시돈의 통치가 제대로 미치지는 못했다. 헬몬산에 의해 아람과도 단절되어 있었다. 그런 조건 때문에 원주민들은 외침에 전혀 무방비상태였다. 게다가 요단강에서 흘러나오는 물이 있으니 용수 걱정도 없었다.

> 그들이 소라와 에스다올에 돌아가서 그들의 형제들에게 이르매 형제들이 그들에게 묻되 너희가 보기에 어떠하더냐 하니 이르되 일어나 그들을 치러 올라가자 우리가 그 땅을 본즉 매우 좋더라 너희는 가만히 있느냐 나아가서 그 땅 얻기를 게을리 하지 말라 너희가 가면 평화로운 백성을 만날 것이요 그 땅은 넓고 그곳에는 세상에 있는 것이 하나도 부족함이 없느니라 하나님이 그 땅을 너희 손에 넘겨주셨느니라 하는지라(삿 18:8-10).

정탐에서 돌아온 다음에 동류들을 부추겼다. 자기들이 보고 온 땅이 얼마나 좋은 땅인지를 설명하는데, 내용이 은근히 고약하다. 그 땅에는 세상에 있는 것이 하나도 부족하지 않더라고 했다.

이 표현에는 두 가지 맹점이 있다. 우선 그 땅에 아무것도 부족한 것이 없다면 애초에 제비 뽑아 나눈 땅에는 부족한 것이 있다는 뜻이 된다. 하나님께 받은 땅에는 부족함이 있고 자기들이 찾은 땅에는 부족함이 없다는 것은 무슨 발상일까?

신자라고 하면서도 교회 밖을 기웃거리는 사람이 있다. 거기 미련이 있기 때문이다. 예수님이 아무리 좋아도 예수님만으로는 만족하지 못하고, 다른 것도 누리고 싶어 하는 사람들을 어떻게 하면 좋을까?

설령 그 땅이 세상에 있는 것 하나도 부족함이 없는 곳이라고 하자. 그렇다고 해도 있는 것은 세속적인 것뿐이고 하나님의 뜻은 없다. 그런데도 탐이 났다. 더 가관인 것은 그런 곳을 "하나님이 그 땅을 너희 손에 넘겨주셨느니라" 하고, 하나님의 이름으로 얻고 싶어 한다. 세상은 자기 욕심대로 살면서도 하나님이 자기에게 복을 주셨다는 말은 듣고 싶은 것이다. 그러면 자기는 저절로 하나님 보시기에 옳은 사람이 된다.

오래 전에 이상한 얘기를 들은 적이 있다. 애가 고3이라서 당분간 교회에 못 보내니까 신경 써서 기도해달라는 것이었다. 그러면서 얘기했다. "서울에 있는 대학만 가면 원이 없죠. 솔직히 애 실력으로는 어림도 없고요, 하나님 은혜밖에 없어요. 그러니 꼭 좀 기도해 주세요. 저도 새벽마다 기도해요." 아이가 예배를 빼먹으면 그 빈자리를 보시는 하나님과 자기가 새벽마다 하는 기도를 듣는 하나님이 같은 하나님인 줄 모르는 모양이다.

사사기는 하나님을 모르는 사람들의 기록이 아니다. 하나님을 아는 사람들이 세상을 살아간 기록이다. 그런데 한심하기 그지없다. 하나님을 몰라서 한심한 것이면 문제가 심각하지 않다. "이 사람들이 하나님을 몰라서 그렇구나!" 하고, 넘어가면 된다. 하지만 하나님을 알면서도 한심하다면 얘기가 다르다. 같은 문제가 우리에게도 있다는 뜻이기 때문이다.

어쨌든 단 지파는 망설일 이유가 없었다. 선발대 육백 명을 추려서 라이스로 떠나는데, 중간에 에브라임 산지에서 미가의 집에 이른다.

> 전에 라이스 땅을 정탐하러 갔던 다섯 사람이 그 형제들에게 말하여 이르되 이 집에 에봇과 드라빔과 새긴 신상과 부어 만든 신상이 있는 줄을 너희가 아느냐 그런즉 <u>이제 너희는 마땅히 행할 것을 생각하라</u> 하고(삿 18:14).

정탐꾼으로 나섰던 다섯 명이 미가의 집에 에봇과 드라빔과 신상이 있다는 얘기를 했다. 그러면서 "이제 너희는 마땅히 행할 것을 생각하라"고 한다.

참으로 황당한 발상이다. "은행에 갔더니 돈이 참 많더라. 그러면 우리가 무엇을 해야 하겠느냐?"라고 하는 식이다. 이 사람들에게 문제가 되는 것은 자기들이 하고 싶은 일을 행할 힘이 있는지 여부이지, 그 일이 과연 옳은지 여부는 아니다. 다른 것은 생각할 줄 모른다.

영국 서식스 대학 연구진이 〈네이처 커뮤니케이션 저널〉에 달팽이의 생각을 분석한 논문을 발표했다. 달팽이는 뇌세포가 두 개뿐이어서 두 가지밖에 판단을 못한다고 한다. 하나는 먹이가 있는지, 없는지 하는 것이고 다른 하나는 자기 배가 고픈지, 안 고픈지 하는 것이다. 자기 앞에 먹이가 있고 배가 고프면 먹는다. 다른 것은 모른다.

그럼 단 지파는 어떻게 된 영문일까? 택한 백성 이스라엘이라고 하면서 달팽이 수준을 넘지 못하고 있다.

육백 명은 무기를 지니고 미가의 집 문 입구에 선 채 다섯 사람이 들어가서 신상과 에봇, 드라빔을 가지고 나왔는데 레위인 제사장이 그것을 보고는 무슨 일이냐고 물었다. 도둑질 현장을 목격했으니 그럴 만한데, 단 지파 사람들은 오히려 레위인 제사장을 설득한다. 여기서 미가 한 사람을 위한 제사장 노릇을 하는 것보다 자기들과 함께 가서 지파 전체를 위한 제사장을 하는 것이 어떠냐고 한 것이다.

레위인 제사장이 흔쾌히 승낙했다. 한 사람의 집에서 제사장을 하는 것보다 지파 전체를 위한 제사장이 되는 것을 일종의 신분 상승으로 여긴 모양이다. 그것도 자기만 따라나선 것이 아니라 에봇과 드라빔 등 그들이 탈취하려는 물건을 받아들고 따라나섰다. 굳이 신앙 양심을 따지지 않더라도 그는 당연히 미가의 집 재산을 지켜야 하는 사람이다. 그런데 지금까지 자기를 돌봐 준 미가에 대한 최소한의 의리도 없었다.

그리 놀랄 일이 아니다. 당시는 왕이 없는 시대였다. 하나님이 왕이 아닌데 못할 일이 무엇이 있겠는가? 자기한테 이익이 되면 그만이다.

단 지파 육백 명은 시작부터 조짐이 좋다는 생각을 했을 것이다. 제사장까지 얻었으니 이제 순풍에 돛 단 것처럼 일이 진행되지 않겠느냐는 얘기를 하며 길을 재촉했을 것이다.

그들이 미가의 집을 멀리 떠난 때에 미가의 이웃집 사람들이 모여서 단 자손을 따라 붙어서 단 자손을 부르는지라 그들이 얼굴을 돌려 미가에게 이르되 네가 무슨 일로 이같이 모아 가지고 왔느냐 하니 미가가 이르되 <u>내가 만든 신들과 제</u>

사장을 빼앗아 갔으니 이제 내게 오히려 남은 것이 무엇이냐 너희가 어찌하여 나더러 무슨 일이냐고 하느냐 하는지라(삿18:22-24).

그들이 얼마나 멀리 갔을까? 미가가 쫓아왔다. 단 지파와 레위인 제사장은 자기들끼리 짝짜꿍이 맞았지만 미가는 날벼락을 맞은 셈이니 당연하다. 그런데 단 지파의 반응은 뻔뻔스럽기 그지없다. 무슨 일이냐고 태연하게 묻는다.

단 지파의 뻔뻔함은 나중에 보기로 하고 우선 미가의 어리석음에 주목해 보자. 미가가 단 지파를 쫓아가서, 자기가 만든 신들을 왜 빼앗아 가느냐고 따진다. 물론 단 지파가 미가의 에봇과 드라빔, 신상들을 도적질해 간 것은 맞다. 하지만 미가는 자기의 은붙이를 찾으러 간 게 아니라 자기의 신들을 찾으러 갔다. 자기가 만든 신들과 자기가 세운 제사장을 내놓으라는 것이다.

신을 만든다는 것도 어불성설인데 하물며 그 신을 도둑맞기까지 했다. 자기 몸뚱이도 스스로 간수하지 못해서 도적질의 대상이 되는 신을 섬겨서 뭘 하겠다는 얘기일까?

나는 목사다. 그런데 야곱의 아들 유다와 예수님의 제자 유다를 헷갈린다면 나한테서 무엇을 기대할 수 있을까? 만일 내가 신약과 구약도 제대로 구별하지 못한다면 내가 전하는 설교는 들을 이유가 없다.

자기 한 몸 제대로 챙기지 못하는 신이 이와 같다. 그런데 미가는 그것을 모른다. 신도 자기가 만들고 제사장도 자기가 임명했다. 자기가 임명한 제사장이 자기가 만든 신에게 자기를 위해서 복을 빌면 그 신이 자기에게 복을 준다는 것이다. 그런데 단 지파가 그것을 훔쳐 갔다.

단 자손이 그에게 이르되 네 목소리를 우리에게 들리게 하지 말라 노한 자들이 너희를 쳐서 네 생명과 네 가족의 생명을 잃게 할까 하노라 하고 단 자손이 자기 길을 간지라 미가가 단 자손이 자기보다 강한 것을 보고 돌이켜 집으로 돌아갔더라(삿 18:25-26).

도무지 법도 없고 정의도 없다. 힘이 최고다. 자기가 하는 일이 옳은 일인지는 관심 없고 자기한테 그 일을 행할 힘이 있는지에만 관심이 있다. 왜 자기 물건을 훔쳐 가느냐는 미가의 힐책에 단 지파는 까불면 다친다고 당당하게 맞섰다.

힘이 모자란 미가는 돌아설 수밖에 없었다. 분명히 억울한 일이다. 그렇다고 동정심을 느끼는 사람이 있을까? 단 지파가 악한 것만큼이나 그 역시 벌받아 마땅한 일을 저질렀다.

단 자손이 미가가 만든 것과 그 제사장을 취하여 라이스에 이르러 한가하고 걱정 없이 사는 백성을 만나 칼날로 그들을 치며 그 성읍을 불사르되 그들을 구원할 자가 없었으니 그 성읍이 베드르홉 가까운 골짜기에 있어서 시돈과 거리가 멀고 상종하는 사람도 없음이었더라 단 자손이 성읍을 세우고 거기 거주하면서(삿 18:27-28).

결국 단 지파는 자기들이 원하는 땅을 얻었다. 제비 뽑아 얻은 땅을 외면하고 자기들 멋대로 다른 땅을 취했다. 사람들은 이런 경우에 성공했다고 한다. 어쩌면 단 지파 사람들은 "역시 우리에게 신상이 있으니까…", "제사장이 우리를 위해서 복을 비니까…" 하는 생각을 했을지도 모른다. 적어도 자기들 생각으로는 하나님께 복을 얻은 줄 알았을 것이다.

> 이스라엘에게서 태어난 그들의 조상 단의 이름을 따라 그 성읍을 단이라 하니
> 라 그 성읍의 본 이름은 라이스였더라(삿 18:29).

이때 단 지파가 빼앗은 성읍 이름이 라이스였는데 단이라는 새로운 이름
을 붙였다. 자기들의 터전이 되는 성읍 이름을 아무렇게나 짓지는 않았을
것이다. 머리를 맞대고 심사숙고했을 텐데, 그렇게 해서 지은 이름이 단이었
다. 자기들이 속한 지파 이름을 성읍 이름으로 삼은 것이다.

이들이 얻은 라이스는 자기네가 본래 얻어야 했던 제비 뽑은 땅에서 제법
멀리 떨어진 곳이다. 팔레스타인 최북단이다. 그들은 하나님께서 주신 기업
을 외면하고 여기까지 왔다. 그러면서도 하나님의 백성이라는 정체성을 나
타낸답시고 '단'이라는 이름을 내걸었다. 어떤 남자가 외간 여자에게서 아
들을 얻고는 하나님이 복을 주셨다며 다윗이나 요셉처럼 성경에 나오는 이
름을 지은 격이다.

> 단 자손이 자기들을 위하여 그 새긴 신상을 세웠고 모세의 손자요 게르솜의
> 아들인 요나단과 그의 자손은 단 지파의 제사장이 되어 <u>그 땅 백성이 사로잡히</u>
> <u>는 날까지</u> 이르렀더라(삿 18:30).

지금까지 나온 모든 내용보다 훨씬 더 쇼킹한 내용이다. 단 자손이 자기
들이 얻은 땅에 미가한테서 빼앗아 온 신상을 세웠고 또 미가네 집에서 데
려온 레위인을 자기들을 위한 제사장으로 임명했는데 그가 바로 모세의 손

자였다. 그 혼자만 그런 것이 아니다. 그 자손이 계속 단 지파를 위해서 제사장 노릇을 했다. 그 땅 백성이 사로잡히는 날까지, 즉 주전 722년 북 왕국 이스라엘이 앗수르한테 멸망당할 때까지 그렇게 했다.

모세는 현재까지도 유대인이 가장 존경하는 인물이다. 그런데 손자 대(代)에 와서 이런 어처구니없는 일이 벌어졌다. 이 레위인 제사장과 모세가 몇 살 차이였는지 모르지만 모세가 120세까지 살았으니 모세 무릎에 앉아 "하부지, 하부지"하면서 재롱을 부렸을 수도 있다. 그런데 그 할아버지의 모습이 전혀 없다. 아마 모세는 천국에서 이 모습을 보면서 피눈물을 흘렸을 것이다. 앞에서 이스라엘의 신앙이 단절되었다는 얘기를 했는데, 모세의 집안도 예외가 아니었다. "장로 아들이 어떻더라.", "목사 딸이 어떻더라." 하는 얘기는 차라리 애교에 속한다.

1909년 10월 26일, 안중근 의사가 하얼빈 역에서 이토 히로부미(이등박문)를 처단했다. 이토 히로부미가 우리한테는 민족의 원수지만 일본에서는 영웅이었다. 지금의 신라호텔 자리에 이토 히로부미를 추모하는 보리사라는 사당이 있었다. 박문사라는 다른 이름도 있다. 이등박문(伊藤博文)의 박문(博文)을 딴 것이다. 30년이 지났다. 황당한 일이 벌어진다. 1939년 10월 15일, 안중근 의사의 아들 안준생이 보리사에서 아버지를 대신해서 속죄한 것이다. 그 다음날에는 이토 히로부미의 아들 이토 분키치를 만나서 용서를 구했다. 사죄의 진정성을 보이기 위해서 아버지 안중근의 위패를 가져가기도 했다.

이 일을 통해서 안준생이 무엇을 얻었는지는 모른다. 궁금하지도 않다. 어쨌든 이것이 현실이다. 애국자 집안에서 매국노가 나오기도 하고 순교자 집안에서 배교자가 나오기도 한다.

하나님의 집이 실로에 있을 동안에 미가가 만든 바 새긴 신상이 단 자손에게 있었더라(삿 18:31).

하나님의 집은 모세 때 만들어진 성막을 말한다. 하나님의 임재를 상징하는 성막이 엄연히 실로에 있었는데 단 자손에게는 미가가 만든 신상이 따로 있었다.

이스라엘은 솔로몬이 죽은 다음에 나라가 남 왕국과 북 왕국으로 갈라진다. 정통 왕조인 남 왕국의 왕은 솔로몬의 아들 르호보암이었고 북 왕국의 왕은 여로보암이었다. 이스라엘은 유월절과 칠칠절, 초막절이면 모든 남자는 예루살렘에 가서 절기를 지켜야 한다. 여로보암 입장에서는 큰일 날 일이다. 북 왕국 백성들이 예루살렘에 가면 자기의 통치권이 위축되기 때문이다. 그래서 기상천외한 작태를 저지른다. 단과 벧엘에 금송아지 우상을 세우고는 백성들을 호도한 것이다. 앞으로는 예루살렘까지 갈 것 없이 단이나 벧엘에 가서 금송아지를 섬기면 된다고 했다. 미가가 만든 신상이 단 지파에게 있었던 것을 커닝한 셈이다.

특히 "하나님의 집이 실로에 있을 동안에…'라는 표현에 주목해야 한다. 그 얘기 없이 곧바로 "미가가 만든 바 새긴 신상이 단 자손에게 있었더라"라고 해도 뜻이 통한다. 그런데 굳이 하나님의 집이 실로에 있었다는 얘기를 해서 둘을 대조하고 있다. 하나님의 임재를 상징하는 성막이 엄연히 실로에 있음에도 불구하고 자기들 멋대로 만든 가공의 신을 두었다는 지적이다.

하나님께서는 이런 사실을 결코 간과하지 않으신다. 이렇게 해서 성경은 더 이상 단 지파를 얘기하지 않는다. 단 지파가 아예 무대 뒤로 사라진 것이다.

유다 지파 중에 인침을 받은 자가 일만 이천이요 르우벤 지파 중에 일만 이천이요 갓 지파 중에 일만 이천이요 아셀 지파 중에 일만 이천이요 납달리 지파 중에 일만 이천이요 므낫세 지파 중에 일만 이천이요 시므온 지파 중에 일만 이천이요 레위 지파 중에 일만 이천이요 잇사갈 지파 중에 일만 이천이요 스불론 지파 중에 일만 이천이요 요셉 지파 중에 일만 이천이요 베냐민 지파 중에 인침을 받은 자가 일만 이천이라(계 7:5-8).

택한 백성의 상징으로 이스라엘 열두 지파를 나열하고 있다. 성경에서 이스라엘 열두 지파를 소개하는 장면은 한두 번 나오는 것이 아닌데 본문은 좀 다르다. 이스라엘 열두 지파는 야곱의 열두 아들에서 레위와 요셉을 빼고 요셉의 아들인 므낫세와 에브라임을 넣으면 된다. 르우벤, 시므온, 유다, 갓, 아셀, 단, 납달리, 잇사갈, 스불론, 베냐민, 므낫세, 에브라임이 이스라엘 열두 지파의 조상이다.

그런데 본문에는 레위 지파가 있고 단 지파가 없다. 택한 백성의 상징으로 이스라엘 열두 지파를 나열하면서 단 지파가 빠졌다는 사실은 뭔가 시사하는 바가 있다.

그런 단 지파가 실로에 하나님의 집이 있음에도 불구하고 자기들 멋대로 신상을 세우고 그것을 섬겼던 것이다.

누구 하나 온전한 사람이 없다. 단 지파도 엉망이고 미가도 엉망이고 거기에 있던 레위인 제사장도 엉망이다. 그리고 이 얘기는 팔레스타인이라고 하는 지리적인 영역이나 사사 시대라고 하는 시간적인 테두리 안에 제한된 사건이 아니라 지금 우리의 신앙생활 속에 담겨 있는 폐습에 대한 고발이다. "미가가 왜 한심했는지 아느냐? 단 지파가 왜 한심했는지 아느냐? 모세의 손자가 왜 그처럼 한심했는지 아느냐? 왕이 없었기 때문이다. 하나님을 왕으로 모시지 않고 자기 멋대로 살았기 때문이다. 그러면 그들은 그렇다 치고 너희는 과연 어떠냐?"라는 뜻이다.

기독교 실존주의 철학자 마르셀 가브리엘이 한 얘기가 있다. "인간의 좌우명은 내가 존재한다는 것이 아니라, 내가 위를 향하여 존재한다는 것이다." 우리는 단지 존재하기만 하면 되는 사람들이 아니다. 위를 향하여 존재해야 하는 사람들이다.

미가를 흉보고 단 지파를 흉보고 모세의 손자를 흉보는 것은 신앙과 하등의 상관이 없다. 자기에게 그런 모습이 없어야 한다. 이 세상 모든 사람들이 왕이 없는 삶을 살아가더라도 우리만은 왕이 있는 삶을 살아야 한다. 모두가 하늘 없는 땅에서 살아갈지라도 우리는 하늘을 우러르며 살아야 한다.

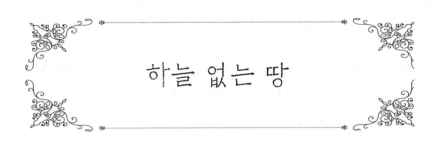

하늘 없는 땅

미가 얘기는 상당히 충격적이었다. 레위인 제사장이 모세 손자라는 사실에 경악하지 않은 사람이 없을 것이다. 그런데 충격이 계속된다.

오래 전에 한 청년이 사사기를 읽는 것을 보고 아내가 물었다. "거기 무슨 내용 있어?" 그 청년이 대답했다. "이거, 완전 개판인데요." 사사기가 그런 기록이다. 속된 말로 완전 개판이다. 그렇게 된 이유가 왕이 없었기 때문이다. 하나님이 자기들의 왕인 것을 인정하지 않았기 때문이다. 사사기에 꽉 찬 내용은, 이스라엘이 하나님을 왕으로 인정하지 않고 자기들 멋대로 살아서 그다음에 어떻게 되었느냐 하는 것이다.

삿 19장도 "이스라엘에 왕이 없을 그때에 에브라임 산지 구석에 거류하는 어떤 레위 사람이 유다 베들레헴에서 첩을 맞이하였더니…"로 시작한다. "이스라엘에 왕이 없어서 백성들이 자기 멋대로 살았는데, 자기 멋대로 살아서 나타난 모습 중의 하나가 이런 것이다."라는 뜻이다.

에브라임 산지에 사는 어떤 레위인이 첩을 얻었다. 그 첩이 행음을 하고는 유다 베들레헴에 있는 자기 아버지 집으로 가버렸다. 넉 달이 지난 어느 날, 레위인이 하인을 데리고 찾아 가니 첩장인이 반갑게 맞는다. 사흘을 머무르다가 넷째 날 아침에 첩을 데리고 떠나려고 하니 첩장인이 만류한다. 조금 더 있다 가라는 것이다. 그렇게 해서 하루를 더 묵었다. 다음날 아침에 길을 떠나려 하니 또 만류한다. 밥 먹고 기운 차리고 가라는 것이다. 먹고 마시는 사이에 날이 저물어 간다. 첩장인은 하루 더 머무르고 내일 아침 일찍 떠나라고 했지만 레위인은 거기서 밤을 지낼 마음이 없어서 그냥 길을 떠났다.

여부스 인근에 이르렀다. 우리한테는 예루살렘으로 더 잘 알려졌는데 예루살렘이 이스라엘 영토가 된 것은 다윗 때의 일이다. 아직은 여부스 족이 살고 있는 이방 땅이다.

하인이 여부스 성읍에 들어가서 유숙할 곳을 찾자고 권했다. 하지만 레위인은 생각이 달랐다. 까마귀가 노는 곳에 어떻게 백로가 갈 수 있단 말인가? 적어도 자기는 할례도 없고 율법도 없는 이방 족속과 격이 다른 사람이다. 그래서 하나님의 선민이 사는 기브아까지 갔다. 기브아는 베냐민 지파에 속한 땅이다.

밭에서 일하다가 돌아가던 한 노인이 그들을 보고는 자기 집으로 영접한다. 노숙자 신세는 면한 것이다. 그런데 해괴한 일이 벌어진다. 삿 19:22에 "그들이 마음을 즐겁게 할 때에 그 성읍의 불량배들이 그 집을 에워싸고 문을 두들기며 집주인 노인에게 말하여 이르되 네 집에 들어온 사람을 끌어내라 우리가 그와 관계하리라"라고 기록되어 있다. 어디서 본 듯한 풍경이다. 소돔, 고모라에서 이런 일이 있었다. 하나님께서 소돔, 고모라를 멸망시키기 직전의 상황이 바로 이랬다.

하다못해 강도짓을 해도 다른 사람들 눈치를 보는 법이다. 빨리 문 열라고 대문을 걷어차는 법은 없다. 그런데 그렇게 하고 있다. 강간, 그것도 동성 간의 강간이라는 극악한 행위를 마치 주막집 문을 두드려서 술을 청하는 것처럼 당당하게 요구한다. 하나님의 진노로 멸망한 이방 도시에서 있었던 일과 똑같은 일이 하나님의 백성들이 모여 사는 곳에서 반복되고 있다. 소돔과 고모라가 바로 그래서 망했다. 이스라엘도 망해야 한다는 뜻이다.

인간의 부패한 심성에서 나오는 대표적인 현상이 음행이다. 특히 성경은 음행을 상당히 자주 지적한다. 우리가 그리스도의 신부이기 때문이다. 아내의 음식 솜씨나 집안 살림 때문에 배신감을 느끼는 남편은 없다. 하지만 정절은 얘기가 다르다.

요한계시록에서는 우리 구원이 완성되는 것을 어린양의 혼인 잔치로 얘기한다. 그때 우리가 얼마나 큰 기쁨과 만족을 누리게 될까? 어쩌면 부부관계에서 얻어지는 기쁨과 만족이 그에 대한 암시일 수 있다. 그리스도와 교회가 한 몸인 것처럼 남편과 아내 역시 한 몸이다. 사탄이 이런 상징을 그냥 둘까? 당연히 더럽힐 것이다. 그렇게 해서 나온 것이 음행이고, 동성애, 수간이다. 하나님 주신 기쁨을 다른 데서도 누릴 수 있다는 것이다.

어쨌든 불량배들의 강요를 이기지 못해서 레위인의 첩을 내어주게 된다. 레위인의 첩은 밤새도록 시달리다가 새벽에야 놓였는데 레위인이 묵고 있는 집 앞에까지 와서는 거기서 쓰러져 죽고 말았다.

아침에야 첩이 죽은 것을 본 레위인은 분기충천했다. 자기 여인을 자신의 안위와 교환해서 불량배들에게 내어준 파렴치한 사내가 무슨 낯짝으로 분을 내는지 모르겠지만 하여간 크게 노를 발했다.

얼마나 노했는지 시체를 나귀에 싣고 집으로 돌아온 다음에 칼을 가지고 열두 덩이로 나누고는 이스라엘 사방에 두루 보내며 비상소집을 호소했다. 이스라엘이 애굽에서 나온 날부터 지금까지 이런 일이 있었느냐며, 모든 사람들의 공분을 불러일으킨 다음에 그 일을 응징하기로 했다.

자기와 살을 섞었던 여인의 몸을 열두 토막으로 나눴다는 얘기가 눈살을 찌푸리게 하지만 분노에 사로잡힌 레위인에게는 전혀 문제되지 않았던 모양이다. 기브아 사람들을 벌하기 위해서라면 못할 것이 없었다. 하나님의 선민이 사는 땅에서 그런 엄청난 범죄 행위가 어떻게 해서 일어날 수 있는지 그것만 문제였다.

부교역자 시절, 퇴근하려고 마을버스를 기다리는데 교인을 만났다.

"이제 퇴근하세요?"

"예."

"차는 어쩌고 버스를 기다리세요?"

"차요? 뺏겼어요."

나는 아내가 차를 가지고 다닌다는 뜻으로 한 얘기였는데, 그 분은 순간적으로 잘못 알아들었다. 차를 뺏겼다는 얘기를 면허를 뺏겼다는 얘기로 착각한 것이다. 깜짝 놀라면서 반문했다.

"아니, 왜요? 어쩌다가요?"

면허가 취소되는 가장 일반적인 사유는 음주 운전이다. 내가 면허를 취소당했다고 하면 당연히 놀랄 일이다. 그때 그 분은 말을 잘못 알아들어서 그랬지만 만일 정말로 음주 운전 때문에 면허가 취소되었으면 어떻게 될까? 내 앞 차까지는 단속을 안 했는데 하필 내 차부터 단속하는 바람에 걸렸다고 가정해 보자. 그렇다고 해서 "재수도 없지. 방금 전까지도 단속을 안 하다가 하필이면 내가 지나갈 때 단속을 하는 것이 대체 무슨 경우야?" 하고 교인들 붙잡고 투덜거리는 것이 가능할까?

내가 음주 운전으로 적발되었으면 입이 열 개라도 할 말이 없어야 한다. 행여 남들이 알세라 조심해야 한다. 설령 공정하지 못한 단속에 걸렸다고 해도 달라지는 것은 없다. 그런데 사람들을 모아서 억울하다고 하소연하면 그 하소연을 듣는 사람은 어떤 사람들일까? 나만 정상이 아닌 것이 아니라 듣는 사람들도 정상이 아니다.

첩이 불량배들 때문에 죽었다. 그 일을 방조한 사람이 자기 자신이다. 도무지 떳떳할 것이 없다. 그런데도 시체를 열두 토막 내는 극한 방법을 동원하면서까지 억울함을 호소한다. 그리고 그 얘기를 들은 사람들은 다 동조한다. 자기들이 애굽에서 나온 이래로 지금까지 이런 일이 없었다는 것이다.

물론 기브아 주민들이 잘못했다. 그들이 옳다는 얘기는 절대 아니다. 하지만 그들의 잘못을 성토하는 목소리를 크게 내면 그것으로 옳은 사람이 되는 것이 아니다. 레위인을 비롯한 다른 이스라엘 사람들도 잘한 것이 없다. 기브아 주민들과 다른 점이 있다면 단지 그들이 범한 유형의 잘못을 범하지 않았다는 사실뿐이다.

하지만 그들은 모른다. 누가 보기에도 자기들은 하나님의 백성으로 살고 있는데, 기브아 놈들이 천인공노할 죄를 저질렀다는 것이다.

이것이 당시 이스라엘의 형편이었다. 정신이 온전한 사람이 아무도 없었다. 왕이 없었기 때문이다. 아니, 하나님을 왕으로 인정하지 않았기 때문이다. 그리고 성경은 하나님을 왕으로 인정하지 않는 삶이 어느 만큼 더럽고 추악한지를 보여주고 있다.

뒤집어 생각하면, 하나님을 왕으로 모신 삶은 그만큼 고결하고 복되다는 뜻이다. 하나님을 왕으로 모시지 않는 삶이 어느 만큼 더럽고 추악한지 안다면 우리는 하나님을 왕으로 모신 삶을 살아가야 한다. 우리가 이 세상을 살아가면서 할 수 있는 가장 귀한 일이 있다면, 하나님을 왕으로 모시는 일이다. 이 세상 모든 사람이 왕이 없는 삶을 살아가더라도 우리만은 왕이 있는 삶을 살아야 한다.

> 이에 모든 이스라엘 자손이 단에서부터 브엘세바까지와 길르앗 땅에서 나와서 그 회중이 일제히 미스바에서 <u>여호와 앞에 모였으니</u>(삿 20:1).

이스라엘이 총 궐기했다. 단과 브엘세바는 이스라엘의 북단과 남단이다. 우리나라로 치면 '백두에서 한라까지'라고 하는 격이다. 또 길르앗은 요단 서편에 있는 지역이다. 이스라엘이 가나안에 입성할 적에 요단강을 건너서 입성했다. 그렇다고 해서 모든 지파가 요단강을 건너서 땅을 얻은 것이 아니다. 르우벤 지파와 갓 지파, 므낫세 지파의 절반은 요단강 서편에 있는 땅을 얻었다. 그 지역이 길르앗이다. 단에서부터 브엘세바까지 다 모였다고 해도 이스라엘이 총출동했다는 뜻인데 길르앗을 같이 말함으로써 그런 사실을 더욱 강조한다.

이렇게 해서 무려 사십 만이 모였다. 그야말로 벌 떼처럼 모인 것이다. 이런 엄청난 숫자가 하나님께 받은 땅을 이방 족속의 위협에서 지키려고 모인 것이 아니라 자기들끼리 누가 더 잘났는지 따지기 위해서 모였다. 그러면서도 '여호와 앞에 모였다'는 표현으로 종교적인 티를 낸다. 깡패들이 패싸움하기 전에 모여서 기도하는 격이다. 그나마 다른 조직과의 세력 다툼이 아니라 자기들끼리의 싸움이다.

학생 시절, 공부할 적에는 머리가 참 안 돌아가는데 어머니한테 거짓말해서 용돈 탈 때는 기발하게 돌아가는 친구가 있었을 것이다. 나중에 그 거짓말을 들켰다고 하자. 어머니가 뭐라고 할까? "그 잘 돌아가는 머리로 공부 좀 해라."라고 할 것이다.

사람은 선한 일보다 악한 일에 훨씬 더 열심 내는 법이다. 공부하면서 밤을 새우는 것은 힘들어도 고스톱을 치면서 밤을 새우는 것은 일도 아니다. 공부할 적에는 졸지 않기 위해서 커피도 마시고 중간에 밖에 나가서 바람도 쐬지만 고스톱을 칠 때는 그럴 필요가 없다. 밤을 새우는 열심만을 놓고 따지면 같은 열심인데, 그런 열심이 좋은 쪽으로는 동원되지 않는다. 사람의 본성이 악하다는 단적인 증거이다.

이스라엘이 바로 그렇다. 하나님의 사역을 위한 일이라면 사십 만씩이나 모이지 않았을 것이다. 기드온이 나팔을 불었을 때도 삼만 이천 명 모인 것이 고작이었다. 그런데 동족을 살상하기 위해서는 무려 사십 만이나 모였다. 사사기 시대를 통틀어서 이스라엘이 이만큼 적극적으로 모인 예가 없다.

레위인의 첩을 밤새도록 윤간해서 죽게 만든 기브아 사람들은 베냐민 지파 소속이다. 이스라엘이 베냐민 지파에게 기브아 사람들만 넘겨주면 일을 매듭짓겠다고 제안했다. 그런데 베냐민 지파가 거절했다. 오히려 이스라엘을 상대로 전쟁을 벌일 태세를 갖췄다.

의리가 가장 강조되는 세계는 뒷골목이다. 의리를 챙기는 데는 깡패들을 따라갈 수 없다. 그들은 의리 하나에 모든 것이 귀결된다. 누가 옳고 누가 그른지를 따지지 않는다. 물론 올바른 의리는 아니다.

베냐민 지파가 그렇게 하고 있다. 이스라엘의 요청을 거절할 수 있는 명

분이 있는 것이 아니다. 단지 선악의 기준이 없어서 그렇다. 왜 자기 이웃을 박해하느냐는 것이다. 기브아 사람들이 무슨 일했는지는 안중에 없다.

> 이스라엘 자손이 일어나 벧엘에 올라가서 하나님께 여쭈어 이르되 우리 중에 누가 먼저 올라가서 베냐민 자손과 싸우리이까 하니 여호와께서 말씀하시되 유다가 먼저 갈지니라 하시니라(삿 20:18).

결국 전쟁이 벌어지는데 이스라엘이 기도를 한다. 이런 내용은 참 속기 쉽다. 자칫하면 이스라엘은 좋은 편, 베냐민은 나쁜 편이라고 오해할 수 있다.

성경에는 전쟁과 관련하여 기도하는 내용이 종종 나온다. 르비딤 광야에서 아말렉과 싸울 적에 모세가 기도를 했다. 블레셋이 그일라를 침공했을 때도 다윗이 기도를 했다.

지금은 다르다. 앞에서 단 지파가 하나님께로부터 할당 받은 땅을 외면하고 자기들 입맛에 맞는 땅을 찾아나서는 내용을 확인했다. 그때 단 지파가 라이스 정벌에 앞서 "하나님, 이번 전쟁에서 저희들 중에 누가 선봉을 서야 하겠습니까?"라고 하면 하나님께서 뭐라고 하셨을까? "내가 제비 뽑아준 땅은 어떻게 하고 엉뚱한 곳에 와서 헛소리하는 거냐? 당장 돌아가라!"고 하셨을 것이다.

지금도 그렇다. 하나님 나라를 위한 전쟁이 아니다. 자기들끼리 성질을 부리는 것에 불과하다. 그러면서 하나님의 도움을 구한답시고 종교적인 시늉을 낸다. 이런 일이 벌어진 이유가 하나님을 왕으로 인정하지 않아서 그런 것인데, 그 하나님께 기도는 한다. 하나님은 대체 무엇을 하는 분일까?

자기들의 왕은 아니고 기도만 들어주는 분일까?

사사기의 주제는 "그때에 이스라엘에 왕이 없으므로 사람이 각기 자기의 소견에 옳은 대로 행하였더라"이다. 이스라엘이 어느 만큼 하나님과 관계없이 살았느냐 하는 것이 사사기에 가득 찬 내용이다. 그런데 이스라엘은 하나님이 자기들 편인 줄 알고 있다. 자기들이 하나님 뜻과 관계없이 살고 있다는 사실은 전혀 자각하지 못한 채 하나님을 자기들의 하나님으로 여긴다.

베냐민 지파도 간절한 마음으로 기도하고 전쟁에 임했을 것이다. "하나님, 지금 저들이 엄청난 숫자의 군사를 이끌고 저희를 압박하고 있습니다. 무려 사십 만이나 되는 저들을 어떻게 감당해야 하겠습니까? 하지만 하나님께서 함께하시면 능치 못할 일이 없는 줄 믿습니다. 불쌍한 저희 친족 기브아를 어여삐 여기시옵소서. 오직 하나님의 은혜만 의지합니다." 하고 기도했을 것이다.

이상한 얘기는 계속 된다. 이스라엘이 "우리 중에 누가 먼저 올라가서 베냐민 자손과 싸우리이까"라고 한 기도는 분명히 옳지 않다. 그런데 하나님이 응답하셨다. 유다 지파가 먼저 나가라는 것이다. 이때 유다 지파는 승리를 확신하며 나갔을 것이다. 그런데 지고 말았다. 사망자가 무려 이만 이천이었다. 어떻게 된 영문일까?

> 이스라엘 자손이 올라가 여호와 앞에서 저물도록 울며 여호와께 여쭈어 이르되 내가 다시 나아가서 내 형제 베냐민 자손과 싸우리이까 하니 여호와께서 말씀하시되 올라가서 치라 하시니라(삿 20:23).

이스라엘이 울면서 다시 기도했다. 하나님은 또 전쟁을 말씀하셨다. 그런데 이어지는 내용을 보면 또 졌다. 이번에는 일만 팔천 명이 죽었다. 참으로 당혹스런 일이다. 분명히 하나님 말씀대로 싸웠는데 패했다. 한 번도 아니고 두 번씩이나 이런 일이 일어났다. 대체 하나님께서 무슨 일을 어떻게 하시는 건지 이해가 되지 않는다.

> 이에 온 이스라엘 자손 모든 백성이 올라가 벧엘에 이르러 울며 거기서 여호와 앞에 앉아서 그날이 저물도록 금식하고 번제와 화목제를 여호와 앞에 드리고 (삿 20:26).

온 이스라엘이 다시 모였다. 날이 저물도록 금식하며 번제와 화목제를 드리고 하나님께 물었다. 하나님께서 이번에는 승리를 주시겠다고 하셨다. 아닌 게 아니라 이겼다. 베냐민 사람을 이만 오천일백 명이나 죽였다.

대체 어떻게 된 영문일까? 처음에는 그냥 기도했는데 졌다. 두 번째는 울면서 기도했는데 또 졌다. 세 번째는 울면서 금식하고 번제와 화목제를 드리면서 기도했다. 그랬더니 이겼다. 첫 번째, 두 번째 전투에서 이스라엘이 진 것은 금식하지 않기 때문일까? 아니면 번제와 화목제를 드리지 않았기 때문일까? 하나님께서 맨입으로 기도하는 것은 들어주시지 않으셨다가 금식을 하고 번제와 화목제를 드리니까 들어주신 것일까?

하나님은 이스라엘 편도 아니고 베냐민 편도 아니다. 이스라엘을 들어서 베냐민을 징계하시고 베냐민을 통해서 이스라엘을 징계하고 계시다. 앞에서 아비멜렉을 들어 세겜 사람들을 응징하고 세겜 사람들로 하여금 아비멜렉을 벌하게 했던 것과 같다.

이스라엘이 하는 짓을 유심히 보자. 처음에는 그냥 기도했다. 그랬다가 졌다. 다음에는 울면서 기도했다. 또 졌다. 그러자 세 번째는 울기만 한 것이 아니라 금식도 하고 번제와 화목제도 드렸다. 자기들이 하는 일이 과연 옳은 일인지에 대한 성찰은 없고 종교 행위만 점점 강화했다. 자기들의 욕심을 이루기 위해서 모든 종교적인 수단을 다 동원한 것이다. 순종이 제사보다 낫다는 말이 왜 있겠는가? 순종해야 할 책임을 제사로 때우려는 것이 사람들의 속성이기 때문이다.

인테리어를 하는 분이 있다. 공사를 맡기로 했는데 알고 봤더니 이단 집단 예배 처소를 리모델링하는 일이었다. 거절해야 한다는 생각은 들었지만 덩치가 커서 욕심이 생겼다. 그걸 맡으면 6개월 동안은 공사 걱정을 안 해도 된다. 고민 끝에 내린 결론이 "기도를 많이 하고 한다."였다. 그때의 기도가 무슨 뜻일까? 혹시 공사 규모가 더 커지면 거기에 비례해서 기도도 더 많이 할까?

우리가 신앙생활을 이렇게 한다. 세상을 살다가 발등에 불이 떨어지면 자기가 알고 있는 종교 행위를 강화시키지, 자신의 인생과 가치관을 점검하지는 않는다. 신앙조차도 자기 욕심을 위해서만 동원될 뿐, 하나님의 영광을 위한 통로는 아니다.

이스라엘은 이런 점에서 틀렸다. 기도도 하고, 울기도 하고, 금식도 하고, 번제도 드리고, 화목제도 드렸지만 정작 그보다 더 중요한 것은 빠뜨렸다. 베냐민과 전쟁을 하는 것이 옳지 않다는 사실을 몰랐다. 베냐민을 향한 자기들의 증오심을 해결하기 위해서 자기들이 알고 있는 모든 종교적인 열심을 다 부렸다. 신앙이 세상을 살아가는 원리가 아니라 방법으로 동원되는 단적인 예이다.

물론 이스라엘이 이기기는 했다. 당시 이스라엘은 사십 만이었고 베냐민은 이만 육천칠백이었으니 당연한 일이다. 그래서 그다음에 어떻게 되었을까? 베냐민 지파가 달랑 육백 명만 남고 다 죽었다. 하나님께서 택하신 이스라엘 열두 지파 중 한 지파가 없어지게 생겼다. 분명히 하나님께서 주신 승리가 아니다. 이스라엘이 자기들 멋대로 행한 결과일 뿐이다.

이렇게 된 이유가 무엇인가? 신앙이 무엇인지 몰라서 그렇다. 하늘을 보고 사는 것이 신앙인데 땅만 봐서 그렇다. 자기들이 하나님 뜻대로 사는 것이 신앙인데 하나님이 자기들 욕심대로 움직이는 것이 신앙인 줄 알았다. 그런 인생은 결국 망할 수밖에 없다.

패전한 베냐민 육백 명이 광야로 도망해서 림몬 바위에서 넉 달을 숨어 지냈다. 이스라엘이 넉 달 동안이나 그들을 찾지 못했으니 무척이나 험준한 지형인 모양이다. 그렇다고 해서 그 상태로 전쟁을 끝내지는 않았다. 삿 20:48에 "이스라엘 사람이 베냐민 자손에게로 돌아와서 온 성읍과 가축과 만나는 자를 다 칼날로 치고 닥치는 성읍은 모두 다 불살랐더라"라고 되어 있다.

일찍이 하나님께서는 가나안에 속한 것은 철저하게 진멸하라고 하셨지만 이스라엘이 순종하지 않았다. 그런데 자기 동족 베냐민은 철저하게 학살했다. 하나님께서 하라고 하신 일은 제대로 하지 않으면서 시키지도 않은 일은 열심히 했다. 이렇게 해서 베냐민에 속한 사람은 남녀노소가 다 죽고 림몬 바위에 숨은 패잔병 육백 명만 남게 된다.

어느 정도의 시간이 지났을까? 이스라엘이 불현듯 베냐민도 자기들과 한 핏줄임을 깨달았다. 애초에 전쟁을 시작하면서 자기들 중에 어느 누구도 베냐민 지파에게는 딸을 주지 않기로 맹세한 바 있다. 그런데 베냐민에 속한 사람 중에 남은 사람은 남자 육백 명뿐이다. 그들의 수명이 다하면 베냐민 지파가 소멸된다는 뜻이다. 아브라함과 이삭과 야곱을 조상으로 하는 이스라엘 열두 지파에서 한 지파가 없어지게 생겼다.

이 노릇을 어떻게 해야 할까? 맹세를 취소하면 간단하다. 그런데 그럴 수는 없다. 하나님 앞에서 신자답게 살아야 할 책임, 하나님의 백성으로 살아야 할 책임은 외면했으면서 자기들끼리 머리 맞대고 순간적인 혈기로 맹세한 내용만큼은 지켜야 한다는 것이다.

그렇다고 해서 그 맹세를 지키면 베냐민 지파가 멸절한다. 그래서 베냐민 지파도 보존되고 맹세도 지킬 수 있는 교묘한 방법을 찾았다. 애초에 미스바에 모일 때 참석하지 않은 성읍을 확인한 것이다. 그랬더니 야베스 길르앗 주민은 한 명도 참석하지 않았다는 사실을 알았다. 그들은 맹세에 참여하지 않았으니 딸을 줘도 된다. 그래서 야베스 길르앗을 정벌했다. 그곳 사람들을 죽이고 여자를 강탈했다. 그들을 베냐민 패잔병과 혼인하게 하면 베냐민 지파도 보존되고 자기들의 맹세도 지킬 수 있다고 생각한 것이다. 참으로 기가 막힌 발상이다.

자기들의 잘못을 인정하면 된다. 그런데 인정할 마음이 없는 정도가 아니라 잘못이라는 사실 자체를 모른다. 그래서 맹세도 지키고 베냐민 지파도 보존하기 위해서 나온 방법이 한 성읍을 학살하는 것이었다. 이렇게 해서 처녀 사백 명을 얻는다. 한 마을을 몰살시킨 대가로 베냐민의 남은 육백 명 중에 사백 명한테는 짝을 찾아줄 수 있게 되었다.

잘못을 인정하는 것은 아무나 할 수 있는 일이 아니다. 실력이 있는 사람만 그렇게 할 수 있다. 자기한테 넘치는 실력이 있는데 그중에 사소한 부분 하나가 잘못된 것이 뭐 그리 큰 문제겠는가? 하지만 실력이 없는 사람은 그렇지 않다. 실력이 없다는 사실을 들키지 않기 위해서라도 절대 잘못을 인정하면 안 된다.

고급 외제 승용차와 다 찌그러진 용달차가 접촉사고를 냈다고 가정해 보자. 외제차를 운전하는 사람은 자기가 잘못했다 싶으면 그 사실을 인정하고 수리비를 부담하면 된다. 지갑에 그 정도 돈은 얼마든지 있다. 하지만 찌그러진 용달차를 운전하는 사람은 그렇지 않다. 무조건 자기 잘못이 아니라고 우겨야 한다. 행여 자기 잘못인 것이 판명되면 차를 팔아서 상대방 차를 고쳐줘야 하는데 그럴 수는 없다. 어떻게 처자식을 굶긴단 말인가? 결국 잘못은 그것을 감당할 실력이 있어야 인정할 수 있다.

> 그들이 야베스 길르앗 주민 중에서 젊은 처녀 사백 명을 얻었으니 이는 아직 남자와 동침한 일이 없어 남자를 알지 못하는 자라 그들을 실로 진영으로 데려오니 <u>이곳은 가나안 땅이더라</u>(삿 21:12).

성경의 지적이 무척 날카롭다. "…이곳은 가나안 땅이더라"라는 말이 왜 있을까? 이스라엘의 한심한 작태를 나열해 놓고는 그 모든 일이 벌어진 곳이 바로 하나님께서 기업으로 주신 땅 가나안임을 공개한다.

교인들끼리 언쟁을 벌이는 것은 참 꼴불견이다. 언쟁 정도가 아니라 주먹다짐을 한다면 더욱 그렇다. 아무개 집사와 아무개 집사가 골목길에서 치고받고 싸웠다는 얘기를 들으면 누구나 혀를 찰 것이다. 그러면 아무개 집사와 아무개 집사가 교회 강단 위에서 서로 치고받고 싸웠다고 하면 어떨까? 골목길에서 싸운 것보다 훨씬 더 충격적이다. 도무지 신자라고 할 수가 없다.

"…이곳은 가나안 땅이더라"를 말하는 이유가 바로 그런 때문이다. 이 모든 일이 약속의 땅에서 벌어졌음을 지적한다. 하나님께서 놀라운 은혜로 그들을 가나안으로 인도하셨는데 그들은 그 모양 그 꼴이었다.

하지만 이스라엘의 고민은 아직 끝나지 않았다. 베냐민 패잔병은 육백 명 인데 야베스 길르앗에서 강탈한 처녀는 사백 명이다. 이백 명이 부족하다. 한 성읍을 멸절한 것으로 모자라서 다시 일을 벌여야 했다.

> 또 이르되 보라 벧엘 북쪽 르보나 남쪽 벧엘에서 세겜으로 올라가는 큰 길 동쪽 실로에 매년 여호와의 명절이 있도다 하고 베냐민 자손에게 명령하여 이르되 가서 포도원에 숨어 보다가 실로의 여자들이 춤을 추러 나오거든 너희는 포도원에서 나와서 실로의 딸 중에서 각각 하나를 붙들어 가지고 자기의 아내로 삼아 베냐민 땅으로 돌아가라(삿 21:19-21).

한 번 더 기가 막힌 작태가 벌어진다. 베냐민 사람들에게 여자들을 보쌈해 가라고 한다. 보쌈을 하기에 좋은 장소를 귀띔해 주고 자기들은 그것을 수수방관하면 된다. 베냐민 지파에게 딸을 줄 수는 없지만 보쌈을 당하는 것은 별 수 없다.

앞에서는 우매한 논리 때문에 한 마을이 무참히 학살되었다. 이번에는 여호와의 명절에 참석한 여자들이 희생된다. 참으로 가증스런 일이다. 대체 무엇이 더 중요한가? 자기들의 하찮은 맹세를 지키기 위해서 여호와의 명절을 더럽히는 것이 말이 되는가?

얼핏 생각하면 굉장히 끔찍한 일 같지만 새삼스럽게 놀랄 일은 아니다. 친구와 한 약속을 때문에 예배를 빼먹기도 하고, MT 스케줄 때문에 수련회에 불참하는 일은 애교에 속한다. 자기 계획 때문에 신앙을 보류하는 일이 우리 주변에 늘 있다.

> 베냐민 자손이 그같이 행하여 춤추는 여자들 중에서 자기들의 숫자대로 붙들 어 아내로 삼아 자기 기업에 돌아가서 성읍들을 건축하고 거기에 거주하였더라 (삿 21:23).

베냐민 자손이 이스라엘의 얘기대로 했다. 명절에 참석한 여자들을 붙들 어 강제로 아내로 삼았다. 그러고는 자기들의 기업에 돌아가서 성읍들을 건축하고 거기 거주했다.

전쟁이 끝나면 무너진 성읍을 다시 건축하는 것은 당연한 일이다. 하지 만 본문에서 의미하는 것은 그 정도가 아니다. 이들은 무너진 성읍을 세우 면서 자신들의 죄 된 습성도 같이 세웠다. 모든 것이 전쟁 전과 동일하다. 전쟁 전이나 전쟁 후나 달라진 것이 없다.

> 그때에 이스라엘 자손이 그곳에서 각기 자기의 지파, 자기의 가족에게로 돌아 갔으니 곧 각기 그곳에서 나와서 자기의 기업으로 돌아갔더라(삿 21:24).

모든 상황이 끝났다. 사람들은 전부 자기가 있던 곳으로 돌아갔다. 돌아 간 다음에 무엇을 했을까? 보나마나 예전에 하던 일을 했을 것이다. 이토록 한심하고 극악무도한 일을 범해 놓고도 아무 일도 없었다는 듯이 태연하게 자기들의 일상사로 환원했을 것이다. 잘못을 했으면 잘못했다는 사실이라 도 알아야 하는데 그것조차 몰랐다. 어차피 자기가 기준이기 때문이다.

그러면 이 모든 일이 일어난 원인이 무엇인가?

> 그때에 이스라엘에 왕이 없으므로 사람이 각기 자기의 소견에 옳은 대로 행하
> 였더라(삿 21:25).

어떻게 하는 것이 옳은 것인지에 대한 기준이 없으면 자기 마음대로 할 수밖에 없다. 바로 이것이 사사기의 문제였다. 자기 생각에는 옳다 싶은 일을 했는데 지나고 보면 전부 엉망이었다는 것이다. "어떤 길은 사람이 보기에 바르나 필경은 사망의 길이니라(잠 16:25)"라는 말씀 그대로이다.

사건을 다시 살펴보자. 맨 처음에 등장한 레위인이 어떤 사람이었나? 첩의 시체를 열두 토막으로 낼 정도로 울분을 터뜨릴 만큼 떳떳한 사람이었나? 사건의 전말을 전해들은 이스라엘 사람들은 왜 그렇게 진노했을까?

이제 하나님께서 우리에게 말씀하실 것이다. "너희들이 보기에는 이 레위인이 정당해 보이느냐? 너희들이 보기에는 이스라엘이 정당해 보이느냐? 이들이 정말 남을 정죄할 자격이 있다고 생각하느냐? 너희들이 보기에도 참으로 한심한 모습 아니냐? 그러면 너희는 어떠냐?"

본문에 기록된 내용을 보면서 우리는 과연 하나님의 존재를 알고 있는지, 아니면 하나님의 존재는 습관화된 종교 행위로만 알고 있고 실제 살아가기는 남들과 똑같이 살아가는 것은 아닌지를 확인해야 한다.

사사 시대는 한 마디로 하면 왕이 없는 시대였다. 성막도 없고 제사장도 없고 레위인의 레위인다운 모습도 없었다. 왕이 없다는 이유 하나로 모든 것이 엉망인 시대였다. 더 정확히 얘기하면 왕이 없는 것이 아니라 하나님께서 친히 이스라엘의 왕이 되심에도 불구하고 하나님을 왕으로 모시기를 거

부했던 시대였다.

사사기를 끝내는 마지막 문장 "그때에 이스라엘에 왕이 없으므로 사람이 각기 자기의 소견에 옳은 대로 행하였더라"라는 얘기가 당시 이스라엘 사람들을 도매금으로 넘기는 표현이 아니다. 하나님께서 친히 한 사람 한 사람을 일일이 눈여겨보시면서 "저놈도 제멋대로, 저놈도 제멋대로, 저놈도 제멋대로, 제멋대로, 제멋대로…" 하고 개별적인 상태를 총체적으로 표현한 것이다. 어느 한 사람도 왕이 있는 것처럼 살아가는 사람이 없었다. 모두가 고개를 처박고 땅만 보며 살았다.

하나님께서 당시 이스라엘을 이렇게 평가하셨듯이 지금 우리를 평가하면 어떤 평가가 내려질까? 혹시 '작금에 모 교회에 왕이 없으므로 교인들이 각각 그 소견에 옳은 대로 행하였더라'라고 하지는 않을까?

이제 묻는다. "당신에게는 왕이 있는가? 당신은 진정 왕이 있는 삶을 살고 있는가?" 이 질문에 당연히 그렇다고 답할 수 있어야 한다. 성경은 그런 사람을 신자라고 한다.

나가는 말

"…사랑하는 나의 친구 늘 가까이 계시도다 그의 사랑 놀랍도다 변함없는 나의 친구" 찬송가 92장 후렴입니다. 예수님과 우리가 친구입니다. 우리 마음대로 정한 것이 아닙니다. 예수님께서 그렇게 말씀하셨습니다. 요 15:13-14에 "사람이 친구를 위하여 자기 목숨을 버리면 이에서 더 큰 사랑이 없나니 너희는 내가 명하는 대로 행하면 곧 나의 친구라."라고 기록되어 있습니다.

오래 전에 어떤 설교자가 "…저는 기도 중에 예수님이 친구라는 사실이 떠오르면 기도가 한층 부드러워지는 것을 느끼곤 합니다. 친구 사이에 못할 말이 무엇이 있겠습니까?"라고 말하는 것을 들은 기억이 있습니다. 아닌게 아니라 사람들은 '친구'라는 말에서 그런 친밀감을 느끼는 것 같습니다. 부모에게 말하지 못하는 내용도 친구 사이에는 할 수 있습니다.

예수님 말씀은 그게 아닙니다. "우리는 앞으로 친구다. 힘들거나 어려운 일이 있으면 말만 해라. 나는 항상 너희 편이다."라고 한 게 아니라 "…너희는 내가 명하는 대로 행하면 나의 친구라"라고 했습니다. 직설적으로 하면 "앞으로 말 잘 들어라. 내 말 잘 들으면 친구 시켜줄게."라는 뜻입니다. 그러면 친구가 아니라 부하 아닌가요? 대체 무슨 영문일까요?

친구 사이에는 우열이 없습니다. 둘이 동급입니다. 하지만 예수님과 우리 사이에는 존재론적으로 차이가 있는데, 그 차이를 메울 수 있는 방법이 순종입니다. 우리가 예수님 말씀에 순종하면 우리한테서 예수님 수준이 나옵니다. 열 번에 한 번 순종하면 열 번에 한 번 예수님 수준이 나오고, 열 번에 다섯 번 순종하면 열 번에 다섯 번 예수님 수준이 나오고, 열 번에 열 번 순종하면 열 번에 열 번 예수님 수준이 나옵니다.

기독교에서 순종을 덕목으로 얘기하는 이유가 여기에 있습니다. 둘 사이의 격차를 메울 수 있는 유일한 방법이 순종입니다. 우리가 예수님께 철저히 순종하면 우리한테서 예수님 수준이 나옵니다. 우리가 예수님과 동급이 되는 것입니다. 예수님이 우리를 친구라고 하신 것은 우리한테 그만큼 혜택을 주신다는 뜻이 아니라 우리를 예수님 수준으로 초대하신다는 뜻입니다.

이것과 대조되는 내용이 창세기에 나옵니다. 아담이 선악과를 먹은 사건이 바로 그렇습니다. 선악과를 먹으면 하나님처럼 된다는 말에 홀랑 넘어간 것입니다.

결국 사람이 하나님처럼 되는 방법에는 두 가지가 있는 셈입니다. 하나는 선악과를 먹는 방법이고, 다른 하나는 하나님께 철저하게 순종하는 방법입니다. 물론 차이는 있습니다. 선악과를 먹으면 수준이 하나님처럼 되는 것이 아니라 자기 스스로 하나님 행세를 하게 됩니다. 하나님처럼 된다기보다 하나님처럼 군다고 하는 것이 더 정확한 것 같습니다. 하지만 하나님 말씀에 철저히 순종하면 우리는 나타나지 않고 하나님만 나타납니다. 말 그대로 하나님처럼 됩니다.

그러면 사사 시대의 이스라엘이 왜 그랬는지 답이 나왔습니다. 사사 시대가 왕이 없었던 시대인 이유는 그들 스스로 왕이고 싶었기 때문입니다. 죄다 왕 행세를 했습니다. 그것이 선악과를 먹은 티를 내는 것인 줄 그들은 몰랐습니다. 그 시대는 분명 하늘은 없고 땅만 있는 시대였습니다.

하지만 그들이 모르는 것을 우리는 알아야 합니다. 그리스도가 우리의 왕입니다. 우리는 하늘을 바라보는 사람들이기 때문입니다. 그들은 하늘이 없는 삶을 살았지만 우리는 하늘이 있는 삶을 살아야 합니다. 우리는 늘 하늘과 연결된 사람들입니다.